O SINGULAR EM OCKHAM

Dados Internacionais de Catalogação na Publicação (CIP)
(Câmara Brasileira do Livro, SP, Brasil)

Lottermann, Cláudio André
  O singular em Ockham : ontologia, antropologia, política / Cláudio André Lottermann. – Petrópolis, RJ : Vozes, 2024.

  Bibliografia.
  ISBN 978-85-326-6718-2

  1. Antropologia – Filosofia 2. Filosofia 3. Ockham, Guilherme de, 1285-1347 4. Ontologia 5. Política – Filosofia I. Título.

24-195870   CDD-100

Índices para catálogo sistemático:

1. Filosofia   100
Eliane de Freitas Leite – Bibliotecária – CRB 8/8415

Cláudio André Lottermann

O SINGULAR EM OCKHAM

**Ontologia
Antropologia
Política**

EDITORA
VOZES

Petrópolis

© 2024, Editora Vozes Ltda.
Rua Frei Luís, 100
25689-900 Petrópolis, RJ
www.vozes.com.br
Brasil

Todos os direitos reservados. Nenhuma parte desta obra poderá ser reproduzida ou transmitida por qualquer forma e/ou quaisquer meios (eletrônico ou mecânico, incluindo fotocópia e gravação) ou arquivada em qualquer sistema ou banco de dados sem permissão escrita da editora.

CONSELHO EDITORIAL

Diretor
Volney J. Berkenbrock

Editores
Aline dos Santos Carneiro
Edrian Josué Pasini
Marilac Loraine Oleniki
Welder Lancieri Marchini

Conselheiros
Elói Dionísio Piva
Francisco Morás
Gilberto Gonçalves Garcia
Ludovico Garmus
Teobaldo Heidemann

Secretário executivo
Leonardo A.R.T. dos Santos

PRODUÇÃO EDITORIAL

Aline L.R. de Barros
Marcelo Telles
Mirela de Oliveira
Otaviano M. Cunha
Rafael de Oliveira
Samuel Rezende
Vanessa Luz
Verônica M. Guedes

Conselho de projetos editoriais
Isabelle Theodora R.S. Martins
Luísa Ramos M. Lorenzi
Natália França
Priscilla A.F. Alves

Editoração: Rafaela Milara Kersting
Diagramação: Editora Vozes
Revisão gráfica: Bianca Guedes
Capa: Eduarda Ribeiro

ISBN 978-85-326-0613-6

Este livro foi composto e impresso pela Editora Vozes Ltda.

Sumário

Siglas e abreviações, 7
Prefácio, 9
Introdução, 17

1 – A ontologia do singular de Ockham, 29

    1.1 O conceito de singular, 29

    1.2 A ontologia do singular e a crítica à ontologia tradicional, 36

    1.3 Conhecimento intuitivo do singular: o singular como primeiro conhecimento do intelecto, 48

    1.4 A ontologia do singular no debate dos universais, 65

    1.5 Discurso ontológico e perspectivas a partir da ontologia do singular, 92

2 – A antropologia do singular a partir da obra filosófico-teológica de Ockham, 101

    2.1 A natureza do ser humano, 101

    2.2 A liberdade da vontade, 129

    2.3 Relação entre ética e antropologia do singular, 151

3 – O singular na obra política de Ockham, 182

    3.1 A obra política: ruptura ou continuidade?, 182

    3.2 O indivíduo e os seus direitos, 202

    3.3 A liberdade e a ética na obra política, 222

Conclusão, 249
Referências, 257
Anexo – Tradução de textos, 277

Siglas e abreviações

a/b = coluna a/coluna b
AL = Aristoteles Latinus
al. = alii
arg. = *argumentum*
art. = *articulus*
c. = *capitulum*
ca. = *circa*
CCCM = Corpus Christianorum Continuatio Mediaevalis
CCSL = Corpus Christianorum Series Latina
CSEL = Corpus Scriptorum Ecclesiasticorum Latinorum
ed. = editor/editores
f. = folha
In I Sent. = *Scriptum in Librum Primum Sententiarum*
In II Sent. = *Quaestiones in Librum Secundum Sententiarum*
In III Sent. = *Quaestiones in Librum Tertium Sententiarum*
In IV Sent. = *Quaestiones in Librum Quartum Sententiarum*
ms. = manuscrito
n. = número
PG = *Patrologia Graeca*
PL = *Patrologia Latina*
Prol. = *Prologus*
q. = *quaestio*
r. = *recto*
resp. = *respondeo*
SC = *Sources Chrétiennes*
v. = verso
vol. = volume

Prefácio

Acontece ainda hoje de ler nos manuais de história da filosofia que o século XIV representa um momento de decadência da Escolástica, isto é, um século no qual os vários pensadores teriam destruído o patrimônio filosófico e teológico construído pelos mestres dos séculos precedentes. O responsável por essa ação desagregadora seria, em primeiro lugar, Guilherme de Ockham (*ca.* 1285-1347), considerado iniciador do assim chamado nominalismo: ou seja, ele teria insistido na análise lógica do discurso, ao ponto de ver nos termos somente a valência nominal deles, as suas propriedades enquanto são nomes, em vez do alcance das realidades significadas. A mais recente e atualizada historiografia sobre o último "Medievo" não retém fundada sobre os textos esta leitura: Guilherme de Ockham, em particular, não pode ser considerado um "nominalista" no sentido desvalorizador do termo; em vez disso, ele é um "conceitualista", porque afirmou que os conceitos são "signos naturais das coisas", e por isso considerava possível a construção de um discurso rigoroso, universalmente válido, seja no plano filosófico-teológico, seja no plano das ciências naturais, seja, por fim, no plano ético-político. Ockham não foi, portanto, somente um lógico, mas sim um pensador que se serviu de uma lógica refinada como instrumento para a elaboração de um saber conceitual criticamente renovado e atualizado.

A extensão da presente pesquisa no volume de Cláudio Lottermann coloca-se exatamente nessa perspectiva hermenêutica, e desenvolve uma corajosa escolha: aquela de abordar os múltiplos aspectos da vasta produção de Guilherme de Ockham, relativos ao tema do indivíduo, central em cada parte de sua atividade especulativa. O empenho é absorvido por Lottermann em modo excelente, porque seleciona os aspectos mais relevantes do tema da singularidade no interior de uma abordagem vasta de temas e de conceitos nos campos lógico, antropológico, ético e político, empenhando-se a individuar os textos específicos, sem violar a peculiaridade da abordagem mais ampla que Ockham faz nas múltiplas obras dedicadas às singulares áreas.

Na primeira parte deste livro, Lottermann se concentra minuciosamente sobre a ontologia do singular, ilustrando a base lógico--conceitual da singularidade em Ockham, o qual aborda a questão gnosiológica interrogando-se sobre a origem do conhecimento evidente no homem, e por conhecimento evidente ele entende uma proposição verdadeira, fundada sobre a evidência dos termos que a compõem.

A convicção do *Venerabilis Inceptor* é que se dão dois tipos de conhecimento, intuitivo e abstrativo; o conhecimento intuitivo coincide com o ato da intuição propriamente intelectiva e não somente sensitiva, mediante o qual o intelecto, através dos sentidos, entra em contato com uma coisa, adverte-lhe a presença, conhece-a na imediatidade da existência dela, de modo que se encontra na condição de formular o juízo: essa coisa existe. O conhecimento intuitivo está sempre acompanhado do abstrativo, que toma o objeto prescindindo da existência atual dele. Para o surgimento do conhecimento intuitivo, segundo Ockham, bastam o intelecto e o objeto, e não ocorre admitir alguma mediação das imagens ou das "espécies": elimina, portanto, os intermediários das "espécies" cognitivas, muito tratadas por seus predecessores, pois as espécies representam uma inútil derrogação ao princípio da economia (ou "navalha de Ockham"), desde que para o suceder-se do conhecimento bastam os princípios ativos, constituídos pelo intelecto agente e pelo objeto, e o princípio passivo, ou seja, o intelecto possível, entre eles convenientemente aproximados.

Desse fundamento lógico-gnosiológico segue uma ontologia marcadamente particularista, que reivindica o primado do singular sobre o universal: o único modo para o ente finito de estar enraizado no ser é aquele de ser singular, libertado da dependência de outros singulares por quanto diz respeito a seu atual ser e existir. A universalidade dos conceitos é entendida como a prerrogativa que eles têm de fazer conhecer ou de significar uma pluralidade de coisas singulares; ela não contrai nada de universal nos entes reais, no sentido de que na natureza das coisas não há nada de universal, nem em ato, nem em potência, dado que a universalidade compete somente aos termos mentais ou aos conceitos. Cada conceito considerado em si mesmo é uma entidade realmente singular e numericamente una, enquanto é universal em relação à sua função, isto é, enquanto se predica de mais coisas. À medida que seus predecessores, apoiando-se em Avicena, sustentavam o realismo moderado – ou seja, que a essência ou a natureza específica das coisas, considerada em si mesma, é "indiferente", isto é, neutra, em relação a um modo de ser universal ou particular, porque ela representa o fundamento da universalidade mental e da singularidade real –, Ockham sustenta que tal posição não difere do realismo exagerado dos platônicos, pois também ela termina com a defesa de que a realidade individual conste, além de elementos singulares, também de algo de não singular, de algo de universal, mesmo sendo algo no estado potencial. Essa admissão é julgada contraditória, porque um ser singular é tal somente enquanto constituído de elementos do mesmo modo singulares. Entre as várias definições de singular ou de indivíduo presentes na obra de Ockham, muito clara é aquela relativa a dois modos de ser singular: a primeira acepção acentua o aspecto geral de todos os indivíduos, isto é, a sua unidade numérica. Toda coisa singular é somente uma e, para a sua composição, não é necessário que façam parte outras coisas, ou seja, exclui-se a multiplicidade. Na segunda acepção, Ockham acrescenta um destaque de relevância: o indivíduo é definido como uma coisa numericamente una, existente na realidade extramental, e que não é signo de nada. O indivíduo assim definido pertence, portanto, ao universo dos entes reais (fora da mente) que não são signos. Logo, o conceito, que é signo dos entes extramentais, não é indivíduo – se indivíduo é tomado nessa acepção –, colocando-se na ordem do pensamento, enquanto os homens são todos individuais que incluem em si todas as características dos entes reais, segundo as duas acepções examinadas.

Na segunda e na terceira parte do volume, Lottermann indaga a convergência interna do pensamento de Ockham sobre o singular no plano da antropologia, da ética e da temática fundante do pensamento político nas obras filosófico-teológicas e naquelas polêmico-políticas. O *fil rouge* dessa convergência é traçado nas conexões dos valores dos singulares e da singularidade na antropologia, que se espelha na fundamental tematização da liberdade da vontade sem a qual o indivíduo não é o dono de suas escolhas, liberdade que se torna a chave para determinar, no âmbito do pensamento político, decisivas doutrinas contrárias à teoria hierocrática da *plenitudo potestatis*, solução que privaria todo indivíduo crente da livre escolha de seguir o Evangelho de Jesus Cristo, e que Ockham capitaliza frutuosamente também na controvérsia sobre a pobreza voluntária dos frades menores: "*ordo sunt fratres*", a liberdade dos singulares frades menores de seguir o conselho evangélico da pobreza não pode ser suprimida por nenhum decreto.

A atenção à concepção da vontade na ética de Ockham leva a mostrar sua conotação como marcada pela liberdade entendida como contingência, pura capacidade de escolher em cada ocasião.

O indivíduo desenvolve o ato de inteligência, que causa – natural e necessariamente – o ato de querer, o qual é, de qualquer forma, causado livremente, porque, segundo Ockham: "A vontade é causa parcial de tal ato, e a contingência da vontade é suficiente para caracterizar um efeito como contingente" (*Quodlibet II*, q. 3). A contingência do ato decide sobre a sua imputabilidade no plano moral, e desse ponto surgem todas as teses que Lottermann desenvolve sobre a moral ockhamiana, distanciando-a seja do voluntarismo, seja do necessitarismo maiormente presente na Escolástica anterior, que via a vontade como não sendo livre para escolher o fim último, ou seja, de poder não querer o sumo bem, que lhe era apresentado pelo intelecto.

Uma importante seção da terceira parte desta obra – intitulada "O singular na obra política de Ockham" – é reservada à investigação da doutrina do direito natural, ou melhor, das diversas acepções com as quais Ockham descreve o direito natural, porque, caso se salte essa passagem, contraria-se a documentação produzida pelos textos ockhamianos, como fazem, por exemplo, aqueles críticos que sustentam que Guilherme de Ockham não dê algum valor ao direito natural devidamente interpretado. Os mesmos críticos o acusam de ter invertido a concepção de lei natural no sentido lato bíblico-cristão, em virtude de seu "nominalismo", que asseveraria apenas os direitos das *res individuae*, isto é, dos indivíduos.

Lottermann oportunamente se confronta com a tese neotomista de Michel Villey, cuja obra *A formação do pensamento jurídico moderno* (2005) foi favoravelmente acolhida pelos estudiosos do passado como fundante sobre o tema das origens do direito subjetivo (de Villey atribuída a Ockham), e da reconstrução do conceito de direito subjetivo, do seu parecer de origem aristotélica e reforçado por Tomás de Aquino. As teses de Villey foram confutadas rigorosamente por Brian Tierney em *L'idea dei diritti natu-*

rali – Diritti naturali, legge naturale e diritto canonico 1150-1625 (2002). Das duas leituras Lottermann se mostra bem documentado crítico e apresenta uma proposta, uma reflexão como uma *via media*, que destaca alguns aspectos importantes: o primeiro é de sustentar uma ligação que sempre se apresenta entre as teses de Ockham nos escritos filosóficos e teológicos e aquelas propostas na obra política. Em segundo lugar: "Ockham não entende que uma comunidade seja composta por indivíduos isolados... portanto, a singularidade não exclui a relação" (Lottermann, 2024, p. 223). A comunidade surge quando os indivíduos estabelecem uma relação entre eles, seja para ter uma convivência que abre para as agregações sociais já postuladas por Aristóteles, seja pela necessidade insurgida historicamente depois do pecado original de se colocar regras e leis destinadas a tutelar a vida tranquila dos indivíduos. A filosofia de Ockham não é, de fato, um atomismo, como pretenderam qualificá-la Villey e De Lagarde; não é um atomismo social, mas sim uma visão comunitária, de indivíduos que vivem em agregação e numa trama de relações. É suficiente lembrar, além da comunidade política, a ideia de Igreja ou aquela de Ordem, as muitas ordens religiosas do Medievo, e a Ordem Franciscana em particular.

Villey (2005, p. 38-65; p. 131-170) acredita que Aristóteles e Tomás de Aquino construíram a ciência do direito não a partir da natureza do homem, mas pela natureza cósmica, ou seja, pela estrutura harmônica de relações objetivamente justas, e o direito individual é, portanto, ignorado, porque prevalece o direito objetivo. Na verdade, o direito subjetivo é "logicamente incompatível com o direito natural clássico" (Villey, 2005, p. 252). Realmente, a concepção de direito estava mudando, os estados modernos acolherão as orientações de Ockham, até o presente, no qual os direitos subjetivos são considerados fundamentais, às vezes também, enfaticamente demais.

Já acenamos ao fato de que a pesquisa de Lottermann sobre o tema do indivíduo na concepção de Ockham seja tripartida, e como isso foi feito com notável abertura crítica e originalidade. Foi identificada nas obras do *Venerabilis Inceptor* uma tríplice renovação sobre pontos essenciais da lógica e da ontologia, da antropologia e da política: na primeira parte emergiu a recuperação do empirismo aristotélico, com a afirmação de que a ordem do conhecimento não segue uma trajetória a partir do alto, ligada ao platonismo e teologizada pela tradição escolástica precedente a Ockham, que via a *ordo idearum* preceder a *ordo verborum* e a *ordo rerum*. Ockham inverte a trajetória, pois conhecemos apenas coisas individuais, e a partir daí procedemos a formar os termos da gramática e da lógica, ligando-os aos conceitos universais e à elaboração de teorias ontológicas e metafísicas: a *ordo rerum* sinaliza o começo do intelecto humano, com a ajuda dos sentidos, e ativa a formação dos conceitos e das ideias transconceituais; portanto, da via moderna em diante, a filosofia acolherá o início pela *ordo rerum*, seguido pela *ordo verborum* e, depois, pela *ordo idearum*.

No plano da ética, estabelecida a fundamental distinção entre a ética filosófica e a ética teológico-cristã, Ockham declara que é a vontade o artífice da moralidade dos atos, desde que operante em total sinergia com a *recta ratio*: não é demandada à vontade livre, separada da razão, a prerrogativa de decidir a bondade ou a maldade de um ato, porque a *rectitudo* deve habitar a vontade do agente individual, com seus dotes de conhecimento, de eleição do bem e das devidas circunstâncias, para que a ordem do bem e do conhecimento sejam produzíveis pelo ato virtuoso, diferentemente do vicioso. Sobre o fim último beatificante do homem são decisivas a Revelação e a sua aceitação pelo ato de fé do crente, que desenvolve uma moral centrada no amor de Deus, o qual deve ser explicitamente intencionado.

Na última parte do estudo, o indivíduo – pelo modo que é envolvido na eclesiologia e na práxis política dentro das obras polêmico-políticas de Ockham – adquire relevância, sobretudo, pela valência franciscana do tema: Francisco de Assis atribui grande valor a cada homem; cada indivíduo é criatura pensada e amada em sua singularidade por Deus e pelo Unigênito encarnado para redimir o homem. Além disso, o envolvimento na disputa sobre a pobreza e na refutação das teses hierocráticas dos pontífices João XXII e Bento XII permitiram a Ockham aprofundar temáticas jurídicas e iniciar uma verdadeira e própria filosofia política que podemos chamar "franciscana", averiguável de suas obras escritas com rigor sobre a origem do poder político, a natureza pastoral do poder papal e eclesiástico em geral, a origem e a função da propriedade privada e o âmbito dos direitos subjetivos declinados sobre os direitos naturais das pessoas e sobre o direito dos povos, capazes de garantir a convivência civil e a paz, aquela que permite ao homem alcançar os próprios objetivos de felicidade.

Alessandro Ghisalberti

Introdução

A proposta deste livro é abordar o tema do singular na obra de Guilherme de Ockham a partir de sua obra filosófico-teológica e de sua obra política. Ockham é considerado um dos maiores filósofos do século XIV. A sua filosofia teve grande impacto na sociedade de seu tempo e pode-se afirmar que ainda está presente na atualidade (Courtenay, 2008).

Ockham ficou conhecido também como *Venerabilis Inceptor*, pois não chegou a ser *Magister Actu Regens*, isto é, ele esteve pronto para iniciar sua atividade de mestre, mas não a efetivou. Ainda que exista a hipótese de que tenha dado aula em uma escola custodial da Ordem Franciscana, Ockham nunca assumiu uma cátedra de teologia em uma universidade (Ghisalberti, 1996). Desse modo, tal título não se deve ao fato de que ele seja o iniciador do pensamento moderno – como se fez referência algumas vezes –, mas devido ao seu percurso acadêmico.

Em seus escritos, *Venerabilis Inceptor* introduz uma grande novidade em relação à compreensão do singular[1]. Para ele, é de extrema importância esse tema, pois é a partir do singular que ele constrói sua filosofia. Neste livro, queremos evidenciar justamente esse aspecto, mostrando que o tema do singular parte da

---

1. Ockham também utiliza em sua obra outros termos sinônimos, como "indivíduo" e "suposto". Nós faremos referência principalmente ao termo "singular", porque, a nosso modo de ver, retrata maiormente o pensamento de Ockham. Todavia, não excluímos o uso dos outros termos.

ontologia, mas está presente também na antropologia e, além do mais, nos escritos políticos, que por alguns comentadores não são analisados e levados em consideração.

Primeiramente, desenvolveremos o que Ockham entende por singular. Ele afirma que esse termo pode ter diversos significados, os quais exporemos colocando nossa ênfase no chamado singular ontológico. Ou seja, para Ockham tudo o que existe fora da mente humana é singular. Portanto, a essência de cada ente é a sua singularidade e, desse modo, a separação entre essência e existência não tem mais sentido. A essência é o singular, o qual coincide também com a existência.

O universal, desde a filosofia clássica – principalmente através do pensamento de Platão e do neoplatonismo –, foi muito acentuado. A maior parte dos pensadores clássicos e medievais defendia que o universal tem existência nas coisas concretas, isto é, que ele, de fato, existe fora da mente humana (De Libera, 1999). Nesse sentido, vários pensadores sustentavam que a realidade é somente composta de universais, outros procuravam estabelecer uma ligação entre a universalidade e a singularidade, mas poucos, como Ockham, acentuaram o aspecto da singularidade.

Nesta obra, evidenciaremos cada uma dessas correntes de pensamento, com as quais Ockham não se abstém de dialogar. Procuraremos inserir também o pensamento dele em uma dessas correntes, a qual definimos como conceitualismo. Ockham, a nosso ver, apresenta uma grande originalidade sobre esse tema.

Assim, o objeto da ontologia, segundo Ockham, é o ente em sua singularidade, e tudo o que pode ser dito dele. Os termos da metafísica clássica, como as categorias aristotélicas, devem passar pelo crivo de uma revisão para averiguar se elas realmente são categorias, ou seja, se elas têm um caráter de universalidade ou somente dizem respeito a entes singulares.

Igualmente em âmbito gnosiológico, sobre o tema do primeiro conhecimento do intelecto (*primum cognitum*), Ockham sustenta que o ente em sua singularidade é a primeira coisa que se intelige, e não existe nenhuma condição que possa interferir em seu conhecimento. O singular é conhecido mediante a intuição, ela é direta e é conhecimento certo.

Guilherme de Ockham se insere no debate sobre a natureza dos universais rejeitando toda forma de realismo: do grosseiro ao sutil. Podemos afirmar, desse modo, que ele abole o universal? Não. Com efeito, Ockham efetua a passagem do universal da realidade ao conceito, isto é, da ontologia à filosofia da linguagem. Delinearemos, no texto, como se dá essa passagem.

Ao mesmo tempo, toda a metafísica deve ter sua base no singular, segundo o pensamento do *Venerabilis Inceptor*: o singular é o ponto de partida de todo o conhecimento. Nesse sentido, podemos observar que Ockham inverte o processo de conhecimento da filosofia clássica: não se trata de saber como se chega do universal ao particular, mas sim do particular ao universal. O universal, por sua vez, deve retornar ao singular, ou seja, ele é verdadeiro se está em relação com os entes singulares. O primeiro conceito da mente e o mais abrangente é o conceito de "ser" (*ens*), porque esse pode ser afirmado de todos os entes existentes.

O garante, em última instância, da singularidade e da contingência dos entes é Deus, que, por sua potência ordenada e absoluta (*potentia Dei ordinata* e *potentia Dei absoluta*), é o fundamento de todos os entes existentes. Ockham evidencia esse aspecto principalmente na questão dos acidentes que não podem ser tirados da substância sem que o ente se desfaça. Ele afirma que esse ato não é possível por uma ação humana ou ainda pela potência ordenada de Deus, sendo possível somente pela potência absoluta de Deus.

O tema do singular está presente na obra inteira de Guilherme de Ockham como uma questão de fundo. Nesse sentido, podemos observar que esse tema emerge nos diversos âmbitos de sua filosofia: a teoria do conhecimento, a lógica, a filosofia da linguagem, a teologia. Notamos também que existe uma ligação entre o singular e a antropologia de Ockham, tema que procuramos desenvolver no segundo capítulo.

Portanto, procuraremos delinear os traços de uma antropologia do singular na obra do *Venerabilis Inceptor* a partir de seus escritos. Em primeiro lugar, desenvolveremos os temas principais de sua antropologia. Em seus escritos, Ockham indica dois conceitos que se referem à antropologia, relacionando-os com a abordagem dos filósofos precedentes: o conceito de homem e o conceito de pessoa.

O conceito de homem pode ser tomado em dois modos: metafísica e natural. O primeiro modo se refere ao homem em sua totalidade, e o segundo modo se refere ao homem evidenciando as partes que o compõem. Indicaremos a maneira que Guilherme de Ockham conceitua os dois modos e como eles se relacionam. Apesar de admiti-los, Ockham vê limites nessas definições e propõe um conceito que abrange todo o ser e as partes essenciais do homem.

Quando se toma os termos "homem" e "humanidade", podemos dizer que eles são sinônimos? Segundo Ockham, em primeiro lugar, é importante distinguir os âmbitos da fé e da razão, ou seja, a verdade da teologia e a verdade da filosofia. Na teologia, ele afirma que esses dois termos não podem ser sinônimos, pois Cristo é sustentado pela natureza divina e os outros homens são sustentados pela natureza humana. Contudo, sob o ponto de vista filosófico, os termos "homem" e "humanidade" podem ser sinônimos. Isso se apresenta quando os termos se referem ao ente em sua singularidade. Nesse caso, é o mesmo dizer "este homem" e "esta humanidade".

Outro conceito abordado por Ockham em sua obra é o de pessoa, que está relacionado com o termo "suposto". Portanto, também é importante observar a diferença de significado entre o termo do ponto de vista teológico e do ponto de vista filosófico. No âmbito da Trindade, o termo "pessoa" diz respeito sobretudo à comunicabilidade, já no âmbito humano, o termo é visto em sua incomunicabilidade.

Por sua vez, no âmbito filosófico, o termo "pessoa" é conceituado como um suposto intelectual, indicando o caráter próprio do homem e diferenciando-o dos outros seres vivos. Essa definição, conforme mostra o próprio *Venerabilis Inceptor*, está em sintonia com as definições tradicionais de Boécio e de Ricardo de São Vitor.

Outra característica fundamental da antropologia de Guilherme de Ockham – e que está em sintonia com o pensamento dos filósofos franciscanos medievais – é a pluralidade de formas (Mazzarella, 1978). Ele entende que o composto humano é formado pela alma intelectiva, pela alma sensitiva e pela forma do corpo. Essas três formas são fundamentais na composição do ser humano. Ainda que Ockham acentue o aspecto da dimensão intelectual, ele enfatiza que cada forma tem a sua importância. A alma intelectiva, pelo menos no que diz respeito à vida terrena, não poderia existir sem as outras duas formas.

Existe ainda um outro aspecto fundamental no ser humano e que pode também ser chamado de ontológico, pois é parte constitutiva dele: a liberdade da vontade. Esse é um tema caro aos pensadores franciscanos e, portanto, não nasce a partir dos escritos de Ockham. Ao mesmo tempo, ele desenvolve vários argumentos em relação a esse tema, destacando a sua importância. A liberdade da vontade está ligada também com a singularidade de cada pessoa. Nesta obra, abordaremos de que modo podemos fazer essa ligação.

Antes de adentrarmos na questão da liberdade da vontade, trataremos do tema da vontade em Guilherme de Ockham. Vontade é a potência que pode produzir atos opostos. Sublinhando a dimensão da vontade na alma humana, Ockham, porém, não contraria a tese da unidade da alma. A vontade e o intelecto são as duas potências da alma que, todavia, não se distinguem dela. A distinção se dá por meio de suas ações (*ad extra*), mas não é uma distinção ao interno da alma (*ad intra*).

Além da vontade, Ockham desenvolve o tema da liberdade. Ele indica, em síntese, quatro significados de liberdade: ausência de coação, oposição à servidão da criatura racional ao pecado, ausência de imutabilidade e ausência de necessidade. Esse último significado de liberdade é o que está ligado diretamente à liberdade da vontade.

Nos escritos do *Venerabilis Inceptor*, podemos encontrar ainda quatro diferentes abordagens de liberdade: a liberdade de Deus, a liberdade em relação aos futuros contingentes, a liberdade da vontade e a liberdade política. Desenvolveremos as duas últimas abordagens ockhamianas.

A liberdade da vontade pode ser traduzida como o poder de autodeterminação do indivíduo. Ela é muito mais do que uma simples capacidade de escolher entre duas ou mais coisas, mas é a capacidade do ser humano de se determinar, de construir seu futuro. Portanto, a vontade e a liberdade estão interligadas, isto é, não se pode falar de vontade sem que esta seja livre. A prova principal disso é dada através da experiência: experienciamos que podemos nos autodeterminar. Defendendo a radical liberdade da vontade, Ockham teve que contrariar algumas teses clássicas, como a teoria aristotélica de ato e potência, a tese do finalismo, o princípio de não contradição entendido em modo conjuntivo.

A liberdade da vontade já tinha sido defendida enfaticamente por Duns Escoto, do qual Ockham toma algumas ideias. Ao mesmo tempo, ele introduz algumas ideias originais. Existem, porém, alguns casos em que a pessoa humana não é livre, os quais se devem a causas extrínsecas a ela, e não à diminuição da liberdade da vontade. Ela permanece, para Ockham, sempre como uma característica essencial do ser humano.

O tema da singularidade ainda pode ser ligado com a ética ockhamiana? Nós sustentamos que sim. Em primeiro lugar, indicaremos os aspectos principais da ética de Ockham. Segundo ele, para falarmos de um ato moral, são necessários três aspectos fundamentais: a vontade livre, a reta razão e o concurso de outras circunstâncias. O primeiro aspecto, que desenvolvemos também nesta obra, é fundamental para a moralidade do ato. Portanto, um ato em que alguém, de algum modo, é constrangido não pode ser considerado como um ato moral, segundo o pensamento do *Venerabilis Inceptor*.

Além do mais, é necessário para a moralidade do ato o concurso da reta razão, denominada por Ockham também como prudência. Ela está em consonância com a vontade divina e indica para a vontade o que é bom e o que é ruim. Nesse sentido, podemos afirmar que ela é mediadora entre a Revelação e a vontade no agir moral. Outro elemento fundamental no ato moral é o auxílio de outras circunstâncias, como o lugar, o tempo etc.

Ockham se interroga se a ética deve ter um fundamento filosófico ou teológico. Segundo a tradição aristotélica, a vontade humana é naturalmente inclinada ao fim último, que pode ser Deus ou a felicidade. Ockham rechaça essa teoria e mostra que não se pode prová-la com evidência. O principal indício disso é que tantos não acreditam em Deus e não acreditam na felicidade. Dessa forma, o fundamento da ética não pode ser filosófico.

É somente pela Revelação que sabemos que Deus é o fim último das coisas e que Nele se encontra a verdadeira felicidade. Assim, a ética, segundo Ockham, deve ter um fundamento teológico. Em sintonia com toda a sua filosofia, ele distingue também na ética a dimensão da fé da dimensão da razão (Ghisalberti, 1996).

Evidenciaremos, desse modo, que existem vários pontos de encontro entre a ética de Ockham com o tema da singularidade. A norma objetiva da moral é o mandamento divino, que o indivíduo livremente aceita ou rejeita. Se o aceita, o homem deve também segui-lo até as últimas consequências.

Existe, por sua vez, a dimensão subjetiva da moralidade, que consiste na moralidade do ato em sua concretude. O indivíduo, por meio de sua vontade livre, com o auxílio da reta razão e de outras circunstâncias, age moralmente. É na reta razão que o homem, através da experiência, constrói também princípios que guiam o seu agir moral.

Por isso, é importante que o ato moral seja visto em sua singularidade. Ou seja, se ele é conforme aos fundamentos da vontade livre, da reta razão e do auxílio de outras circunstâncias. Portanto, o ato moral não pode ser analisado somente de uma forma exterior; é importante que se analise a intenção em que o ato foi efetivado. Só assim é possível qualificá-lo.

No terceiro capítulo do livro, desenvolveremos o tema do singular na obra política de Ockham. Sublinhamos que sua vida e sua obra mudam drasticamente quando ele é chamado a Avinhão pelo Papa João XXII. O motivo são as acusações feitas contra ele por João Lutterell. Indicaremos, nesse capítulo, as questões principais dessa mudança na vida de Ockham, o processo movido contra ele e o seu desfecho.

Durante a estadia dele em Avinhão, ocorre um outro fato importante para o destino de Ockham, que é o seu encontro com o então ministro-geral, Miguel de Cesena, com quem ele e mais dois frades, anos mais tarde, fogem de Avinhão, buscando refúgio com o Imperador Luís de Baviera. O grupo vai para Pisa e, depois, para Munique, onde Ockham permanece até o fim de sua vida, escrevendo em favor das ideias do grupo dissidente e contra o Papa João XXII, o qual ele sustenta que seja herege.

Ockham, portanto, continua exercendo sua atividade de escritor, mas agora com outro cunho: suas obras desse período são de caráter político. O conflito principal entre o grupo dissidente e o papa é a questão da pobreza franciscana, à qual João XXII não adere. Porém Ockham escreve também sobre outros temas, como a plenitude do poder papal, a propriedade, a separação entre o poder civil e o poder eclesiástico etc. Durante o período em que Ockham está em Munique, ele igualmente produz uma vasta obra.

A pergunta que surge a partir do tema do singular e que procuraremos responder neste livro é se existe continuidade entre a primeira e a segunda parte dos escritos de Ockham, ou seja, entre a obra filosófico-teológica e a obra política. Fundamentando-nos em sua obra, acreditamos que exista tal continuidade. Para isso, evidenciamos em que modo ela se dá: a partir da pessoa de Ockham, como também entre os temas que se interligam. Na verdade, trata-se de um debate sobre os escritos de Guilherme de Ockham, que se desenvolveu a partir de 1940 e continua presente até hoje. Desenvolveremos as principais linhas de interpretação e, também, enfatizaremos nosso ponto de vista.

A partir da relação entre os dois blocos de escritos de Ockham, mostraremos ainda que o tema do singular se encontra presente em sua obra política, mesmo que ele não tenha redigido nenhum tratado político sobre esse tema. Ele define a Ordem, a Igreja, bem como qualquer outra instituição, a partir dos membros que as compõem. Além do mais, existe a atenção a cada membro ao interno de uma instituição. Ele promove a dignidade de cada pessoa ao interno dela, bem como a valorização dos leigos e das mulheres.

A partir disso, surge a questão se Ockham foi o precursor do direito subjetivo, a qual foi colocada e abordada pela primeira vez de modo mais enfático por Villey (2005). Esse autor defende que Ockham foi o grande precursor da teoria dos direitos subjetivos, que teve depois seu desenvolvimento na Modernidade e que continua presente até hoje. Villey também afirma que existe uma continuidade evidente entre a obra filosófico-teológica e a obra política. Segundo ele, podemos afirmar que Ockham, mesmo não sendo jurista de formação, contribuiu muito para o pensamento jurídico através de sua teoria.

A visão oposta da teoria de Villey é apresentada por Tierney (2002), que afirma que Guilherme de Ockham não foi o precursor da ideia de direito subjetivo. Na verdade, segundo Tierney, ela já estava presente antes dos escritos de Ockham. É importante, segundo ele, que a obra do *Venerabilis Inceptor* venha colocada em seu contexto. Interpretando nesse viés, não se encontra em sua obra uma grande novidade em relação aos direitos subjetivos. Além disso, afirma Tierney, a ligação entre as duas fases da inteira obra de Ockham não é evidente, isto é, não se pode afirmar pelos escritos que as ideias contidas nos escritos filosófico-teológicos tenham influenciado seus escritos políticos.

Indicaremos o ponto de vista dos dois autores e proporemos também uma interpretação nova. Em linhas gerais, nós nos aproximaremos da visão de Villey, apesar de rejeitar alguns pontos sustentados por ele. A crítica principal ao próprio Villey é a respeito de seu modo de entender a ontologia do singular. E a partir dela procuraremos desenvolver nossa opinião.

Um outro tema relacionado com a singularidade contido na obra política de Ockham é o tema da propriedade privada. Ele defende o direito à propriedade de cada indivíduo e reconhece que ela não é o modelo ideal de organização, mas, depois do pecado original, convém que exista a propriedade privada, para evitar disputas e litígios.

Também no âmbito político, Guilherme de Ockham defende a liberdade. O argumento principal utilizado por ele é dado pela Sagrada Escritura: a lei do Evangelho é a lei da liberdade. O argumento da liberdade política de Ockham é desenvolvido no contexto do debate sobre a plenitude do poder do papa (*plenitudo potestatis*). Guilherme de Ockham sustenta que, segundo o Evangelho, o cristão é livre e não pode ser subjugado pelo papa nem por qualquer outra pessoa. Desse modo, tanto o poder eclesiástico quanto o poder civil não devem escravizar ou subjugar ninguém. Pelo contrário, o governo deve promover a liberdade dos indivíduos.

A lei evangélica liberta da lei mosaica e não permite que se caia em uma escravidão maior do que ela. Por isso, Ockham sustenta que existem poucas leis e normas na Igreja. Assim, a liberdade evangélica não só liberta de toda a escravidão, seja ela religiosa ou política, como também impede que se caia em alguma delas.

Por outro lado, a liberdade política, segundo Ockham, não pode ser entendida como uma ausência de normas ou uma anarquia. As normas e o governo são fundamentais para uma instituição e para a sociedade. A função do governo, segundo ele, é controlar se as normas são obedecidas pelos cidadãos e pelos cristãos, punindo aqueles que não as obedecem.

Ao mesmo tempo, cada indivíduo deve estar em sintonia com a reta razão. Ela que está em conformidade com a vontade divina, isto é, com aquilo que existia antes do pecado original. Por isso, cada pessoa, na sua liberdade, segue os ditames da reta razão, sendo protagonista na sociedade.

Portanto, podemos assim sintetizar os pontos-chave e as novidades desta obra:

a) Leitura transversal do tema do singular: desenvolvemos o tema do singular em Ockham, começando pela ontologia, passando pela antropologia e, por fim, desembocando na política.

b) Desenvolvimento de um tema que demonstra a continuidade existente entre a obra filosófico-teológica e a obra política de Ockham: diferentes autores sustentam que existe tal continuidade, mas são poucos aqueles que desenvolvem algum tema ligando os dois blocos de escritos. Logo, observamos que não existe uma obra que desenvolva o tema da singularidade dessa maneira.

c) Análise da singularidade na obra política partindo do conceitualismo de Ockham: no conjunto de autores que sustentam uma continuidade entre os dois blocos de escritos, diversos mantêm que o pensamento de Ockham seja uma "metafísica nominalista". Em vez disso, nós denominamos o pensamento dele como "conceitualismo", porque Ockham não extingue o universal, mas afirma que se trata de um conceito de nossa mente. A partir dessa ideia desenvolvemos o tema do universal no âmbito político. Desse modo, podemos afirmar que na filosofia do *Venerabilis Inceptor* existe o primado do indivíduo. Ao mesmo tempo, ele não exclui a relação que, mesmo não existindo fora da mente humana, é objetiva, ou seja, indica a relação entre pessoas que podem estar unidas, por exemplo, pela fé ou pela mesma cidadania.

d) Tradução inédita de textos da obra filosófico-teológica de Ockham: uma outra novidade desta obra é a tradução que se encontra no Anexo. Trata-se de textos traduzidos do original, em latim, para o português. Uma boa parte desses textos não tinha sido traduzida em nenhuma língua moderna.

Sendo assim, desenvolveremos, nas páginas seguintes, o tema da singularidade, iniciando o percurso pela dimensão ontológica. Em seguida, abordaremos o tema no âmbito da antropologia, para, então, terminarmos na esfera política. Acreditamos que esta obra possa ser de grande interesse e possa contribuir para a reflexão e a interpretação do pensamento do *Venerabilis Inceptor*.

1
A ontologia do singular de Ockham

No pensamento do *Venerabilis Inceptor*, observamos a existência de uma ontologia do singular. Porém, o que isso quer dizer? Significa que todas as coisas fora da mente humana são singulares, e é a partir delas que se inicia a reflexão filosófica, ou seja, o ente singular é o objeto da ontologia. Neste capítulo, procuraremos desenvolver, primeiramente, o que Ockham entende por singular e como ele está ligado à ontologia. Em seguida, tentaremos mostrar como Guilherme de Ockham se insere no debate ontológico, principalmente no que tange ao debate sobre os universais. Por fim, colocaremos algumas perspectivas a partir do primado do singular.

1.1 O conceito de singular

Na questão 12 do *Quodlibet V*, Ockham evidencia as seguintes definições de singular e indivíduo:

> "Singular" e "indivíduo" são tomados em três modos: em um modo, é chamado singular aquilo que é numericamente uma coisa, e não várias; em outro modo, é chamado singular uma coisa fora da alma, que é uma coisa, e não várias, nem é signo de algo; no terceiro modo, é chamado singular um signo próprio de uma coisa, o qual também é denominado de termo discreto (Ockham, 1980, p. 529)[2].

---

2. O texto paralelo a esse se encontra em: Ockham (1974a, p. 47-49). Tomaremos como base o texto do *Quodlibeta septem*, fazendo algumas referências ao texto da *Summa Logicae*.

A primeira definição pode ser chamada de nominal. À primeira vista, ela poderia ser considerada um pleonasmo; porém, na verdade, essa definição é muito importante e não carece de significado. A partir dela, Ockham afirma que o singular é tudo aquilo que é um e não mais do que um, seja uma realidade extramental ou intramental, excluindo o conceito de que o singular pertence somente a uma dimensão do saber ou da realidade. O critério de unidade numérica permite também concluir que o singular não está na base de um determinado desenvolvimento e não tem relação direta com outros termos. O singular é um e único (Merino, 1993; Alféri, 1989).

A unidade numérica é o contrário da multiplicidade numérica. Ou seja, o singular é a unidade constitutiva de uma coisa determinada e não permite uma interação essencial com outras coisas. O homem José, a mulher Maria e o cão Bob são únicos, dotados de características peculiares que os tornam irrepetíveis e não multiplicáveis, ou seja, não se pode fazer uma cópia igual desses seres[3].

Mas o que é a multiplicidade numérica? A multiplicidade numérica é um conjunto de singulares organizado a partir de um determinado critério, isto é, de uma determinada circunscrição. Um conjunto de singulares forma uma série. Passar do singular à série é passar da experiência ao pensar geral, para assim se colocar uma ordem no intelecto. Por exemplo, a ordem da memória é a série interna de apreensões singulares, a ordem do conceito é a série de entes singulares externos, a ordem da semiologia é a série de signos singulares, a ordem da ciência é a série de verdades singulares (Alféri, 1989).

A unidade da série é uma unidade de significação. Para o *Venerabilis Inceptor*, um modo de entender o signo é "como tudo

---

3. Poderíamos evidenciar a questão da clonagem. Por mais que se tente fazer uma cópia igual de um ser – quer seja animal, quer seja humano –, serão sempre dois seres diferentes.

aquilo que, apreendido, traz algo diverso à cognição, embora não leve a mente à primeira cognição daquilo, segundo mostramos em um outro lugar, mas à cognição atual, após a habitual" (Ockham, 1974a, p. 8-9).

Graças à capacidade do signo de estar em relação com uma pluralidade de coisas, é possível existir a unidade de significação. Por exemplo, a unidade da série de homens é possível graças ao signo "homem". É o signo que evidencia a semelhança que existe entre os homens, que na realidade extramental são singulares (Alféri, 1989).

Nesse sentido, todo conceito é um signo (Ockham, 1974a, p. 9). Por exemplo, o conceito de "árvore", que engloba todas as árvores, é um signo. E, assim, podem ser construídas inúmeras séries em diferentes gêneros de discurso. É importante enfatizar que é graças à série que se podem constituir os signos, os quais não existem na realidade (*extra animam*), somente na mente humana (Alféri, 1989).

A terceira definição[4] pode ser chamada de semiológica, ou seja, é o signo próprio de uma coisa, também chamado de "termo discreto". Guilherme de Ockham, no capítulo 19 da *Summa logicae*, explica de que modo deve ser entendido o "termo discreto". Ele afirma:

> Tal [termo] "indivíduo", porém, pode ser atribuído a três casos: seja ao nome próprio de algo, como o nome "Sócrates" e o nome "Platão"; seja ao pronome demonstrativo, como "isto é um homem", indicando Sócrates; seja, às vezes, ao pronome demonstrativo, tomado com algum termo comum, como "este homem", "este animal", "esta pedra" etc. (Ockham, 1974a, p. 66).

---

4. Desenvolveremos primeiramente a terceira definição, para, em seguida, elaborarmos a segunda, a qual procuramos relacionar com o discurso sucessivo.

Continuando a reflexão da questão 12 do *Quodlibet V* (Ockham, 1980, p. 529), levando em consideração o que afirma Porfírio (2004) no *Isagoge*, Ockham diz que o singular da terceira definição é predicado somente de uma coisa, mas evidencia que o singular compreendido desse modo não coincide com a coisa fora da mente (*extra animam*), porque ela não pode ser um predicado nem um sujeito, conforme afirmado anteriormente na mesma obra (Ockham, 1980, p. 247-249). Por isso, o singular, nesse modo, deve ser entendido como um signo próprio que é predicado de uma só coisa. Porém, ainda segundo Ockham (1980, p. 529), não deve ser predicada de si mesmo, mas de uma coisa que está fora da mente (*extra animam*).

Alféri (1989) sublinha a importância do terceiro modo de conceber o singular. Para Ockham, o singular semiológico está no fundamento da teoria da significação. Na base da potência que o signo tem de significar mais coisas está, antes de tudo, sua capacidade de indicar uma coisa somente, ou seja, o poder de indicar uma coisa singular fora da mente (*extra animam*), tomado não como unidade numérica, mas como referência singular.

Desse modo, o signo comum é capaz de se referir ao ser singular último. Por exemplo, indicando "aquele homem", referimo-nos a Platão ou a Sócrates, ou seja, sempre a um ente singular. Ghisalberti (1991) enfatiza que o singular nesse terceiro modo de entendê-lo não se refere ao fato de que cada termo é um singular, mas sim à capacidade que um termo tem de significar um indivíduo extramental, poderíamos dizer, à capacidade que ele tem de singularizar.

Por outro lado, quando se fala "aquela espécie" ou "aquele universal", não se indica algo singular, mas um conjunto de coisas. Ou seja, signos como "espécie", "gênero" e "universal" são incapazes de se referirem a entes singulares últimos (Alféri, 1989). Somente os signos singularizantes, como evidencia Merino (1993), são capazes de oferecer a base para a significação. Desse modo, Ockham vai na contramão da lógica escolástica, como Pedro Hispano (1947, p. 57-64)[5], que afirmava que os signos universais tinham a capacidade de significar os seres singulares últimos.

É importante ressaltar que Ockham compreende os termos "indivíduo", "singular" e "suposto" (*suppositum*) como sinônimos[6]. Desse modo, ele afirma: "E assim como se fazem estas distinções quanto ao nome 'indivíduo', assim se pode fazê-las quanto ao nome 'singular' e quanto ao nome 'suposto'" (Ockham, 1974a, p. 66).

Referindo-se à autoridade de Aristóteles (1968, p. 45-46), e como Ockham mesmo afirma que aprendeu desde criança, os supostos podem ser de dois tipos: por si e por acidente. Os supostos por si (*supposita per se*) correspondem a "este branco" ou "aquele negro" etc. Os supostos por acidente (*supposita per accidens*), por sua vez, são "Sócrates", "Platão", "este pato" etc. O *Venerabilis Inceptor* evidencia, porém, que o nome "suposto", nesse caso, deve ser entendido como os indivíduos que são signos de coisas, e não corresponde à coisa existente fora da alma (*est a parte rei*), a qual não pode ser signo de algo. Portanto, é impossível que algumas coisas existentes fora da alma sejam signos por si e outras por acidente (Ockham, 1974a, p. 66-67).

Desse modo, continua Ockham (1974a, p. 67), o suposto deve ser entendido assim: "Como termo próprio a uma [coisa] só – que é chamado suposto, porque dele é predicado aquele [termo] comum, não por si, mas por seu significado". A partir disso, é possível fazer a seguinte distinção: os supostos por si de um termo comum são os pronomes demonstrativos tomados com esse termo comum; por exemplo, o suposto por si do termo "branco" é "esta coisa branca"

---

5. Para aprofundar o tema, cf. De Rijk (1999, p. 71-84).

6. Preferimos utilizar o termo "singular", mesmo que se recorra, às vezes, à utilização do termo "indivíduo" e "suposto".

ou "aquela coisa branca". Os supostos por acidente, por sua vez, são os nomes próprios e os outros pronomes demonstrativos; por exemplo, os nomes "Sócrates" e "Platão" (Ockham, 1980, p. 530).

Mas por que motivo Ockham sublinha essa diferença? Ele afirma que, do suposto por si, um dos contrários não pode ser predicado verdadeiramente do outro contrário. Por exemplo, é impossível afirmar que "este branco é negro". Já do suposto por acidente é possível predicar um contrário do outro, enquanto não seja suposto dele. Ou seja, o mesmo signo pode ser suposto por acidente de dois contrários sucessivamente, embora não simultaneamente. Por exemplo, tendo "Sócrates é branco", é possível ainda que se tenha "Sócrates é negro" (Ockham, 1980, p. 530).

O segundo modo de entender o singular, segundo Ockham, é chamado de ontológico, que é o que interessa diretamente à nossa análise. O singular ontológico é, em suma, aquela coisa numericamente una, que está fora da mente humana e que não é signo de alguma coisa. Esse último aspecto é sublinhado por Guilherme de Ockham e, portanto, não é algo acidental ou marginal. Desse modo, "esta árvore", "este cão", "Pedro" e "Maria" não são, em nenhum modo, signos de algo, mas são singulares ontologicamente e significam somente na sua própria singularidade (Merino, 1993, p. 346).

Além do texto da questão 12 do *Quodlibet V*, pode-se observar que esse acento é feito por Ockham também em outras partes de sua obra. Na própria *Summa logicae*, no capítulo 19 – em que ele desenvolve o terceiro modo de compreender o singular, e que nós indicamos acima –, ele afirma que: "Falando do suposto que existe realmente (*est a parte rei*) e não é signo de algo, é impossível que alguns sejam supostos por si de algum termo e outros por acidente" (Ockham, 1974a, p. 67). E, igualmente, no capítulo 14: "De outro modo, o nome 'singular' é tomado como tudo aquilo que é um único e não muitos, e não é destinado a ser signo de muitas [coisas]" (Ockham, 1974a, p. 48).

Esse aspecto de ser um não signo é acrescentado por Ockham regularmente ao termo da coisa. Ele sustenta:

> A respeito do primeiro ponto, saiba-se que não se toma aqui "singular" na acepção de tudo aquilo que é numericamente uno, porque assim toda a coisa é singular, mas no sentido de uma coisa que, além de ser numericamente una, não é um sinal natural ou voluntário (convencional) comum a muitos. Nesse sentido, não são singulares uma expressão escrita, nem um conceito, nem a palavra falada significativa, mas somente uma coisa que não é um sinal comum (Ockham, 1980, p. 72).

A partir da afirmação do singular como não signo, podemos dizer que ele é o singular último, ou seja, a coisa singular (*res singularis*) na realidade fora da mente. Sustentamos, como diz Alféri (1989, p. 21), que é sobre esse fundamento que está baseada toda a filosofia do *Venerabilis Inceptor*. O singular ontológico representa também a concretude da tríade singular/série/signo.

São claramente evidenciados e distinguidos por Ockham, segundo Alféri (1989, p. 21-22), dois tipos de objetos, e dois tipos de gêneros de discursos correspondentes. Um é o discurso ontológico, ao qual correspondem os seres singulares últimos, extramentais. O outro é o semiológico, ao qual correspondem os signos, que também são coisas singulares, mas que reenviam a outra coisa e podem construir a unidade não numérica de uma multiplicidade. Portanto, na filosofia de Ockham, existe um modo de ser dos entes e um outro modo de dizê-los, de expressá-los. Esses dois âmbitos são bem separados e não podem ser confundidos e misturados. Não existe continuidade entre eles.

Tendo como base o segundo modo de entender o singular – isto é, o ontológico –, Ockham inaugura uma nova ontologia. Todas as coisas fora da mente são singulares; é nelas, e a partir delas, que deve ser pensado o ser. Esse tema será desenvolvido em seguida.

1.2 A ontologia do singular e a crítica à ontologia tradicional

Reafirmamos que em Ockham existe uma ontologia do singular. Buscaremos delinear os principais aspectos dessa ontologia, bem como a crítica aos modos de ser aristotélicos, que não consideravam suficientemente esse aspecto e sufocavam o discurso ontológico.

1.2.1 O singular é o objeto da ontologia

Segundo Guilherme de Ockham, muitos filósofos caíram na tentação de construir uma ontologia a partir de uma semiologia, o que não é possível absolutamente. Por exemplo, não podemos, a partir do conceito de homem, que é um signo que representa todos os homens, definir o homem real, o ser extramental. A única possibilidade de uma verdadeira ontologia é na coisa singular última e a partir dela. Esta não reenvia a um conceito, pois, como vimos, ela não é um signo de algo. Portanto, ela reenvia a si mesma, e deve ser compreendida a partir de sua singularidade.

No seu Comentário às Sentenças de Pedro Lombardo, o *Venerabilis Inceptor* afirma: "Cada coisa fora da alma é realmente singular e uma em número" (Ockham, 1970, p. 196). Por isso, as coisas fora da alma – e das quais nós fazemos experiência – são somente coisas singulares: esta árvore, esta pedra, Pedro, Maria etc. Isso, porém, não é algo demonstrável cientificamente. Em vez disso, é algo do qual nós fazemos experiência. É, por assim dizer, um dado.

Apesar da evidência da singularidade, ou seja, de que ela não precisa ser provada pela razão, Ockham utiliza a lógica para corroborar a sua teoria, como o faz diversas vezes em seus escritos. Partindo da ideia de universal e de substância, ele afirma na *Summa logicae*:

Com efeito, pode-se provar com evidência que nenhum universal é uma substância fora da alma. Em primeiro lugar, certamente, assim: nenhum universal é uma substância singular e numericamente una. Com efeito, se fosse dito assim, seguir-se-ia que Sócrates seria algo universal, porque não há maior razão para que um universal seja uma substância singular. Nenhuma substância singular, portanto, é algo universal, mas toda a substância é numericamente una e singular, porque toda substância, ou é uma coisa e não muitas, ou é muitas coisas. Se é uma única e não muitas, é numericamente una; com efeito, é isso o que por todos é chamado numericamente uno (Ockham, 1974a, p. 50).

Ockham (1974a, p. 50-51) continua sua demonstração esclarecendo a noção de substância quando são "muitas coisas", seguindo o seu raciocínio lógico e provando que nenhuma substância é universal:

Se, porém, alguma substância é muitas coisas, ou é muitas coisas singulares, ou é muitas coisas universais. Caso se dê o primeiro, segue-se que alguma substância seria muitas substâncias singulares, e, em consequência, pela mesma razão, alguma substância seria muitos homens; e então, embora o universal se distinguisse de um único particular, não se distinguiria dos particulares. Se, porém, alguma substância fosse muitas coisas universais, tomo uma dessas coisas universais e pergunto: é muitas coisas ou é uma única, e não muitas? Caso se dê o segundo, segue-se que é singular; caso se dê o primeiro, pergunto: é muitas coisas singulares ou muitas coisas universais? E assim, ou haverá um processo ao infinito, ou estará assentado que nenhuma substância é universal, tal que não singular, do que resulta que nenhuma substância é universal.

Por meio do raciocínio exposto, concluímos que: ou a substância é numericamente una, ou é constituída de muitas coisas particulares, que são singulares na sua essência. E cada universalidade que queira ser utilizada nesse sentido sempre acaba desembocando no singular, ou num processo ao infinito, o que se torna uma questão sem solução. Portanto, a substância é sempre algo singular.

Em outras partes de sua inteira obra, Ockham enfatiza que as coisas fora da mente (*extra animam*) são singulares. O *Venerabilis Inceptor* ainda afirma, no Comentário às Sentenças: "Por isso se segue que qualquer coisa fora da alma por si mesma é singular, de modo que ela mesma, sem qualquer acréscimo, é aquilo que imediatamente é denominado de intenção da singularidade" (Ockham, 1970, p. 197). De modo semelhante, na obra *Expositio in libros Physicorum Aristotelis* (1985, p. 22), Ockham diz: "Mas como mostrou [Aristóteles] no livro VII da *Metaphysica* [*Metafísica*], nada é existente realmente fora da alma, a não ser apenas o singular".

Em suma, todas as coisas fora da mente humana são singulares. É o modo de ser delas, não existe outro modo de ser. Para Ockham, o ser singular deve ser o primeiro objeto da ontologia, e não o universal, pois ele existe somente na mente humana, deriva do conhecimento do singular e remete ao conhecimento do singular. Desse modo, o único modo de fazer ontologia é no singular e a partir dos seres singulares.

A singularidade é a característica fundamental de todos os entes. Ela é imediata, evidente, e não é derivada nem demonstrável (Merino, 1993, p. 347). Assim, não é preciso criar um aparato metafísico para entender o singular. É necessário somente que o intelecto humano tenha em vista o conhecimento evidente do singular.

Desse modo, na visão de Guilherme de Ockham, toda ontologia clássica deve ser interpretada a partir da teoria dos signos, ou seja, aquilo que era o objeto da ontologia clássica, as assim chamadas "substâncias segundas", se reduzem a signos. Portanto, Ockham "expulsa" o universal da ontologia (Alféri, 1989, p. 32-33). A ontologia pertence apenas ao singular.

1.2.2 Crítica aos modos de ser da ontologia clássica

A partir da admissão da ontologia do singular, Ockham rejeita a ontologia clássica, que tem o seu fundamento principalmente em Aristóteles. Em seguida, delineamos como o *Venerabilis Inceptor* faz essa crítica, partindo dos modos de ser evidenciados por Aristóteles, para, então, desenvolver o tema medieval da essência e da existência, o qual ele aborda com maior ênfase.

Convém, em primeiro lugar, definir o que se entende por ontologia. A enciclopédia filosófica Bompiani define o termo deste modo:

> [Ontologia] é, literalmente, "a ciência daquilo que é", em que o "é" recolhe os significados, sobretudo, do existir (do existente), mas, junto, daquilo que isto é (do ser [essente] se diria, em referência àquilo que se chamou de essência); no grego ὄν são compreendidos ambos. O termo é de formação moderna (Carlini; Berti, 2006, p. 8114).

Portanto, como indicado, a ontologia é a ciência do que é, engloba aquilo que é chamado de essência e aquilo que é chamado de existência, e se remete claramente à filosofia de Aristóteles (1970, p. 60). O filósofo grego entendia que o ser pode ser dito de várias maneiras[7], chamadas também de modos de ser, mesmo compreendendo que o indivíduo é sempre singular.

A ontologia medieval, referindo-se a Aristóteles, afirmava que existiam diversos modos de ser e que eles estavam realmente presentes no ente, o que constituía uma ontologia realista. Nesse sentido, Ockham implementa uma total novidade, em contraposição àquilo que sustentavam os filósofos antecedentes. A ontologia tradicional entendia que existiam muitos "modos de ser". Em vez disso, Ockham afirma que existe somente um modo de ser, que é a singularidade. Os "modos de ser" da ontologia tradicional são so-

---

7. Para aprofundar, cf. Spinelli (1995, p. 15-48).

mente modos de falar, ou seja, esse discurso pertence à dimensão da linguagem, e não à ontologia (Alféri, 1989, p. 21).

No capítulo 38 da primeira parte da *Summa logicae*, Ockham desenvolve a reflexão sobre o termo "ente", referindo-se a Aristóteles, que, no livro da *Metafísica* (1970, p. 94), afirma que o ente pode ser dito por si e por acidente.

Ockham afirma que essa distinção aristotélica não deve ser entendida como um ente por si e outro ente por acidente, mas apenas como diferentes modos de predicação de um e de outro. Isso fica claro, segundo ele, através dos exemplos colocados pelo próprio Aristóteles. Desse modo, o *Venerabilis Inceptor* conclui: "A partir disso, torna-se evidente que não fala senão de modos diversos de predicar algo de algo, porque algo é dito de algo por si, e algo [diferente] é dito de algo por acidente" (Ockham, 1974a, p. 108).

Pode-se dizer que a distinção feita por Aristóteles de "ser por si" e "ser por acidente" é colocada apenas no âmbito da semiologia, ela não pertence à ontologia (Alféri, 1989, p. 29). Para Ockham (1974a, p. 108), a coisa (*res*) é sempre um ser por si, sendo ela substância ou acidente: "Com efeito, é evidente que uma coisa não é ente por si, e outra por acidente, porque não há uma coisa que não seja substância ou acidente; mas tanto a substância quanto o acidente são entes por si".

A mesma reflexão pode ser encontrada no capítulo 42 da primeira parte da obra *Summa logicae* (Ockham, 1974a, p. 118-122), no qual ele expõe os modos em que o termo "substância" deve ser entendido:

> Primeiramente deve ser considerado que a substância é tomada de dois modos. De um primeiro modo, se diz substância qualquer coisa distinta das outras; assim, frequentemente encontram-se nos autores [expressões] tais como "a substância da brancura", "a substância da cor" etc. De outro modo, chama-se substância mais estritamente a toda coisa que não é um acidente realmente inerente a outra. E assim chama-se subs-

tância tanto a matéria quanto a forma, ou também o composto de ambas. De outro modo, chama-se substância do modo maximamente estrito aquilo que não é nem um acidente inerente a outra [coisa], nem é parte essencial de algo, embora se possa compor com algum acidente. E, desse modo, a substância é admitida como um gênero generalíssimo (Ockham, 1974a, p. 118).

Como bem observa Todisco (1989, p. 110), no último sentido, isto é, no sentido próprio, a substância não é dita nem da matéria, nem da forma, e, portanto, é aquilo que exprime a unidade do composto. Essa unidade é o sujeito real, o indivíduo. Ele é o lugar originário de onde tudo inicia, é o fundo ontológico que salvaguarda a singularidade dos entes.

Guilherme de Ockham, quando fala do predicamento da substância – ou seja, do gênero generalíssimo –, afirma que este não pode existir na realidade, pois pertence ao âmbito dos predicamentos e nunca à realidade extramental[8]. Referindo-se a Aristóteles (1966, p. 87), Ockham (1974a, p. 118-119) afirma que nenhuma substância segunda é uma substância, entendida como algo fora da mente humana:

> Esta [a substância admitida como um gênero generalíssimo], segundo Aristóteles, divide-se em substâncias primeiras e segundas. Não se deve entender, porém, que esta seja uma divisão de algo comum predicável por si daquelas [coisas] que o dividem ou dos pronomes demonstrativos que as designam. Com efeito, a proposição "isto é uma substância", mostrando uma coisa qualquer, é falsa. Assim, "nenhuma substância segunda é uma substância" é verdadeira, o que se pode tornar evidente a partir do que foi dito. Com efeito, foi antes provado que nenhum universal é uma substância; mas toda substância segunda é um universal, já que é um gênero ou uma espécie, segundo Aristóteles; nenhuma substância segunda, portanto, é uma substância.

---

8. Delinearemos esse aspecto também, em seguida, quando falarmos dos predicamentos aristotélicos admitidos por Ockham.

Como indica Alféri (1989, p. 30-32), Guilherme de Ockham, ao falar de substância, fala do ente singular: "esta pessoa", "aquela pedra", "aquela planta". A tradicional separação entre "substâncias primeiras" e "substâncias segundas" deve ser reinterpretada pela ontologia do singular. Ou seja, quando se fala do ente, estamos falando da substância (tradicionalmente a substância primeira). A substância segunda, conforme evidenciado, é um universal existente na mente humana e que não tem valor ontológico, mas semiológico. As substâncias segundas são signos mentais.

O mesmo raciocínio pode ser observado quando Ockham descreve o "ser em potência" e o "ser em ato". Representam, como anteriormente, dois modos de significar, de predicar, mas na realidade concreta trata-se sempre de um ser singular em ato (Alféri, 1989, p. 29). Ele afirma:

> De maneira similar, o ente divide-se em ente em potência e ente em ato. Isso não deve ser entendido [como significando] que algo, que não é na natureza das coisas, mas pode ser, seja ente verdadeiramente, e algo diferente, que é na natureza das coisas, seja também ente (Ockham, 1974a, p. 108).

Ao comentar o texto de Aristóteles na *Metafísica* (1970, p. 95), Ockham sustenta que ele quer dizer que o ente pode ser dito que está em ato ou em potência, mas todas as coisas no presente instante são em ato:

> Nesse mesmo lugar, pretende que o ente pode ser dito em potência e em ato, como o que está conhecendo e o que está repousando, e, todavia, nada está conhecendo ou repousando, a menos que esteja conhecendo ou repousando em ato (Ockham, 1974a, p. 108).

Guilherme de Ockham afirma que bastam essas divisões do termo "ente" para compreender o seu significado. Ele pensava em expor em uma outra obra todas as divisões do ente (a saber ato e potência, substância e acidente, matéria e forma, entre outras), isto é, fazer um comentário sobre a *Metafísica* de Aristóteles. Porém, o *Venerabilis Inceptor* não conseguiu efetivar essa obra (Ockham, 1974a, p. 108, nota 6). Em seguida, enfatizaremos a questão da essência e da existência em seu pensamento.

1.2.3 Essência e existência

O singular tem essência ou é uma essência? No ente, ou seja, na coisa fora da mente humana, existe a distinção entre essência e existência? São perguntas que procuraremos responder nas páginas seguintes, indicando a visão de Ockham sobre essa distinção.

No capítulo 27 da *Summa logicae, Pars III.2*, o *Venerabilis Inceptor* interroga se a essência e a existência são duas coisas diferentes ou se, de fato, são a mesma coisa. Ele, na verdade, está respondendo a Egídio Romano (1930, p. 1-189), que defende a distinção real entre essência e existência. Essa distinção não é de origem grega, mas medieval. Ela está presente tanto na reflexão dos filósofos árabes quanto na dos cristãos (Merino, 1993, p. 348).

Já no enunciado da questão, Ockham (1974a, p. 553) diz que essência e existência parecem ser a mesma coisa, não existindo uma distinção entre elas: "Parece-me que não são duas coisas, não significando a existência uma coisa distinta da própria coisa". Para fundamentar o seu ponto de vista, Guilherme de Ockham segue o raciocínio de seu confrade filósofo Pedro de João Olivi (1922, p. 146-159).

O capítulo 27 da *Summa logicae, Pars III.2*, pode ser colocado em relação com a questão 7 do *Quodlibet II*, em que Ockham (1980, p. 141) desenvolve o seguinte tema: "Se a existência de um anjo é distinta de sua essência". Depois de analisar os argumentos, também ali o *Venerabilis Inceptor* afirma que a existência e a essência não são distintas em seus significados, "pois existência e essência significam a mesma coisa" (Ockham, 1980, p. 144).

O primeiro argumento colocado por Guilherme de Ockham no texto da *Summa logicae*, a favor de sua posição, é que se a existência e a essência fossem duas coisas separadas, a existência teria que ser uma substância ou um acidente. Porém, na realidade, a existência não se enquadra em nenhum deles, isto é, ela não é uma substância nem um acidente:

> Com efeito, no caso afirmativo, a existência seria ou uma substância ou um acidente. Não se trata de um acidente, porque então a existência do homem seria uma qualidade ou uma quantidade, o que é manifestamente falso, como se prova indutivamente. Também não se pode dizer que seja uma substância, porque toda substância é matéria, ou forma, ou um composto, ou uma substância absoluta (substância separada); mas evidentemente não se pode falar de nenhuma dessas hipóteses no caso de ser a existência outra coisa que a essência dessa mesma coisa (Ockham, 1974a, p. 553).

O segundo argumento exposto por Ockham (1974a, p. 553) evidencia que, se fossem duas coisas distintas, teriam que formar uma única realidade ou um agregado, mas em ambos os casos se cairia em um absurdo:

> De modo semelhante: se fossem duas coisas, ou constituiriam essencialmente uma realidade, ou não. Se sim, seria preciso que uma fosse ato, e a outra, potência, sendo, por consequência, uma coisa matéria, e a outra, forma, o que é absurdo. Se não formassem uma unidade essencial, seriam apenas um agregado, ou seja, constituiriam uma unidade tão só por acidente, do qual se seguiria que uma é acidente da outra.

O terceiro e último argumento diz respeito à inseparabilidade entre essência e existência. O argumento utilizado por Ockham (1973, p. 381, nota 63) se refere à impossibilidade de Deus em conservar uma essência sem a existência. Na verdade, porém, a não separação entre essência e existência era já sustentada por Aristóteles e pelo próprio Tomás de Aquino. Para eles, essência e existência eram dois princípios metafísicos que não poderiam ser separados. Segundo Guilherme de Ockham (1974a, p. 553):

> Igualmente, se fossem duas coisas, não haveria contradição em que Deus conservasse uma essência na natureza das coisas sem a existência (*existentia*), ou inversamente uma existência sem a essência, duas coisas impossíveis.

Ockham (1974a, p. 554) conclui, reafirmando a tese exposta: "Diga-se, portanto, que entidade e existência não são duas coisas, mas que estas duas palavras 'coisa' e 'ser' significam uma e mesma coisa, sendo a primeira, nominalmente, e a outra, verbalmente". E ainda: "Não há mais razão de dizer que a existência e a essência são duas coisas, do que afirmar que a essência e a essência diferem. Por conseguinte, a existência não difere da essência de uma coisa" (Ockham, 1974a, p. 554).

Sustentamos que é a partir do primado do singular que Guilherme de Ockham exclui a separação real entre essência e existência. Na verdade, ele permanece, em certo sentido, fiel à filosofia de Aristóteles, mas é uma fidelidade estratégica (Alféri, 1989, p. 70-71). Essência e existência são duas maneiras de significar a mesma coisa: *esse* e *existere*, na realidade, são, de fato, o mesmo ente.

Havia dois modos clássicos de explicar a separação entre essência e existência, conforme indica Alféri (1989, p. 70-71). O primeiro modo era afirmar que existia uma essência universal das coisas singulares. Por exemplo, em uma árvore de eucalipto existiria a essência de eucalipto; essa essência, por sua vez, estaria presente em todas as plantas de eucalipto existentes. As essências também eram chamadas de "coisas universais reais", ou "substâncias segundas".

Ockham rejeita fortemente o primeiro modo de explicação. A essência do singular coincide com o próprio singular. Somos capazes de *dizer* coisas sobre o singular, mas são sempre signos da coisa, e representam algum elemento, mas não a sua totalidade. Isso não quer dizer que as coisas não se assemelham, mas essa semelhança pertence ao uso das séries, dos signos, e não à essência, à ontologia.

O conceito de "eucalipto", por exemplo, são todos os eucaliptos colocados juntos, em série. O conceito de "pessoa humana" são todas as pessoas existentes colocadas em série. Todisco (1989, p. 59) destaca o aspecto semiológico da semelhança, e a passagem do comum, do universal à semiologia: "A semelhança é um fato, e como tal cabe às ciências aceitarem-no ou à semiologia significá-lo. A ontologia não tem a ver com isso".

Conforme sublinhado anteriormente, o signo significante tem a capacidade de significar muitas coisas e poder ser dito de muitos jeitos. O signo é universal e uno – enquanto universal –, mas se estende a muitas coisas enquanto signo. É somente através da semiologia e da significação que se pode fazer a passagem entre um e muitos, entre o singular e o universal. Desse modo, todos os modos de ser dos entes são modos de significar (Todisco, 1989, p. 59).

O objetivo principal de Guilherme de Ockham, a nosso ver, não é anular tudo aquilo que Aristóteles, Boécio e outros desenvolveram sobre a ontologia, mas colocar esse tipo de discurso em outro âmbito: tudo isso deve ser interpretado na teoria dos signos. Ou seja, se passa da ontologia à semiologia (Merino, 1993, p. 348).

À primeira vista, parece que, ao afirmar decidida e exclusivamente que o singular é a única realidade que engloba a totalidade dos seres fora da mente, Ockham somente constataria a existência dos singulares múltiplos e teria caído em uma dispersão individualizada. Mas, de fato, ele tentou, com a sua reflexão, construir uma nova explicação para os universais, não mais ontológicos, mas por meio dos signos (De Andrés, 1969, p. 70)[9].

O único objeto da ontologia de Guilherme de Ockham é o singular e todo o discurso mental que deriva dele, representado pela teoria dos signos que estão no lugar das coisas. A ontologia é limitada em seu discurso na pura singularidade do ente, em sua

---

9. Para aprofundar os temas da semiologia e da filosofia da linguagem de Ockham, recomendamos igualmente o livro de De Andrés.

inefabilidade e em sua inderivabilidade como realidade originária. Nesse sentido, Ockham reduz o discurso ontológico e amplia a área da linguagem, mais especificamente da semiologia, que é o modo como os signos se referem às coisas (Todisco, 1989, p. 53). Alféri (1989, p. 33) define deste modo o nominalismo de Ockham: "Não é nada de diferente que essa longa expropriação da ontologia para uma teoria dos signos".

Dessa forma, rejeitando a realidade do universal, a essência não pode ser menos singular do que a própria coisa da qual é singular. Como tudo o que existe na realidade é singular, toda a essência é singular. Por isso, quando fazemos um discurso sobre a essência, necessariamente temos que falar sobre o singular (Alféri, 1989, p. 68-69). No exemplo colocado anteriormente, conforme o pensamento de Ockham, torna-se evidente que não existe um universal do eucalipto, poderíamos dizer, uma "eucaliptidade". A essência do eucalipto é o próprio eucalipto existente fora da mente humana. A única essência que existe é a do singular.

A segunda maneira clássica de justificar a diferença entre a coisa e a sua essência era de contrapor a essência à existência da coisa (Alféri, 1989, p. 69). Essa distinção não é grega, mas medieval, e se encontra tanto nos autores árabes quanto nos cristãos[10]. O principal expoente é Tomás de Aquino (1976, p. 367-381), que desenvolve a noção de "distinção real" entre essência e existência. Para ele, a essência tem a ver com a necessidade da coisa, a existência com a sua contingência.

Ockham (1974a, p. 554) critica de forma veemente essa posição, como indicado anteriormente, sustentando que a essência não é separada da existência, e que a essência não se distingue da coisa singular. A única essência que existe é a essência do singular, e ela será também contingente.

---

10. Essa distinção é introduzida por Al-Farabi e Avicena (cf. Giacon, 2006, p. 3669).

Na verdade, como indica Alféri (1989, p. 74), essa reflexão de Guilherme de Ockham tem caráter dialético e negativo. Com efeito, falar de essência, para Ockham, é automaticamente falar do singular: "O singular se confunde perfeitamente com o ser, que se confunde perfeitamente com o ente e com a essência. Não há alguma hierarquia ontológica".

Fica evidente pelo exposto que o objeto de uma ontologia possível são somente os seres singulares, analisando e descrevendo-os. A ontologia do universal deve ceder o espaço a uma ontologia do singular, uma ontologia do concreto. Ou, como diria Paul Vignaux (1931, p. 741-742), a uma metafísica do indivíduo.

Desse modo, o singular não é inefável, não é fora do alcance da mente humana. Pelo contrário, como observa Todisco (1989, p. 60), não existe nada mais perfeito do que o singular e nada mais a ser pensado do que o singular. O singular é o primeiro inteligível e o seu conhecimento é imediato e originário. Afirmar o singular como existência e essência é afirmar que o singular é por si mesmo inteligível e é o primeiro no âmbito do conhecimento. Veremos esse aspecto em seguida.

1.3 Conhecimento intuitivo do singular: o singular como primeiro conhecimento do intelecto

Se toda a realidade fora da mente humana é singular, como podemos conhecê-la? O singular é o primeiro conhecido do intelecto ou o conhecemos somente em um modo reflexo e indireto? São questões que Ockham procura responder, a partir do primado do singular.

1.3.1 O primum cognitum

A questão do primeiro objeto do intelecto (*primum cognitum*) é desenvolvida por Ockham na distinção III do *Scriptum in Librum Primum Sententiarum* (1970, p. 380-568). Ele, primeiramente, interroga se é a essência divina o primeiro objeto do intelecto (questão 1). Em seguida, ele aborda algumas questões, que se referem ao conhecimento que podemos ter de Deus (questões 2-4). Na questão sucessiva, ele pergunta se o universal é o primeiro objeto do intelecto (questão 5), para, em seguida, interrogar se o singular é o primeiro objeto (questão 6). Depois, ele aborda o tema do conhecimento do ente comum (questões 7-8). Por fim, ele desenvolve o tema da criatura como imagem da Trindade (questões 9-10).

O tema do primeiro objeto do intelecto (*primum cognitum*) na filosofia de Ockham é fundamental. Está dentro de uma questão teológica, como vimos anteriormente; mas, como evidencia Ghisalberti (1996, p. 91), o problema do *primum cognitum* se trata também de um problema gnosiológico, como de um problema metafísico ou ontológico. Gnosiológico porque abarca o problema da relação pensamento-realidade; metafísico porque diz respeito à estrutura originária do dado imediato.

O tema do primeiro objeto do intelecto (*primum cognitum*) está intrinsecamente ligado com a singularidade. Ghisalberti (1996, p. 92) indica esse aspecto:

> Ockham, como todo filósofo, percebe a urgência de indagar sobre a estrutura originária do conhecer, é pressionado pela necessidade que o pensamento percebe de estabelecer exatamente a natureza do seu relacionar-se com a totalidade do ser.

Existem três modos de entender o primeiro objeto do intelecto, de acordo com Ockham (1970, p. 388-389). O primeiro diz respeito ao primado de origem (*primum primitate generationis*), isto é, trata-se daquele que determina o primeiro ato de intelecção. O segundo se refere ao primado de adequação (*primum primitate adaequationis*), ou seja, é aquele que pode ser predicado de todos os inteligíveis. O terceiro, por fim, se refere ao primado de perfeição (*primum primitate perfectionis*), ou seja, é aquele mais perfeito conhecido pelo intelecto.

Desses três modos de entender o primeiro objeto do intelecto, o mais relevante para a nossa pesquisa é o segundo, porque, como afirma Ghisalberti (1996, p. 91-92), é assim que se entende a relação entre o pensamento e a realidade, os quais, para Ockham, devem constituir uma unidade. Dessa maneira, o fundamento do primado de adequação não é somente gnosiológico, mas também ontológico, e, nesse sentido, tem relação direta com o tema do qual estamos tratando.

Sustentamos que o ponto central do tema foi desenvolvido na questão 6 da distinção III do *Scriptum in Librum Primum Sententiarum*, cujo título é: "Se o primeiro conhecimento do intelecto de primeira geração é conhecimento intuitivo de algum singular" (Ockham, 1970, p. 483)[11]. O texto paralelo se encontra na questão 13 da primeira parte dos *Quodlibeta septem* (Ockham, 1980, p. 72-78).

Depois de introduzir a questão, Ockham coloca o argumento contra a tese exposta. A objeção evidenciada se refere a Aristóteles, citando as obras *De anima* (*Da alma*, n. 485)[12] e *Physica* (*Física*, 1957, p. 13-14). Ockham (1970, p. 483) coloca deste modo o argumento contrário à tese:

> Parece que não: o singular, pela mesma razão de ser singular, não é inteligível; assim o seu conhecimento intuitivo não é primeiro. Anteriormente foi exposto pelo Filósofo que o intelecto é universal e o sentido é particular.

O argumento a favor da tese foi desenvolvido por Ockham na questão anterior, ou seja, a questão 5 (Ockham, 1970, p. 442-482), em que ele procurou responder à pergunta se o universal é o primeiro conhecido pelo intelecto. Guilherme de Ockham (1970, p. 483) expõe: "Ao contrário: anteriormente foi dito que todo o

---

11. Toda a questão traduzida se encontra no anexo deste livro.

12. Seguimos a numeração do Database *online*.

singular precede, e que cada conhecimento abstrativo da coisa pressupõe o conhecimento intuitivo".

Antes de adentrar na análise do texto, convém explicitar o que o *Venerabilis Inceptor* entende por conhecimento intuitivo e conhecimento abstrativo. A distinção é de natureza gnosiológica, mas tem relação direta com o tema em que estamos trabalhando. A distinção é abordada por Ockham no prólogo do *Scriptum in Librum Primum Sententiarum* (1967, p. 30-33)[13].

O conhecimento intuitivo é o ato primeiro do intelecto com o qual entramos em contato com a realidade e com o qual percebemos se uma coisa existe ou não. É um conhecimento evidente e imediato, e não se trata somente de um conhecimento sensitivo, mas também intelectivo.

O conhecimento abstrativo, por sua vez, é aquele que vê o objeto apenas como objeto, prescindindo da sua existência ou não. Por esse tipo de conhecimento, eu sou capaz de pensar sobre objetos com os quais tive contato no passado, mas com os quais não tenho contato no presente momento.

Depois do anúncio do problema da questão, Ockham (1970, p. 483-488) apresenta a visão de Tomás de Aquino e de Henrique de Gand sobre o tema. Tomás de Aquino (1889, p. 347-349) afirma que o singular não pode ser conhecido primeira e diretamente. Em resumo, o Aquinate sustenta que o princípio do singular é a matéria individual, e esta é conhecida somente pelo processo de abstração. Como a matéria é universal, o conhecimento direto é aquele do universal, e o singular é somente conhecido por um processo de reflexão.

Por sua vez, o argumento de Henrique de Gand (2011, p. 335-349), reportado por Ockham, também afirma que o singular so-

---

13. Para aprofundar o tema, cf. Bérubé (1964, p. 259-275) e Ghisalberti (1996, p. 64-70).

mente é conhecido em um modo reflexo. É interessante, porém, o discurso "geométrico" apresentado. Ockham (1970, p. 484) expõe:

> Outros colocam a mesma conclusão, pois é manifesto que o intelecto em linha reta não pode inteligir o singular, mas apenas em linha reflexa. Por esse modo que, em primeiro lugar, na representação, do singular se abstrai o universal, e é quase em linha reta, por exemplo de *a* em *b*; e daquele universal se estende ulteriormente no intelecto, como de *b* em *c*; e então do momento que o intelecto mudado pelo ato de conhecer, se estende quase em linha reta de *a* até *c*, de modo que *a*, *b* e *c* sejam uma linha reta. Por consequência, depois que o intelecto é mudado pelo ato de inteligir o universal existente na representação, terminado o seu ato de conhecer naquele universal e no objeto, é estendido quase como em alguma linha reflexa de *c* em *b*. E depois, contudo, ulteriormente aquela espécie em primeiro lugar inteligirá a representação, como a razão universal intelige segundo a razão de sua designação e singularidade, assim como tem na mesma representação, é estendida como uma linha reflexa de *b* em *a*, quer seja tudo isso como uma linha reflexa *c-b-a*; quer pelo fato de que tal linha compõe linhas precedentes, então ela será uma linha circunflexa, completando o ato de inteligir revertido naquilo em que começou. Desse modo, portanto, eles dizem que o singular não é inteligível primária e diretamente.

Como observado na nota da edição crítica, o exemplo "geométrico" não é evidenciado por Henrique de Gand em seus escritos. Apenas a ideia é apresentada por Gand, mas não são indicadas as linhas e as letras, como são apresentadas por Ockham (1970, p. 484, nota 2). Em suma, segundo esse pensamento, o singular não é conhecido primeiramente, nem diretamente, porque, mesmo que o universal seja abstraído do singular em linha reta, o processo de conhecimento do singular somente termina depois que, partindo do universal, retorna ao singular. O retorno ao singular se dá em linha reflexa, e não em linha reta. Portanto, é necessário todo esse processo para o conhecimento do singular. O universal, por sua vez, é conhecido diretamente.

Como Ockham expõe, as opiniões de Tomás de Aquino e de Henrique de Gand são semelhantes em sua conclusão, ou seja, para eles é necessário que se conheça o universal para que se conheça o singular. Segundo eles, o singular não é o primeiro objeto do intelecto, nem é conhecido de um modo direto. A diferença é que Henrique de Gand explica esse processo através de um exemplo geométrico, enquanto Tomás de Aquino, por sua vez, explica o processo de conhecimento do singular em um modo mais sintético.

Para fundamentar a ideia de que não é o singular o primeiro objeto do intelecto, são evidenciados diversos argumentos das autoridades de Aristóteles e de Averróis (nominados como o Filósofo e o Comentador, respectivamente) (Ockham, 1970, p. 485-488). Esses argumentos depois serão retomados e rechaçados por Ockham como argumentos em favor dessa ideia, dando uma diversa intepretação das frases expostas. Em seguida, ele mesmo formulará a sua ideia, fundamentando-a, como em uma típica questão medieval[14]. Não desenvolveremos todas as ideias, apenas as conclusões principais obtidas pelo *Venerabilis Inceptor*.

Respondendo às objeções, Ockham afirma que a ideia sustentada por Tomás de Aquino e por Henrique de Gand não é válida, assegurando que fora da mente humana todas as coisas são singulares: "Contra a conclusão principal dessas opiniões é arguido

---

14. Sobre esse gênero escolástico, escreve Marrone (2008, p. 68): "A questão (*quaestio*), o gênero mais proximamente identificado com o escolasticismo medieval, surgiu a partir dos exercícios de sala de aula que caracterizaram a pedagogia no Ocidente do século XII em diante: o debate ou a disputa. Colocando aluno contra aluno, e às vezes mestre contra mestre, esses debates não apenas afiavam as habilidades de lógica, mas também serviam como principal veículo de investigação dos tópicos. O *Sic et non* de Abelardo, um texto de sala de aula para teologia, abriu o caminho para a apropriação dessa técnica inicialmente oral. Por volta do século XIII, todas as disciplinas, das artes aos mais altos estudos profissionais, inclusive a teologia, haviam aceitado a forma disputativa como padrão para disseminação escrita de ideias. Coleções de questões, às vezes tomadas de salas de aula, às vezes de debates formais entre mestres, às vezes compostas privadamente no escritório do autor, dominaram o mundo erudito latino".

antes, e principalmente contra o primeiro modo de dizer, com isso se coloca que nada está nas coisas da natureza exceto o singular" (Ockham, 1970, p. 488).

Primeiramente, Ockham rebate os argumentos colocados em favor da posição de Tomás de Aquino, expostos na questão anterior (Ockham, 1970, p. 465-471). É importante observar que Ockham (1970, p. 488-489) utiliza os próprios argumentos de Tomás de Aquino para rechaçar a ideia deste.

Sobre o argumento exposto na questão 6 e apresentado anteriormente neste trabalho, Ockham (1970, p. 489) primeiramente interroga sobre qual tipo de abstração Tomás de Aquino está se referindo:

> Além do mais, porque [Tomás de Aquino] diz que aquilo que é abstraído pela matéria individual é universal, pergunto qual abstração [ele] entende: ou evidentemente inteligindo um [e] não inteligindo outro, ou inteligindo um comum a muitos.

O conhecimento abstrativo, segundo Ockham, é de dois tipos, conforme evidenciado no prólogo do *Scriptum in Librum Primum Sententiarum* (1967, p. 30-31). O primeiro tipo de abstração diz respeito ao conhecimento abstrativo acompanhado do conhecimento intuitivo, ou seja, uma abstração de muitos singulares. O segundo modo de entender a abstração diz respeito ao universal, ou seja, corresponde à existência ou não do ente e a todas as coisas que podem ser predicadas do ente.

Continuando a reflexão, Ockham afirma que, se é no primeiro modo de entender abstração, então aquilo que foi dito por Tomás de Aquino é evidentemente falso. Para exemplificar, Ockham fala da "brancura". A brancura singular é abstraída pelo intelecto da matéria individual, e não da matéria intelectual, como sustenta Tomás de Aquino. Do mesmo modo, o sentido percebe e abstrai sempre da matéria individual.

O segundo modo de abstração também não se dá. Apesar do abstrato, nesse caso, ser universal, ele se refere ao uno comum de todas as coisas. Somente ele que é abstraído diretamente. O universal inteligido por um composto ou pelas formas não se dá diretamente, mas somente por reflexão, e é aquilo que se dá no caso exposto (Ockham, 1970, p. 490).

Tomás de Aquino ainda sustenta que o singular não pode ser conhecido, a não ser por reflexão. Ockham questiona e rechaça a ideia, dividindo, inicialmente, as proposições da questão. Em primeiro lugar, ele pergunta se existe um ato distinto do ato da intelecção universal ou não. Em caso negativo, o ato pelo qual inteligir o universal precederia o ato de inteligir o singular, mas o próprio Tomás de Aquino rejeita essa ideia. Portanto, ela não pode ser levada em consideração (Ockham, 1970, p. 490).

Em caso de resposta afirmativa à questão, Guilherme de Ockham diz que é importante entender pelo que é causado. Em todas as opções analisadas, não se pode concluir que o singular se dá por reflexão. Os argumentos evidenciados por Tomás de Aquino, portanto, não são válidos. Expõe Ockham (1970, p. 490-491):

> Se sim, pergunto pelo que é causado: ou absolutamente pela imaginação; ou por algo na parte sensitiva; ou pela espécie inteligível; ou pelo ato pelo qual é inteligido o universal. Se no primeiro modo ou no segundo ou no terceiro e postas nas causas suficientes, podem colocar os efeitos; portanto, delimitando a intenção universal, pode colocar a cognição do singular, e assim não repugnaria ao intelecto que o conhecimento do singular viesse antes. Se é dito o segundo, e nada causa exceto quando é, desse modo pois sempre a causa e o efeito para algum instante são simultâneos, portanto, simultâneas seriam essas duas intelecções, o que em outro lugar ele nega.

Analisando a objeção proposta por Henrique de Gand, Ockham a divide em três partes. Em primeiro lugar, ele afirma que o argumento da linha reflexa não é válido, pois também no conhecimento do singular se daria uma linha reflexa. Isso porque, primeiro, se poderia colocar uma linha que vai dos sensíveis às espécies sensíveis, como de *a* até *b*, e depois uma linha entre o sentido e o conhecimento singular, como de *b* até *a*. Por isso, essas reflexões de nada valem (Ockham, 1970, p. 491).

Em segundo lugar, ele afirma que o raciocínio de Henrique de Gand não é coerente com o seu próprio pensamento. O singular não pode ser abstraído da imaginação. Argumenta o *Venerabilis Inceptor*:

> Além do mais, isso repugna ao próprio dito, porque quando diz que do singular na imaginação é abstraído o universal, e, em seguida, ele é mudado no intelecto pelo ato de inteligir e depois é refletido, inteligindo aquele universal, pergunto: ou quando é abstraído o universal do singular na imaginação é algo mudado pela parte do sentido ou do intelecto, ou nada. Se nada, portanto não é abstraído mais do que no modo anterior, e assim nada está naquela tal linha reta, pois a linha jamais estaria sem a distinção da parte e dos pontos, segundo ele. Ou se existisse alguma mudança: e não da parte do sentido, porque então o universal estaria no sentido e na parte sensitiva; de modo semelhante, pergunto: Para qual forma será tal mudança na parte sensitiva? E é evidente indutivamente que nada se pode dar. Portanto, é alguma mudança da parte do intelecto, e não do ato de inteligir, pois colocas que essa mudança se segue; não por consequência do hábito, portanto de algo prévio a ambos, e aquilo é chamado de espécie. Logo, verdadeiramente tens que colocar a espécie inteligível antes do ato, o que negas. (Ockham, 1970, p. 491-492).

Por último, Ockham rejeita o argumento utilizado por Henrique de Gand, pois diz que este não aceita a ideia de que o universal é somente conhecido por uma linha reflexa. Mas é isso que ele acaba afirmando com o seu argumento, pois entre o ato de inteligir, o objeto e o universal, coloca-se uma linha reflexa. E desse modo se seguiria que o universal é somente inteligido por reflexão e por uma linha (Ockham, 1970, p. 492).

Podemos afirmar, como Alféri (1989, p. 84), que Ockham acentua o aspecto do conhecimento primeiro e imediato do singular. O singular não se conhece em um modo reflexo, ou duplamente, mas através da intuição, que é direta e imediata.

É por esse motivo que há o esforço de Ockham em rejeitar as opiniões contrárias.

A partir da rejeição dos argumentos de Tomás de Aquino e de Henrique de Gand, Ockham (1970, p. 492) começa a delinear a sua própria posição: "Por isso digo outra coisa à questão. Em primeiro lugar, que o singular é inteligível. Em segundo lugar, que o primeiro conhecimento do singular é intuitivo. Em terceiro lugar, que o singular é inteligível primeiramente".

Com base nessa afirmação, Ockham desenvolve cada um dos argumentos anteriormente colocados, em consonância com a tese defendida. A favor do primeiro argumento, ele (1970, p. 492) afirma:

> O primeiro é evidente, pois se o singular não pudesse ser inteligível, ou isso seria em razão de uma perfeição do intelecto, ou em razão de uma imperfeição. Não é em razão de uma imperfeição, pois o sentido é mais imperfeito do que o intelecto e, todavia, apreende o singular.

O argumento apresentado em um modo lógico evidencia que o singular de todas as maneiras deve ser inteligível, seja em razão de uma perfeição, seja em razão de uma imperfeição. Como observa também Ghisalberti (1996, p. 92), Ockham está dizendo que é um dado de fato que o singular entra no conhecimento do intelecto humano; se o singular pode ser percebido por meio dos sentidos, ele deverá ser percebido, com maior certeza, através do intelecto, pois o intelecto é uma faculdade mais perfeita do que o sentido.

Em seguida, o *Venerabilis Inceptor* procura responder ao último ponto, a saber, sobre a questão da razão de uma perfeição. Ele a divide em três pontos: "Nem em razão de uma perfeição, pois, se fosse assim, seria ou porque o intelecto não pode inteligir outra coisa assim imperfeita como é o singular material, ou porque não pode mudar para algo material, ou porque não pode receber nada materialmente" (Ockham, 1970, p. 492-493).

Desse modo, a primeira razão não é válida, porque o universal que "está" nas coisas materiais não é mais perfeito do que o próprio singular. Mas esse universal é inteligível, de consequência será também o singular.

A segunda razão apresentada também não impede que o singular seja conhecido de um modo inteligível, pois ao intelecto se pode atribuir uma mudança, quer no conhecimento do singular, quer no conhecimento do universal. Se é possível colocar em um, é possível também no outro, pois o conhecimento do universal inicia no conhecimento do singular (Ockham, 1970, p. 493).

Nem o terceiro ponto é um obstáculo, pois, se o universal é recebido imaterialmente no intelecto, também o singular pode ser recebido desse modo. Como mostrado na questão anterior, antes do conhecimento do universal vem o conhecimento do singular; e tudo o que está no intelecto ou é uma espécie inteligível, ou um ato do intelecto, ou um hábito. Logo, tanto o universal quanto o singular são recebidos imaterialmente pelo intelecto humano. E também, segundo Ockham, o singular recebido imaterialmente está no mesmo nível do universal recebido singularmente no intelecto, como é o caso que se dá o último, pois, em última instância, o universal é um singular, e assim também pode se dar o primeiro (Ockham, 1970, p. 493-494).

Desse modo, Ockham afirma que, como o universal pode ser conhecido imaterialmente, assim também pode ser feito de forma singular. Nada nos impede de conhecer o individual de forma imaterial. Podemos observar que Guilherme de Ockham coloca o universal e o singular no mesmo parâmetro, para dizer que o conhecimento imaterial do singular é possível.

O segundo argumento colocado no enunciado da questão – ou seja, que o primeiro conhecimento do singular é intuitivo – se evidencia porque o conhecimento intuitivo vem sempre antes do conhecimento abstrativo, pois, de modo contrário, nenhuma verdade contingente poderia ser evidentemente conhecida pelo intelecto (Ockham, 1970, p. 494). Ghisalberti (1996, p. 93), ao comentar o argumento, sublinha que o conhecimento do singular é sempre anterior ao universal. Desse modo, o singular é sempre apreendido pela intuição.

O terceiro e último argumento se refere propriamente ao primeiro objeto do intelecto (*primum cognitum*), isto é, à questão se o singular é inteligido primeiramente. Ockham (1970, p. 494-495) afirma que, no instante em que o singular é percebido pelo sentido, desde que não exista algum impedimento, ele é também inteligido pelo intelecto por meio da intuição. Assim como a coisa pode ser conhecida pelo intelecto e desejada pela vontade, também pode ser percebida pelo sentido e inteligida pelo intelecto.

Conforme destaca também Ghisalberti (1996, p. 93), para Ockham existe uma ligação intrínseca entre o intelecto e o sentido. Assim como percebemos que o conhecimento sensível inicia com o particular, também o conhecimento intelectivo deve iniciar pelo particular.

Por último, Ockham (1970, p. 495) afirma que se poderia objetar com a seguinte teoria:

> A virtude superior pode no modo em que pode a virtude inferior, mas de uma maneira mais eminente, pois esta conhece o sentido de forma material e concreta – pois é conhecimento singular direto –, e o intelecto o conhece imaterialmente e no abstrato, pois é o conhecimento universal.

Ockham (1970, p. 495) assevera que essa objeção não se sustenta. Ele expõe quatro argumentos para rechaçar a teoria. O primeiro argumento diz que, se a coisa conhecida pela potência superior é mais imperfeita do que a conhecida pela potência inferior, então a potência superior não conhece a coisa de um modo mais eminente do que a inferior. Dessa maneira, o singular é mais perfeito do que o universal, e o intelecto não conhece melhor a coisa do que o sentido.

O segundo argumento refere-se a Aristóteles, que, na obra *Da alma* (n. 494), afirma que a cor é conhecida pelo sentido. Desse modo, o sentido não conhece só a coisa branca, mas a própria brancura. Se conhecer a coisa abstrata é conhecer o universal, conclui Ockham (1970, p. 495), podemos afirmar que o sentido conhece o universal.

No terceiro argumento, Ockham (1970, p. 495-496) rebate Tomás de Aquino (1888, p. 348), o qual afirma que conhecer algo concreto é conhecer o singular, e conhecer algo abstrato é conhecer o universal. Conhecer a brancura, que é algo abstrato, não significa conhecer mais o universal do que conhecer esse branco, que é um nome concreto. Isso se dá porque concreto e abstrato, na verdade, são conceitos. Portanto, não tem sentido fazer essa separação proposta por Tomás de Aquino, ou seja, conhecer algo no concreto e conhecer a mesma coisa no abstrato.

Por último, Ockham (1970, p. 496) coloca os exemplos da matéria individual e da matéria universal, porque ambas repugnam ao intelecto. Desse modo, ele afirma que, como o singular não pode ser inteligido materialmente, assim também o universal não pode ser inteligido de forma material pelo intelecto. Porém, ambos são inteligidos imaterialmente pelo intelecto.

Em seguida, Ockham rebate os argumentos da autoridade utilizados por Tomás de Aquino e Henrique de Gand. O *Venerabilis Inceptor* reinterpreta os argumentos utilizados por eles – principalmente de Aristóteles e Averróis – e faz uso das autoridades para fundamentar a sua própria tese, isto é, que o singular é o *primo cognitum*.

Como evidencia Alféri (1989, p. 85-86), Ockham coloca no mesmo plano, no mesmo nível, o conhecimento sensível e o conhecimento intelectual. O intelecto não é superior aos sentidos, e, do mesmo modo, os conceitos universais não são superiores às coisas singulares. Podemos afirmar que, para o *Venerabilis Inceptor*, na verdade, é o contrário: como todas as coisas fora da mente são singulares, o primado pertence às coisas singulares. O singular é o objeto mais perfeito e o primeiro inteligível, conforme afirma Ockham (1970, p. 495) na mesma questão: "O universal é simplesmente mais imperfeito e posterior ao mesmo singular".

1.3.2 Existem pré-requisitos para o conhecimento do singular?

Uma objeção que poderia ser feita a Ockham seria esta: somos capazes de conhecer o singular sem conhecer o ente? E esse tema é abordado na questão seguinte, isto é, na questão 7: "Se o singular pode ser conhecido distintamente antes da cognição do ente ou de qualquer universal" (Ockham, 1970, p. 521).

São evidenciados por Ockham um argumento contrário e um argumento a favor da tese exposta. O argumento contrário consiste em afirmar que tudo aquilo que pode ser definido tem que ser conhecido pela sua razão definitiva. O argumento a favor, por sua vez, consiste em afirmar que nem o ente, nem o universal são pelas suas essências singulares, portanto não são requeridos para o conhecimento do singular. Ockham (1970, p. 521) concorda com esse último raciocínio, reafirmando que o conhecimento distinto do singular não requer nenhum conhecimento distinto do universal.

São duas as objeções à tese colocadas por Ockham. A primeira afirma que, sendo assim, Deus poderia ser conhecido pelo intelecto criado, pois não precisaríamos do conhecimento da essência para conhecermos o ente (Ockham, 1970, p. 522). Guilherme de Ockham responde que é preciso esclarecer sobre qual tipo de conhecimento se está falando. Ele mostra que existem cinco tipos de cognição e afirma:

> Ao primeiro desses [argumentos], digo que "compreensão" é tomada em vários modos: um modo segundo cada cognição, e assim é o mesmo que apreensão, e dessa forma interpreta o Comentador, no livro III *Da alma*, em diversos locais. Em outro

61

modo é interpretado segundo a apreensão de qualquer elemento essencial da mesma coisa conhecida, e assim é o mesmo que o conhecimento distinto da coisa, quando nada o oculta e cada elemento é evidentemente intrínseco à coisa. No terceiro modo é interpretado como um claríssimo ou perfeitíssimo conhecimento, que pode ser da própria coisa. No quarto modo, é interpretado como conhecimento sob todos os predicados da coisa. No quinto modo, é interpretado como conhecimento distinto da coisa, e tanto a perfeição no ato é conhecida quanto está no mesmo objeto conhecido (Ockham, 1970, p. 522-523).

A partir dessa conceituação evidenciada por Ockham, pode-se analisar que tipo de compreensão de Deus e da criatura o intelecto humano pode ter. O primeiro tipo de cognição é o mais geral e se refere a toda e qualquer apreensão, independentemente de como ela for. O segundo tipo de cognição já é um pouco mais específico, pois se refere a algo essencial da coisa conhecida. Portanto, o *Venerabilis Inceptor* afirma que, no primeiro e no segundo modo, Deus e a criatura podem ser compreendidos pelo intelecto criado. Por sua vez, no terceiro e no quarto modos, a saber, como um claríssimo conhecimento e como conhecimento da coisa sob todos os predicados, Deus e a criatura não podem ser compreendidos pelo intelecto criado. No quinto modo, ou seja, como conhecimento distinto da coisa, a criatura pode ser compreendida pelo intelecto criado, mas não Deus (Ockham, 1970, p. 523).

A segunda objeção consiste em sustentar que seria impossível inteligir o homem sem inteligir o animal, da mesma maneira que seria impossível inteligir o homem sem inteligir o ente. Desse modo, uma coisa, para ser inteligida, precisa do universal substancial (Ockham, 1970, p. 522).

Guilherme de Ockham responde que é importante ver de que tipo de suposição se trata. É fundamental, nesse ponto, esclarecer o que se entende por suposição e quais os tipos de suposição existentes. Esse tema é tratado nos capítulos 63 e 64 da primeira parte da *Summa logicae*. Ockham (1974a, p. 193) explica:

Diz-se "suposição" uma – como que – posição por outro (*pro alio positio*), de tal maneira que, quando um termo na proposição está por algo, de sorte que usamos aquele termo por algo, e aquele termo, ou o caso reto daquele termo, se estiver em um oblíquo, verifica-se daquilo, ou do pronome demonstrativo que o designa, [então o termo] supõe aquilo. E isso é verdadeiro, ao menos quando o termo que supõe é tomado significativamente.

Em seguida, Ockham expõe a divisão da suposição, a saber, em pessoal, simples e material. Ele ainda oferece exemplos para clarear o seu raciocínio. Suposição pessoal é quando um termo supõe uma coisa por si mesma. Pode ser algo fora da mente humana; por exemplo, na frase "todo homem é um animal", o termo "homem" supõe os seus significados, significando "esses homens". Pode ser uma palavra falada; por exemplo, em "todo nome vocal é parte do discurso", o termo "nome" supõe as palavras faladas, porque foi imposto para significar tais palavras. Também pode ser uma intenção da alma; por exemplo, em "toda espécie é um universal", o sujeito, nesse caso, supõe aquilo a que foi imposto para significar. Ainda pode ser uma palavra escrita; por exemplo, em "toda expressão escrita é uma expressão", o sujeito supõe os seus significados, isto é, pelas expressões escritas. Por último, pode ser outra coisa imaginada, desde que o sujeito ou o predicado suponha por seu significado (Ockham, 1974a, p. 195).

Suposição simples é quando um termo supõe uma intenção da alma, mas não significativamente. Por exemplo, na frase "homem é uma espécie", o termo "homem" supõe a intenção da alma, porque, nesse caso, "espécie" é tal intenção. Porém, o termo "homem" não significa essa intenção, no caso, "espécie". Na verdade, afirma Ockham (1974a, p. 196), nesse tipo de suposição a palavra falada e a intenção da alma são apenas signos subordinados a significar a mesma coisa.

Suposição material, por sua vez, é quando um termo não supõe significativamente, mas sim a palavra – seja falada ou escrita. Por exemplo, "*homem* é um nome"; nesse caso, "homem" supõe por si mesmo, mas não significa a si mesmo. O mesmo tipo de suposição se pode ter em "*homem* está escrito", porque, nesse caso, o termo "homem" supõe o que está escrito (Ockham, 1974a, p. 196).

Desse modo, tomamos a seguinte frase: "Impossível é inteligir o homem não inteligindo o animal". Supondo pela coisa e de forma pessoal, então a frase é verdadeira, e consequentemente é impossível ver o homem sem inteligir o ente. Mas na suposição simples ou em outro modo, a expressão não é verdadeira, porque se pode ver a cor de um ente, mas o "ente" em si não se vê, ainda que para ver a cor seja necessário ver um ente (Ockham, 1970, p. 523).

Portanto, na suposição pessoal – isto é, quando o termo "ente" significa alguma coisa real existente na sua concretude –, a ideia de que quando enxergamos um homem vemos um ente é válida. Porém, na suposição simples, quando significa um conceito, é falsa, porque, como sustenta Ockham, podemos ter uma noção distinta do singular sem precisar recorrer a algum universal, mesmo usando o conceito mais universal que existe, que é o de ente (Ghisalberti, 1996, p. 94).

Concluímos, desse modo, que Ockham sustenta que o singular é inteligível, ou seja, pode ser compreendido na sua realidade concreta, sem fazer recurso ao universal ou a outras instâncias. Diferentemente do que era sustentado, o singular não é conhecido em partes ou de um modo obscuro, mas sim de forma plena. Além disso, o conhecimento do singular é intuitivo, direto, sem mediações, diferentemente do universal, que se dá por um processo de abstração – ou seja, ele não é direto.

Por último, o singular é inteligível primeiramente, isto é, ele é a base do conhecimento, é o *primum cognitum*. Se não pudéssemos ter o conhecimento do singular, não se daria conhecimento algum. Observamos, desse modo, que se apresenta em Ockham uma grande reviravolta em âmbito filosófico, muda-se do primado do universal para o primado do singular.

Nesse sentido, como expõe Alféri (1989, p. 87-88), podemos observar que o singular não é mais inefável. Não existe mais alguma obscuridade ontológica do singular, como defendia a filosofia antecedente. A intelecção do singular é imediata e originária, o que direciona o intelecto humano ao ente singular, não mais ao universal: pensar "esta planta", pensar "Sócrates", pensar "Platão". O fato de certas essências serem semelhantes, como "Sócrates" e "Platão", justifica a colocação delas em série, porém isso não faz mais parte da ontologia, mas sim da semiologia, da lógica. O discurso ontológico leva à singularidade do ser, que é uma essência e que pode ser diretamente conhecida.

1.4 A ontologia do singular no debate dos universais

Como foi desenvolvido anteriormente, para Ockham, toda a realidade fora da mente humana é singular. A partir disso, podemos perguntar: o que é o universal? Respondendo a essa pergunta, indicamos de que modo o *Venerabilis Inceptor* se insere no debate dos universais, o qual tem uma longa tradição. Em seguida, a partir de sua obra, desenvolveremos a crítica de toda forma de realismo dos universais, pois Ockham rejeita toda a tese que defende que os universais existem fora da mente humana.

1.4.1 O universal segundo Ockham

Depois de abordar a divisão dos termos na primeira parte da *Summa logicae* (1974a, p. 47-84), dos capítulos 14 ao 25, Ockham desenvolve a questão dos universais. Poderia suscitar alguma dúvida ao interessado na filosofia do *Venerabilis Inceptor* o porquê de ele abordar esse tema numa obra sobre a lógica; no entanto, isso faz todo sentido.

Guilherme de Ockham foi um exímio lógico[15]. Ele mesmo dá muita importância à lógica, como afirma na obra *Expositionis in Libros Artis Logicae* (1978, p. 3):

> Como tudo aquilo que opera, pelo fato de que pode errar em suas operações e em seus atos, tem necessidade de um princípio diretor – pois que a inteligência humana, na aquisição da ciência e de sua perfeição própria, procede necessariamente do desconhecido para o conhecido, já que sobre esse princípio diretor ela pode errar de múltiplos modos –, é necessário descobrir uma arte, graças à qual ela distinga com evidência o discurso verdadeiro do falso, para poder, enfim, discernir com certeza o verdadeiro do falso. Ora, essa arte é a Lógica, e é por tê-la ignorado, como atesta o Filósofo no livro I da *Física*, que numerosos dos antigos caíram em erros diversos.

Conforme é evidenciado por Müller (2012, p. 49), a lógica segue a questão ontológica de fundo. Tudo o que existe, para Ockham, é essencialmente singular. Desse modo, o primado do indivíduo é caracterizante da lógica ockhamiana, e isso aparece claramente na elaboração da doutrina dos universais e das categorias.

Porém, o que é um universal para Ockham? Antes de tudo, ele distingue dois tipos de universal. No capítulo 15 da primeira parte da *Summa logicae* (Ockham, 1974a, p. 49), encontramos tal distinção:

> Cumpre saber, entretanto, que há dois tipos de universal. Um é o universal naturalmente, a saber: o que é signo predicável de muitas [coisas], ao modo em que, proporcionalmente, a fumaça naturalmente significa o fogo; o gemido do enfermo, a dor; e o riso, a alegria interior. E tal universal não é senão a intenção da alma, de sorte que nenhuma substância fora da alma, nem algum acidente fora da alma é um tal universal. E é desse que falarei nos capítulos seguintes.

---

15. Para aprofundar o tema da lógica do Medievo, cf. Boehner (1952) De Rijk (1999, p. 71-84).

O primeiro universal pode ser chamado de natural. O outro tipo de universal, por sua vez, é aquele instituído voluntariamente. Continua Ockham (1974a, p. 49):

> O outro é o universal por instituição voluntária. E assim uma palavra proferida, que é verdadeiramente uma qualidade numericamente una, é universal, porque é um signo voluntariamente instituído para significar muitas [coisas]. Assim, pois como a palavra falada é dita comum, pode ser dita universal, mas isso não provém da natureza da coisa, e sim somente da convenção dos que a instituíram.

Conforme explicitado, o que interessa para o discurso de Ockham é o primeiro significado de universal; o segundo tipo de universal não interessa porque não é natural, é instituído. Assim, tomando o texto que fala do universal natural, convém destacar alguns pontos.

Em primeiro lugar, o universal é um signo predicado de muitas coisas, a saber, é um signo natural, e que é predicável de muitas coisas. Porém, convém frisar que sempre se trata de um signo – assim como a fumaça indica o fogo – de algo que indica outras coisas. Ockham afirma que o próprio universal é um singular, porque se trata de um signo, uma coisa só. Ele é universal pela sua significação, mas como conceito é um só (Ockham, 1974a, p. 48-49).

Em segundo lugar, trata-se de algo que não está fora da mente humana, mas é uma intenção da alma. Não diz respeito, portanto, a qualquer coisa que exista na realidade física, quer seja uma substância ou um acidente, como é o caso de "Sócrates", "Platão", "esta planta", "aquela pedra" etc. Nesse sentido, vemos uma perfeita coerência com o que destacamos anteriormente, que é uma constante no pensamento ockhamiano, ou seja, que toda a realidade fora da mente é singular.

A questão que o universal não é algo fora da mente humana é destacada principalmente no capítulo 15 da primeira parte da *Summa logicae* (Ockham, 1974a, p. 50). Nesse texto, Guilherme de Ockham afirma que pode se provar com evidência que nenhum universal é uma coisa fora da alma. Ao todo, ele desenvolve cinco argumentos para comprovar tal teoria (Ockham, 1974a, p. 50-51).

O primeiro argumento diz que "nenhum universal é uma substância singular e numericamente una" (Ockham, 1974a, p. 50); caso contrário, afirma Ockham, se seguiria que uma pessoa – por exemplo, Sócrates – seria algo universal. Se um universal pode ser uma substância singular, também outro universal poderia sê-lo. Mas isso não corresponde à realidade, porque toda a substância é numericamente una e singular, mesmo sendo uma única coisa ou muitas coisas (Ockham, 1974a, p. 50-51)[16].

Conforme comenta Alféri (1989, p. 40), o *Venerabilis Inceptor* está afirmando de uma vez por todas que aquilo que nós chamamos de "coisa singular", como Sócrates ou Platão, é una; e é correto que seja chamado desse modo. Ao mesmo tempo, torna-se claro que o conceito de "humanidade", que é o conceito comum a Sócrates, a Platão e a outros, não pode ser uno. Portanto, o universal, pelo seu significado, não é uma coisa singular.

O segundo argumento colocado por Ockham é que, se o universal fosse uma substância existente nas coisas singulares e distinta delas, isso significaria que poderia existir sem elas, como algo separado. Ockham (1974a, p. 51) indica que toda substância anterior poderia existir independentemente da substância posterior, porém admitir que o universal é algo separado e independente das coisas é um absurdo.

Podemos notar claramente nesse argumento que Ockham faz uma crítica à filosofia platônica, como indica também Alféri (1989, p. 41-42). Platão (1946, p. 57-118) pensava que a verdadeira realidade eram as ideias no mundo ideal, e que elas existiam

---

16. Essa questão já foi abordada anteriormente neste livro.

independentemente da realidade física. Essa ideia é também defendida pelos neoplatônicos do século XII[17]. Admitir uma substância separada e independente da realidade física é um absurdo para o *Venerabilis Inceptor*.

O terceiro argumento utilizado por Ockham afirma que, se o universal fosse uma substância – isto é, um indivíduo separado da substância singular –, seria afirmada consequentemente a impossibilidade da criação, pois, se o universal preexistisse, o indivíduo não receberia o ser do nada, mas de algum outro. Pela mesma razão, se Deus destruísse um indivíduo, acabaria por destruir todos, porque, ao destruir um, destruiria toda a essência que está nele, e assim destruiria o universal dele e de todos os outros, e não permaneceria nenhum indivíduo (Ockham, 1974a, p. 51).

Um tal universal, continua Ockham, não poderia ser algo totalmente exterior ao indivíduo. Teria que ser da essência dele. Mas, sendo assim, um indivíduo seria uma composição de universais. E, desse modo, o indivíduo não seria mais singular do que universal, o que é um absurdo (Ockham, 1974a, p. 51).

Por último, o *Venerabilis Inceptor* coloca o exemplo da essência de Cristo. Se o universal fosse alguma substância singular, Cristo seria, ao mesmo tempo, mísero e condenado. Seria mísero na natureza realmente existente e condenado em Judas. Porém, isso também é algo inadmissível (Ockham, 1974a, p. 51).

Ockham diz que por brevidade não são colocados outros argumentos, apesar de que poderiam ser colocados vários outros. Ele, em seguida, fundamenta a tese com argumentos das autoridades de Aristóteles e de Averróis. Desse modo, conclui: "A partir dessas e de muitas outras afirmações de autoridade, pode-se concluir que nenhum universal é substância, seja qual for a maneira de o considerar" (Ockham, 1974a, p. 52).

---

17. Abordaremos essa questão mais adiante.

Porém, se o universal não é uma substância, o que ele é realmente? Já no capítulo 14 da primeira parte da *Summa logicae*, Guilherme de Ockham afirma que o universal é um signo que representa muitas coisas, conforme abordado anteriormente na nossa pesquisa. Esse signo natural pode ser identificado com o próprio ato de inteligir (Ockham, 1974a, p. 42-43). Exemplifica Ockham (1974a, p. 53):

> A intelecção pela qual intelijo "homem" é um signo natural dos homens – natural assim como o gemido é signo de enfermidade, ou de tristeza, ou de dor; e é tal signo que pode estar pelos homens nas proposições mentais, assim como a palavra falada pode estar pelas coisas nas proposições faladas.

Esse signo natural se encontra na mente humana. Trata-se de uma intenção da alma (*intentio animae*), ou seja, é algo (*quiddam*) na alma destinado a significar algo diverso (*aliud*) (Ockham, 1974a, p. 41-42). Segundo Guilherme de Ockham, isso é provado pelo filósofo Avicena no livro da *Metafísica* (1980, p. 227-228), no qual afirma que o universal pode ser dito de três modos: predicado em ato de muitas coisas, como a palavra "homem"; a intenção que pode ser predicada de muitas coisas; e, por fim, a intenção de que nada proíbe considerar que seja predicada de várias coisas (Ockham, 1974a, p. 53).

Que o universal é uma intenção da alma destinada a ser predicada de muitas coisas também pode ser provado pela razão, porque todos concordam em afirmar que o universal é predicável de várias coisas, seja o naturalmente universal, seja o signo voluntariamente instituído. É importante destacar que é sobre o primeiro modo de entender o universal que Ockham (1974a, p. 53) desenvolve essa reflexão.

Em nenhum caso, entretanto, o universal pode ser uma substância, porque a substância não possui a capacidade de ser predicada de algo:

> Com efeito, que a substância não seja destinada a ser predicada é evidente, porque, se o fosse, a proposição se comporia de substâncias particulares, e, em consequência, o sujeito estaria em Roma e o predicado, na Inglaterra, o que é absurdo (Ockham, 1974a, p. 53).

Além disso, afirma Ockham, uma proposição é composta por universais. Os universais, por sua vez, em nenhum modo podem ser substâncias:

> A proposição não existe senão na mente, na fala ou na escrita; portanto, as suas partes não existem senão na mente, na fala ou na escrita; mas as substâncias particulares não existem desse modo (Ockham, 1974a, p. 54).

Essa também é a conclusão que Ockham apresenta na questão 8 da distinção II do *Scriptum in Librum Primum Sententiarum* (Ockham, 1970, p. 266-292). Nessa questão, Ockham desenvolve a noção de natureza do universal, conforme mostram Boehner (1958, p. 156-174) e Leite Junior (2001, p. 140-154), e que aqui colocaremos de modo sintético.

Propondo uma solução para a questão do universal, nesse texto, Ockham apresenta, na questão 8, as opiniões a favor do universal *in anima*. Ao todo são cinco as opiniões que ele propõe. Dentre elas, considera três as mais prováveis: "Qualquer dessas três opiniões considero provável, mas deixo ao juízo dos demais decidir qual é a mais verdadeira" (Ockham, 1970, p. 291).

A primeira opinião é a teoria do *fictum*: ou seja, que os universais têm um ser objetivo na alma e são certa ficção. Os universais enquanto objetos pensados são imagens mentais. Afirma Ockham (1970, p. 272):

> Assim, pois, como a casa imaginada, se aquele que a imagina possuísse uma força produtiva real, é um modelo para o artesão, assim aquela ficção seria um modelo com respeito ao que imagina. E a isso se pode chamar de universal, porque é um modelo e visa indiferentemente a todos os singulares fora da alma, e, por essa semelhança no ser objetivo, pode supor as coisas [isto é, pode estar no lugar das coisas] fora da alma que têm existência inteiramente semelhante fora do intelecto.

A segunda opinião que Ockham apresenta se refere à teoria da *qualitas mentis*, que, em suma, sustenta que o universal seja alguma qualidade existente subjetivamente na alma. Desse modo, os universais são posteriores ao ato do intelecto e se distinguem dele (Ockham, 1970, p. 291).

A última opinião sustenta que a qualidade existente subjetivamente na alma é a própria intelecção. Essa teoria pode ser denominada como *teoria do ato mental*, ou seja, o universal seria o próprio ato de conhecer (Ockham, 1970, p. 291). É a teoria que Guilherme de Ockham assumirá posteriormente. Ele, portanto, abandona a teoria do conceito como imagem da realidade externa para acentuar o caráter intencional do conhecimento por meio de conceitos (Boehner, 1958, p. 170).

Todavia, escolhendo ou a teoria do ato mental ou a teoria da *qualitas mentis*, a universalidade do conceito se explica da mesma maneira, a saber: "O conceito e todo o universal é uma qualidade existente subjetivamente na alma, que, por sua natureza, é como um sinal de uma coisa fora da alma, assim como a palavra é um sinal das coisas pela instituição voluntária" (Ockham, 1970, p. 289). Ou seja, o conceito é singular, mas tem uma significação universal: "[O conceito] é universal pela predicação, não por si, mas pelas coisas que significa" (Ockham, 1970, p. 290).

Concluindo, Ockham sublinha que não existe universal fora da alma, salvo aquele instituído voluntariamente. O universal é predicável de muitos e existe somente na mente humana, quer objetiva quer subjetivamente. Além disso, nenhum universal é da essência ou da quididade de qualquer substância (Ockham, 1970, p. 291-292).

1.4.2 O problema dos universais e a estrutura da crítica de Ockham

Antes de delinearmos a crítica de Ockham sobre toda forma de universal existente fora da alma, convém enfatizar que o debate dos universais tem uma longa tradição que remete a Aristóteles e a Platão[18]. O problema vem à tona, segundo a maioria dos historiadores, com a obra *Isagoge* (2004, p. 55-135), de Porfírio, que, em síntese, consiste em um comentário sobre as *Categorias* de Aristóteles.

Porfírio, ao comentar as *Categorias*, deixa em aberto a questão dos gêneros e das espécies. Introduzindo a questão, ele mesmo afirma que o tema exigiria um aprofundamento muito maior:

> Eu te alerto logo que não abordarei o problema dos gêneros e das espécies: isto é, se são por si subsistentes ou se são simples conceitos mentais; e, no caso de serem subsistentes, se são corpóreos ou incorpóreos; e, enfim, se são separados ou se se encontram nas coisas sensíveis, a essas inerentes; esse de fato é um tema muito complexo, que necessita de outro tipo de investigação, muito mais aprofundada. Limito-me, em vez disso, a explicar de um ponto de vista lógico aquilo que os antigos sustentaram sobre esses dois argumentos e sobre outros, sobretudo os Peripatéticos (Porfirio, 2004, p. 57).

O problema não levado em consideração por Porfírio, mas colocado no início do *Isagoge*, como indica Gilson (1932, p. 31), é o quadro em torno do qual surgiram os debates posteriores sobre a questão do universal. Portanto, os universais (gêneros e espécies) são realidades subsistentes ou são simples concepções do intelecto? Se são realidades subsistentes, são corporais ou incorporais? Se são incorporais, situam-se nas coisas sensíveis ou são separadas das coisas sensíveis?

Segundo De Libera (1999), o quadro, na verdade, é ainda mais amplo. De fato, o problema se iniciou com Aristóteles e com

---

18. Para aprofundar o tema, cf. De Libera (1999, p. 3-124), Leite Junior (2001, p. 1-154) e Lottermann (2019).

Porfírio, mas não se limita à ideia deles. A árvore de Porfírio esconde uma floresta:

> De onde vem então o "problema" que não só suscitou dez séculos de discussão, mas permitiu o nascimento de teses filosóficas fortes e coerentes chamadas "nominalismo" e "realismo"? Talvez do fato de que "o problema dos universais" cobre um nexo de questões que, no movimento complexo das exegeses de todo o *corpus* aristotélico se cristalizaram em torno do *Isagoge* sem serem enunciadas. Sobre esse propósito, se deveria dizer que a árvore de Porfírio esconde uma floresta (De Libera, 1999, p. 12).

Os pensadores medievais tentam dar uma resposta ao problema dos universais evidenciado por Porfírio. Afirma Saranyana (1989, p. 141): "A filosofia medieval foi uma obstinada busca de resolver o problema dos universais". A partir dessas respostas colocadas por cada filósofo nascem as diferentes perspectivas e correntes.

Existem diferentes tipos de solução para o problema dos universais e, ainda, diversos filósofos medievais que colocaram o problema dos universais como uma de suas questões. Notamos, novamente, que os temas se conectam e são desenvolvidos de modos diferentes. Como indica Gilson (1932, p. 31), se tratava, por exemplo, de escolher entre a linha de Aristóteles ou a de Platão, ou procurar conciliá-las. Essa questão, aparentemente, era apenas lógica, mas, de fato, se conecta com problemas de física e metafísica.

Leite Junior (2001, p. 25) vê também o domínio ontológico do discurso sobre os universais sem deixar à parte as outras dimensões filosóficas – ou seja, o problema dos universais pertence primariamente à dimensão ontológica, porque ela guarda como pano de fundo a pergunta sobre a existência real ou pensada destes.

Apesar de apresentarmos diferentes linhas de pensamento sobre os universais, cada autor desenvolve à sua maneira, no seu tempo, dependendo daquilo sobre o qual ele procura refletir e das questões a serem respondidas. Desse modo, evidencia De Libera (1999, p. 59):

> O ponto de partida do problema medieval dos universais não é no nosso mundo, mas nos sistemas filosóficos e nos campos enunciados disponíveis na época em que se constituiu como problema. Não tem uma existência isolada, mas sempre se circunscreve em problemáticas mais vastas. Elemento de um discurso, peça de um quebra-cabeças, ela pertence a nexos múltiplos.

Depois de Porfírio, um dos primeiros filósofos a retomar o problema dos universais é Boécio (1906), o qual afirma que o tema é complexo e tenta averiguá-lo com diligência. Ele explica, em primeiro lugar, que mediante a abstração se cria a ideia dos gêneros e das espécies, citada por Porfírio. Desse modo, gêneros e espécies estão nos indivíduos, mas, enquanto pensados, são universais. Gêneros e espécies subsistem nas coisas sensíveis, mas podem ser concebidos sem elas:

> Como explicar a semelhança essencial entre as coisas singulares? Através da natureza formal dos indivíduos. Cada indivíduo possui uma natureza formal. Os indivíduos que possuem a mesma natureza formal apresentam uma semelhança essencial. Esta é percebida pela mente: uma semelhança sensível em nível de cada realidade particular e inteligível em nível de pensamento (De Libera, 1999, p. 133).

Mesmo que, em geral, Boécio siga a linha de Aristóteles na questão dos universais, ele se decidiu a favor do platonismo no final da sua vida (Leite Junior, 2001, p. 37). Podemos afirmar que sua linha de pensamento sobre os universais se aproxima de um realismo moderado. Em síntese, Boécio encontra uma solução para o problema dos universais colocado por Porfírio, mas ao mesmo tempo abre ainda mais o caminho para sucessivos debates:

Boécio encontra em tal maneira uma solução elegante para o problema aberto por Porfírio, mas abre um espaço ainda mais problemático, sugerindo que uma mesma coisa possa ser ao mesmo tempo singular e universal. Essa tese seria reformulada ou rechaçada de uma ponta à outra no Medievo, e, de qualquer maneira, abria a estrada para uma série de paradoxos nos quais realismo e nominalismo encontrariam, ao mesmo tempo, o próprio alimento e a razão última do próprio dissenso. Mais ainda do que do problema de Porfírio, o impulso inicial da disputa dos universais que explodiu no século XII latino derivou da solução de Boécio (De Libera, 1999, p. 134).

Com base na solução proposta por Boécio, surgiram diferentes modos de entender o universal, a partir do contexto de cada filósofo. Podemos identificar duas correntes principais de pensamento medieval sobre o tema dos universais, mesmo que estas ainda possam ser subdivididas de forma subsequente. As correntes são indicadas pelos nomes de realismo e nominalismo. Depois, essas duas podem ser subdivididas em quatro, a saber: realismo exagerado (grosseiro), realismo moderado, conceitualismo e nominalismo exagerado.

É interessante a ideia que nos propõe De Libera (1999) sobre a visão dos realistas e nominalistas, baseando sua ideia em Paul Spade[19]. Os realistas acreditam que existem os universais no mundo, já os nominalistas não veem a questão desse modo. E, para ilustrar essa ideia, ele dá o seguinte exemplo: tenho diante de mim duas canetas de cor preta. O realista vê uma só cor preta participada nas duas canetas. Uma só e mesma cor, mesmo que sejam duas coisas distintas em lugares diferentes.

Os realistas acreditam no universal, como a pretidão, que participa de tantas coisas com a mesma propriedade. Já os nominalistas veem duas pretidões, tantas quantas são as canetas. Certo, as pretidões são semelhantes, mas basta observá-las em um modo mais aguçado para ver que são duas pretidões. Nesse sentido, podemos

---

19. Paul Spade é especialista em História da Filosofia Medieval. A sua ideia encontra-se em: Spade (1985).

colocar a seguinte questão: existem ou não duas pretidões nas duas canetas? O nominalismo vai dizer que sim; o realismo, que não.

Devido à amplitude do tema, exporemos as correntes em modo sintético, procurando dar uma definição geral sobre elas. Conforme indicado anteriormente, estas são as principais correntes que nascem a partir do problema colocado por Porfírio e por Boécio, ou seja, os principais modos de entender a natureza do universal (Leite Junior, 2001, p. 27-30; Porfírio, 2004, p. 42, introdução de Girgenti):

- O *realismo exagerado* entende que os universais são realidades metafísicas efetivamente existentes nas coisas, nos entes. Essa corrente tem clara influência da filosofia platônica. São representantes do realismo exagerado: Anselmo de Aosta (1968, p. 1-35) e Guilherme de Champeaux (Lefevre, 1898).

- O *realismo moderado* vê a existência dos universais identificada com uma essência comum compartilhada e presente nas coisas visíveis. O universal é um conceito que nasce através de um processo de abstração e gera também a intelecção em relação às coisas, às quais permanece sempre conectado. Os universais são categorias lógico-linguísticas que ligam o mundo ao ser. Essa corrente tem forte influência da filosofia de Aristóteles. São representantes dessa corrente: João de Salisbury (1991, p. 81-87), Tomás de Aquino (p. 330-354) e João Duns Escoto.

- O *conceitualismo*, também conhecido como nominalismo moderado, trata-se de uma corrente que entende que os conceitos da lógica não têm nenhum objeto singular correspondente na realidade. Os universais existem somente como conceitos universais na mente e não são entidades concretas. É a posição de Pedro Abelardo (1919, p. 1-32) e de Hugo de São Vítor (1939, p. 57). É nessa corrente que inserimos Ockham (Ghisalberti, 1996, p. 90; Boehner, 1958, p. 156-174), apesar de alguns comentadores o definirem como nominalista (De Libera, 1999, p. 367-390; Vignaux, 1931, p. 734-755).

• O *nominalismo*, também chamado de conceitualismo exagerado, sustenta que os universais não têm valor semântico e, igualmente, não têm valor predicativo. Os universais que não podem se referir às coisas (*res*) e são puros nomes convencionais (*flatus vocis*), porque a única coisa existente é o individual, o singular. É representante dessa corrente: Roscelino de Compiègne (1910, p. 62-80)[20].

A partir dessa contextualização do problema dos universais, desenvolveremos, a seguir, a crítica que Ockham faz a toda forma de realismo dos universais, ou seja, a todos os argumentos em favor da teoria de que o universal está nos entes e, consequentemente, fora da mente humana. Abordaremos o tema em suas linhas gerais[21]. Essa crítica se encontra principalmente na distinção II do *Scriptum in Librum Primum Sententiarum* (Ockham, 1970, p. 99-291). Primeiramente, apresentamos o esquema geral da crítica de Ockham nessa obra, conforme feito por Leite Junior (2001, p. 88-97).

As questões 4 a 7 constituem um grupo que podemos chamar de parte crítica, no qual se encontra, principalmente, a teoria dos autores que entendem que o universal está fora da mente humana (*extra animam*). A questão 8, por sua vez, pode ser chamada de parte resolutiva, porque apresenta a solução feita pelo próprio Ockham. Nessa questão, é apresentada a teoria de que o universal existe apenas na mente humana (*in anima*). Michon (1994, p. 381-482), em vez disso, chama as duas partes de destrutiva e construtiva (*pars destruens* e *pars construens*).

---

20. A maioria dos manuais afirma que Roscelino de Compiègne é um nominalista. Estudos recentes, porém, demonstram que ele é um dialético, e não um defensor ferrenho dos universais como *flatus vocis* (cf. D'Onofrio, 2006, p. 9844-9847; Giannetta, 2020).

21. Para aprofundar o tema, cf. Moody (1965, p. 66-117); Leff (1975, p. 78-123); Michon (1994, p. 381-482); Adams (1987, p. 3-142); Leite Junior (2001, p. 83-157); De Libera (1999, p. 367-417); Müller (2012, p. 49-82).

Na parte crítica, ou seja, nas questões 4 a 7, podemos fazer, ainda, uma subdivisão conforme são entendidas as naturezas do universal e do singular. A primeira faz a distinção entre universal e singular a partir da natureza da coisa (*ex natura rei*), que corresponde às questões 4 a 6.

Existem duas maneiras de entender o universal e o singular *ex parte rei*: a) realmente (*realiter*), que pode ser tanto não multiplicada (questão 4) quanto multiplicada (questão 5) – a não multiplicada se refere ao universal que mantém a sua unidade, mesmo que os singulares sejam múltiplos, e a multiplicada afirma que o universal se diversifica nos seres singulares; e b) formalmente (*formaliter*), abordada na questão 6, que afirma que existe uma distinção formal entre o universal e o particular.

A segunda faz a distinção segundo a razão (*secundum rationem*). Essa distinção é abordada na questão 7 e afirma que entre o universal e o singular existe uma identidade real. É o intelecto que dá ao universal um certo modo de ser.

Vignaux (1931, p. 735) faz a análise da parte crítica em um modo interessante, a saber, a partir do grau da distinção entre os universais e os indivíduos. Ao fim, porém, ele afirma que Ockham não sustenta nenhuma dessas distinções. A distinção máxima corresponde à questão 4, em que o universal não se importa com a multiplicidade dos indivíduos. Na questão 5, já encontramos uma menor distância entre o universal e os indivíduos, ou seja, o universal se multiplica nos indivíduos. A questão 6 apresenta uma distinção ainda menor, pois universal e singular não são mais duas coisas realmente, e sim apenas formalmente. E a distinção mínima é apresentada na questão 7, visto que ali a distinção não se encontra mais no indivíduo, mas somente na razão.

1.4.3 Crítica ao realismo grosseiro

A crítica ao realismo grosseiro é feita por Ockham principalmente na questão 4 da distinção II do *Scriptum in Librum Primum Sententiarum*, cujo título é: "Se o universal for verdadeiramente uma coisa fora da alma" (Ockham, 1970, p. 99). Desenvolveremos os pontos principais da teoria do realismo grosseiro apresentados na questão, com a consequente rejeição de Ockham.

Como também faz notar Leite Junior (2001, p. 90), a questão inicia dentro de um tema de cunho teológico, a saber, sobre a identidade e a distinção entre Deus e a criatura. A partir disso, Guilherme de Ockham pergunta se existe algo comum unívoco que pode ser predicado de ambos. Todavia, essa e muitas outras questões seguintes, sustenta Ockham, dependem do conhecimento da natureza unívoca e universal. Para isso, ele esclarecerá algumas questões sobre o universal e o unívoco.

O *Venerabilis Inceptor* introduz a questão da seguinte maneira:

> Primeiro pergunto se aquilo que é imediata e proximamente denominado de intenção do universal e do unívoco é verdadeiramente alguma coisa fora da alma, intrínseca e essencial àqueles nos quais é comum e unívoco, distinta realmente deles (Ockham, 1970, p. 99).

A favor dessa opinião, Guilherme de Ockham expõe dois argumentos. O primeiro refere-se a Averróis (1552, p. 52), que, no comentário 7 da *Metafísica* de Aristóteles, afirma que dois homens, universais e particulares, são um essencialmente. Nesse sentido, aquilo que é algo essencial com algum ente real fora da mente é verdadeiramente uma coisa e essencialmente com tal coisa. Portanto, o homem universal é verdadeiramente uma coisa fora da mente humana (Ockham, 1970, p. 99-100).

O segundo argumento, por sua vez, sustenta que se pode observar que é uma coisa realmente distinta, pois é impossível que a mesma coisa seja corruptível e incorruptível. Mas o universal é incorruptível e naquilo em que está é corruptível. Portanto, os universais não são as mesmas coisas que os singulares (Ockham, 1970, p. 100).

O argumento contrário à tese principal utilizado por Ockham também remete a Averróis (1552, p. 144), que afirma que o uno e o ente estão para as coisas universais, os quais não têm existência fora da alma. De acordo com essa afirmação, pode-se concluir que nada que não tenha existência fora da alma é realmente igual à coisa fora da alma (Ockham, 1970, p. 100).

Em seguida, Guilherme de Ockham analisa a questão a favor da existência do universal fora da alma. Essa opinião, como observa a nota da edição crítica dos escritos filosóficos e teológicos de Ockham (1970, p. 100-101), foi atribuída erroneamente a Duns Escoto, e Ockham (1970, p. 154) mesmo o afirma na questão seguinte. Na realidade, ele tem em mente principalmente a teoria de Henrique de Harclay e visa combatê-la, mas é provável que o argumento fosse de Guilherme de Champeaux.

Essa opinião afirma que todo o universal unívoco é algo realmente singular fora da alma, presente em cada singular e que pertence à essência dele. Ao mesmo tempo, o universal unívoco seria algo distinto do singular no qual ele está presente e também distinto de todos os outros universais. Por exemplo, o homem universal é algo fora da alma e que existe realmente em cada homem. E isso se pode afirmar de cada gênero e espécie, entre eles o animal. Desse modo, os universais são todos aqueles que podem ser predicados distintamente de algum singular. Estes, por sua vez, são distintos da coisa singular e dos outros universais. Não se multiplicam em outro singular, mas estão presentes em cada um deles (Ockham, 1970, p. 100-101).

Continuando a exposição, são apresentados por Ockham vários outros argumentos de autoridades, como Aristóteles, Henrique de Harclay e Porfírio, que confirmariam a teoria de que o universal realmente existe fora da mente humana. Guilherme de Ockham rechaça essa opinião, que corresponde à tese do assim chamado realismo grosseiro. Segundo ele: "Essa opinião é simplesmente falsa e absurda" (Ockham, 1970, p. 108). Para tal, são evidenciados por Ockham cinco argumentos.

O primeiro argumento sustenta que nenhuma coisa una numericamente é suposta em vários supostos ou nos singulares sensíveis, nem mesmo em quaisquer indivíduos criados simultaneamente e em uma só vez; mas tal coisa, se é colocada, é uma numericamente. Portanto, não estaria em vários singulares e não seria da essência deles (Ockham, 1970, p. 108).

O raciocínio desenvolvido por Guilherme de Ockham para comprovar a tese é feito de uma forma silogística, como evidenciado por Leite Junior (2001, p. 104), que analisou criticamente a questão. A conclusão é evidente: algo não pode ser comum a várias coisas e ser numericamente uno.

O segundo argumento evidenciado por Ockham é que toda coisa anterior realmente distinta dela própria pode existir sem ela. E segundo a teoria exposta, essa coisa (o universal) é anterior e realmente distinta dela. Desse modo, ela poderia existir sem a coisa singular. Guilherme de Ockham afirma que esse raciocínio é absurdo. Por exemplo, poderia existir a humanidade sem que existisse um homem (Ockham, 1970, p. 115). Como observam Leite Junior (2001, p. 109) e Alféri (1989, p. 45), se o argumento fosse verdadeiro, seria retomada a ideia platônica das essências separadas da realidade, o que, para Ockham, obviamente, é inaceitável. E o contrário também é absurdo para ele, isto é, que exista um ente sem a sua essência, um homem sem a humanidade (Ockham, 1970, p. 115).

O terceiro e o quarto argumentos englobam o tema da criação. Quando se sustenta que o universal existe realmente no indivíduo, a criação não seria do nada (*ex nihilo*), mas simplesmente poderia acontecer a partir da espécie que está em algum outro indivíduo. Porém, a criação, segundo o dogma cristão, é do nada e nada precedente existiu (Ockham, 1970, p. 115). O mesmo processo se daria em relação ao aniquilamento de algo. Nesse caso, afirma Guilherme de Ockham, alguém poderia anular a essência do outro sem anular a sua existência, a sua realidade. No entanto, "no aniquilamento nada de intrínseco à coisa permanece, nem em si, nem qualquer outro ser real" (Ockham, 1970, p. 116).

O quinto argumento utilizado por Ockham interroga se o comum do homem universal é essencialmente o indivíduo Sócrates ou não. Se não é – e é certo pensar assim –, Sócrates não teria a essência do homem comum, o que é negado pela tese contrária. Ou seja, se formam um por si, Sócrates deixa de ser um indivíduo e torna-se apenas parte de um universal. Se não formam um, retornamos à ideia platônica de essências separadas, o que não é compreensível (Ockham, 1970, p. 117-118).

Se ainda é dito que é parte da essência de Sócrates, mas não toda ela, seguem-se várias outras conclusões absurdas. A primeira é que, assim, Sócrates não seria mais singular do que universal. O segundo argumento, estruturado de uma forma lógica, afirma que, nesse caso, o singular seria a matéria e o universal seria a forma, ou vice-versa. Eles são pela mesma razão, ou não são. Se são pela mesma razão, uma coisa não seria mais universal do que a outra. Se não são pela mesma razão, então se retorna ao argumento inicial, que uma é a matéria e a outra, a forma (Ockham, 1970, p. 118).

Além disso, se "qualquer acidente é real e verdadeiramente composto por diversas coisas realmente distintas, é evidente pela natureza universal tal e por algo a ele acrescentado" (Ockham, 1970, p. 118). Assim, teríamos nos singulares uma multiplicidade de universais, e o indivíduo não seria mais singular do que universal (Ockham, 1970, p. 118-119)[22].

---

22. O mesmo raciocínio é desenvolvido em Ockham (1974a, p. 51).

O sexto argumento de Ockham é lógico. Segundo ele, a cada coisa no gênero da substância deve poder ser atribuído algo contrário, mesmo se essa coisa existisse fora da alma. Portanto, se alguma substância é universal, deve poder ser atribuído algo contrário. Mas nenhum universal é suscetível a algo contrário. Consequentemente, nenhum universal é uma coisa real fora da alma no gênero da substância (Ockham, 1970, p. 119). Em seguida, Guilherme de Ockham (1970, p. 122-152) desenvolve a sua própria teoria, rechaçando todos os argumentos a favor da teoria de que o universal existe realmente na coisa fora da alma.

Também a questão seguinte desenvolvida por Ockham faz parte da crítica ao realismo grosseiro: "Em segundo lugar, pergunto se o universal e o unívoco são verdadeiramente uma coisa fora da alma realmente distinta do indivíduo, nele contudo realmente existente, realmente multiplicada e variada" (Ockham, 1970, p. 153). Essa teoria é atribuída de maneira equivocada a Duns Escoto, como foi feito também por Guilherme de Alnwick (Ockham, 1970, p. 154, nota 1). Ockham afirma: (1970, p. 154): "Sobre a questão, é uma opinião que é imposta ao *Doctor Subtilis* por alguns, como a outra opinião indicada e rejeitada na questão precedente a ele imposta".

A opinião exposta é uma variação da primeira. A diferença da segunda opinião em relação à primeira consiste em afirmar que a natureza universal se torna singular pela diferença contraída (*differentia contrahente*), ou seja, pelo princípio de individuação. De acordo com a segunda opinião, a natureza universal está multiplicada nas coisas singulares numericamente distintas (Leite Junior, 2001, p. 113). Essa teoria é veementemente rejeitada por Ockham.

Respondendo à questão, Guilherme de Ockham indica que no indivíduo não existe alguma diferença realmente distinta da diferença contraída, porque não é possível colocar tal natureza sem que seja parte essencial dela. Porém, entre o todo e a parte, sempre existe uma proporção. Assim, uma coisa não pode ser mais singular ou universal do que a outra, ou seja, todas elas são singulares (Ockham, 1970, p. 158-159).

O segundo argumento enfatiza que, se no indivíduo existissem duas coisas distintas, uma seria capaz de existir sem a outra. Mas então a ordem individual poderia existir sem a natureza contraída, o que é um absurdo (Ockham, 1970, p. 159). Em função desses argumentos, Ockham rejeita a tese de que o universal é realmente uma coisa fora da alma, distinta do indivíduo, e realmente existente nele de modo multiplicado e variado.

Ambas as questões – 4 e 5 – indicam que o universal se encontra fora da mente humana e é distinto realmente das coisas singulares. A questão anterior afirmava uma realidade não multiplicada do universal. Agora, é admitida essa realidade multiplicada, mas por uma diferença contraída. Porém, fazendo isso, não se resolve o problema, porque, multiplicando o universal no indivíduo, ele se torna um indivíduo a mais. Assim, a tese do realismo grosseiro deve ser abandonada (Leite Junior, 2001, p. 115).

1.4.4 Crítica ao realismo sutil

A terceira opinião analisa se o universal está realmente fora da alma, porém afirma que ele não se diferencia realmente do indivíduo: "Em terceiro lugar, interrogo se algo que é universal e unívoco seja realmente fora da alma, e pela natureza da coisa distinta do indivíduo, porquanto não realmente" (Ockham, 1970, p. 160). Essa questão é tratada também na obra *Summa logicae* (Ockham, 1974a, p. 54-57). Primeiramente, Guilherme de Ockham explicita o raciocínio de Duns Escoto, o qual é rebatido na segunda parte da questão. Em seguida, o *Venerabilis Inceptor* reafirma a sua posição.

A ideia em favor dessa opinião é atribuída a Duns Escoto pelo próprio Ockham (1970, p. 161)[23]: "E, pois, essa opinião é, como acredito, a opinião do Doutor Sutil". O desenvolvimento do raciocínio escotista feito por Guilherme de Ockham (1970, p. 161-167) é bastante extenso[24], e nós procuraremos explicitá-lo aqui de um modo sintético. No início da questão, Ockham (1970, p. 161) discorre que:

> Sobre essa questão é dito que na coisa fora da alma existe uma natureza da própria realidade que a diferença contraente ao determinado indivíduo, contudo distinta formalmente, que por si não é nem universal, nem particular, mas incompleta está no universal da coisa e completa segundo o intelecto.

A partir dessa afirmação, podemos ver que Ockham afirma que, na visão de Duns Escoto, nas coisas fora da alma, existe uma natureza que é realmente idêntica com a diferença individualizante; ao mesmo tempo, é distinta formalmente dessa diferença; e essa natureza em si mesma não é universal nem singular, mas comum (De Andrés, 1969, p. 30).

Basicamente, a teoria de Duns Escoto sustenta que existe uma natureza comum a todos os singulares e que se distingue dela somente de modo formal. Portanto, os entes singulares se constituem por uma natureza comum que recebe o acréscimo de uma diferença individualizante. E a união da natureza comum e da diferença individualizante se dá no próprio indivíduo (Leite Junior, 2001, p. 117-118).

Para clarear a compreensão da teoria, Alféri (1989, p. 48) desenvolve um exemplo: a humanidade de Sócrates e Platão, segundo Duns Escoto, é realmente a mesma, e é justamente isso que distingue os dois. A distinção entre eles se dá no interior de uma mesma natureza, da "humanidade", portanto não é real, mas formal.

---

23. Sobre a doutrina de Duns Escoto, cf. João Duns Escoto (1973, p. 391-494).

24. Para aprofundar, cf. a bela análise do tema desenvolvida por De Andrés (1969, p. 29-45).

Ockham (1970, p. 161) enfatiza sobretudo o aspecto do conceito de natureza de Duns Escoto: "E é da compreensão desse Doutor que, além da unidade numérica, existe uma unidade real menor do que a unidade numérica, que é a própria da natureza e que é de algum modo universal".

Resumindo, como observa Leite Junior (2001, p. 122-123), se evidenciam os seguintes pontos expostos por Ockham sobre a opinião de Duns Escoto, no que diz respeito ao modo de entender a natureza (*natura*):

a) ela não existe realmente fora da alma, mas está fora da alma unida formalmente à diferença individualizante;

b) ela é um universal incompleto na coisa singular – na mente, ela é um universal completo;

c) ela não tem unidade numérica por si, mas a adquire quando está no indivíduo;

d) ela tem uma unidade infranumérica, ou seja, menor do que a unidade numérica;

e) ela é idêntica realmente à diferença individualizante no indivíduo, porém ambas são distintas de modo formal.

Depois de apresentar a opinião de Duns Escoto, Ockham (1970, p. 167-173) a fundamenta a partir das autoridades de Aristóteles, Avicena e Averróis. Em seguida, ele interpreta e rejeita a opinião de Duns Escoto (Ockham, 1970, p. 173-192), e o faz por duas vias: inicialmente, atacando a noção de distinção formal e, por fim, atacando a ideia de *natura communis* de Duns Escoto (Ockham, 1970, p. 172-173; Leite Junior, 2001, p. 123-130).

Como individua Müller (2012, p. 54), o núcleo da questão se encontra na resposta de Ockham (1970, p. 196-197), e é o que procuraremos mostrar. Em primeiro lugar, Guilherme de Ockham afirma que o singular é por si mesmo e não se dá por algo diferente:

E primeiro mostro esta conclusão: que qualquer coisa singular é por si mesma singular. E argumento deste modo: pois a singularidade imediatamente corresponde àquilo em que está, e, portanto, não pode corresponder a si por algo diferente; logo, se algo é singular, ela mesma é singular (Ockham, 1970, p. 196).

Em seguida, ele afirma que o singular não pode ser acrescentado por algo universal ou comum. Portanto, aquilo que é singular o é por si mesmo, e não por meio de outros.

A segunda conclusão de Ockham (1970, p. 196) é a seguinte: "Cada coisa fora da alma é realmente singular e una em número, pois cada coisa fora da alma ou é simples ou é composta". Se ela é simples, continua Ockham, não pode incluir muitas coisas; se é composta, é composta de muitas partes, que, por sua vez, são também singulares.

Continuando a reflexão, Ockham (1970, p. 196-197) ataca a distinção de Duns Escoto de uma unidade real de natureza comum. Toda a realidade é singular; portanto, não são possíveis outras realidades a partir da própria coisa, nas quais uma é mais geral e outra, mais particular. A questão não é mais como se vai do geral ao particular – porque todas as coisas são por si mesmas singulares –, mas como se vai do singular ao universal. Desse modo, o problema da individuação torna-se um pseudoproblema (Müller, 2012, p. 54).

1.4.5 Crítica ao realismo mitigado

Na questão 7, cujo título é "Se o universal e o comum unívoco estão em todos os modos realmente da parte da coisa fora da alma", Ockham (1970, p. 225) desenvolve a crítica ao chamado realismo mitigado, ou tímido. Esse tipo de realismo consiste em afirmar que o universal e o singular se distinguem *secundum rationem*, apesar de serem idênticos na realidade *extra animam*. Em relação à diferença entre esse modo de entender o universal e os outros abordados anteriormente, Ockham (1970, p. 229) afirma:

> Assim, pois, todas essas opiniões afirmam que o universal e o singular são realmente a mesma coisa, não diferindo senão segundo a razão; e nisso se diferenciam das três opiniões expostas nas três questões precedentes. Contudo, todas concordam nisto: que o universal é, de algum modo, à parte da coisa, de forma que o universal existe realmente nos próprios singulares.

Depois de introduzir a questão, Ockham (1970, p. 229-235) diz que ela pode ser fundamentada por vários argumentos de autoridades. Em seguida, constrói seu raciocínio para rejeitar a teoria do realismo mitigado (Ockham, 1970, p. 235-248). Segundo Leite Junior (2001, p. 133-138), o movimento crítico de Guilherme de Ockham pode ser dividido em dois momentos: o primeiro consiste em uma crítica geral da tese comum e o segundo, em analisar cada uma das versões que afirmam que, na realidade, o universal e o singular são a mesma coisa.

A crítica à tese comum compreende-se basicamente em afirmar que, como a universalidade e a singularidade são dois termos opostos, eles não podem existir realmente no mesmo indivíduo. Predicados distintos requerem também sujeitos distintos:

> Porque as coisas que são opostas requerem sujeitos distintos aos quais convenham primariamente; mas a universalidade e a singularidade são assim, segundo todos eles; logo, os sujeitos recebem a denominação primária e imediatamente dela se distinguem (Ockham, 1970, p. 235-236).

O segundo momento crítico é constituído por três versões de realismo mitigado. A primeira (Ockham, 1970, p. 226) é atribuída a Tomás de Aquino, e afirma que existe uma forma que é por natureza dividida, mas a unidade somente é dada pelo intelecto. Esta subsiste nos singulares de vários modos. Ockham (1970, p. 240) rebate afirmando que nenhuma distinção entre a natureza e a determinação da natureza se sustenta:

> Contra o primeiro modo afirmado, pergunto: como se distinguem a natureza e a determinação da natureza? Se de nenhum modo, então não é mais a natureza universal do

que a natureza determinada. Se de algum modo: ou segundo a coisa ou segundo a razão. Se do primeiro modo, esse foi refutado anteriormente. Se do segundo modo, segue-se que uma delas é apenas uma razão (*ratio*), como foi dito na questão sobre os atributos; e que não haja uma distinção intermediária nas criaturas ficou manifesto ali mesmo.

A segunda versão (Ockham, 1970, p. 227) de realismo mitigado é atribuída a Durando de São Porciano, e afirma que o universal, segundo o seu efeito, é singular, mas enquanto está no intelecto é universal. Por isso, a mesma coisa, segundo um determinado ponto de vista, é particular, já sob outro ponto de vista é universal. Ockham (1970, p. 241) objeta:

> Quando algo denomina precisamente um outro por algo extrínseco, a tudo pode convir aquilo extrínseco, e aquilo denominado proporcionalmente a ele poderia convir. Portanto, se aquela coisa que é realmente singular é universal segundo seu ser no intelecto, o que não é possível senão pela intelecção, então qualquer coisa que pode inteiramente ser inteligida pode ser universal do mesmo modo, e, assim, Sócrates pode ser universal e comum a Platão segundo seu ser no intelecto. Similarmente, a essência divina, segundo seu ser no intelecto, poderia ser universal, ainda que segundo seu ser efetivo seja singularíssima; o que é tudo um absurdo.

Fica evidente que as questões da singularidade e da universalidade não podem ser explicadas por algo extrínseco. Como indica Alféri (1989, p. 55), mostra-se aqui uma ambiguidade ontológica, e – poderíamos dizer assim – certo subjetivismo e relativismo, pois não se tem mais um dado fundamental.

A terceira versão (Ockham, 1970, p. 227-229) é atribuída a Henrique de Harclay e sustenta que, sob um conceito, a mesma coisa é singular e, sob outro conceito, ela é universal. Isso depende de que modo ela vem a ser conhecida: ou confusa, ou em modo distinto. Ockham (1970, p. 241-242) afirma que: "Pelo mesmo é manifesto que o terceiro modo é simplesmente falso e ininteligível, pois afirma que a mesma coisa concebida confusamente é universal".

Admitindo que uma coisa concebida confusamente no intelecto é universal, Ockham (1970, p. 242) pergunta: o que seria isso? Para explicitar, ele faz o uso de letras. Admitamos que a coisa confusamente recebida no intelecto seja *a*. Por consequência, *a* concebido no intelecto seria comum a *b*. Mas as consequências disso seriam absurdas – como afirmar que Sócrates é Platão concebido em modo confuso ou Deus é a criatura concebida em modo confuso. Portanto, o universal não pode ser um singular confusamente conhecido. Desse modo, essa versão de realismo mitigado também é rejeitada por Guilherme de Ockham.

Por tudo aquilo que foi exposto, podemos concluir que para ele toda a forma de realismo dos universais deve ser rechaçada. Ockham (1970, p. 248-249) afirma, na resposta à questão do realismo mitigado, referindo-se também a qualquer tipo de realismo do universal: "Por isso digo que nenhuma coisa [existente] fora da alma, nem por si, nem por algo acrescentado, real ou de razão, nem como queira que se considere ou se a pense, é universal".

Conforme indica Müller (2012, p. 58), Guilherme de Ockham não mede esforços para rejeitar que exista o universal na natureza das coisas. Essa rejeição pode ser expressa pelo seguinte texto de Ockham:

> É tão grande a impossibilidade de que uma coisa [existente] fora da alma seja de qualquer maneira universal – senão por instituição voluntária, como esta palavra "homem", que é uma palavra singular, é universal – quanto é impossível que o homem por qualquer consideração ou conforme qualquer ser seja um asno (Ockham, 1970, p. 249).

1.5 Discurso ontológico e perspectivas a partir da ontologia do singular

A partir da ideia de que na filosofia de Ockham se encontra uma ontologia do singular, na qual é rejeitada toda forma de realismo do universal, colocamos algumas perspectivas que abrem espaço para ampliar a reflexão sobre o tema e também sobre a nossa pesquisa: o discurso ontológico deve partir do singular e estar ligado a ele, a ontologia do singular tem como âncora a potência absoluta de Deus, e essa ontologia permeia toda a filosofia do *Venerabilis Inceptor*.

1.5.1 A ligação do singular com o conceito de ens e com os demais universais

No capítulo 38 da primeira parte da *Summa logicae* (1974a, p. 106-108), Ockham se interroga sobre o que significa o termo "ser" (*ens*). Sobretudo, é importante destacar que se trata de um conceito, ou seja, pertence ao âmbito dos universais. Os universais, como desenvolvido anteriormente na nossa pesquisa, remetem aos singulares (Ockham, 1974a, p. 48).

Essa reflexão está situada na parte da obra de Ockham que é também chamada de ontológica ou metafísica[25], ou seja, ali são analisados os termos da metafísica tradicional, que claramente reenviam a Aristóteles. Nós preferimos utilizar o termo "metafísica", porque designamos como ontologia o primado do singular, isto é, a realidade extramental. Entendemos que somente ela é ontológica[26]. Os universais e o conceito de "ser", por consequência, pertencem ao âmbito da metafísica e da semiologia.

---

25. Alguns autores se referem a essa dimensão como metafísica, cf. Ghisalberti (1996, p. 91), Merino (1993, p. 365) e Michon (1994, p. 297). Outros autores se referem a essa dimensão como ontológica cf. Adams (1987) e Giacon (1941).

26. É a ideia que se encontra também em Todisco (1989, p. 48-69) e Alféri (1989, p. 29-65).

Ockham (1974a, p. 106) afirma que o nome "ser" pode ser tomado em dois modos. O primeiro trata-se de um conceito comum predicável a todas as coisas: "De um primeiro modo, toma-se o nome 'ser' segundo corresponde a um conceito comum a todas as coisas, predicável de todas *in quid*, daquele modo em que um transcendental (*transcendens*) pode ser predicado *in quid*".

A mesma reflexão encontramos no texto respectivo do *Quodlibeta septem* (Ockham, 1980, p. 536): "Ao nome 'ser' corresponde um conceito comum que é predicável de todas as coisas". Desse modo, ao entender o nome "ser", podemos chamá-lo de unívoco, pois ele se refere a todos os entes (Ghisalberti, 1996, p. 107). Porém, o que é um conceito unívoco?

Unívoco, conforme afirma Ockham na obra *Quaestiones in Librum Tertium Sententiarum* (1982, p. 335-336), pode ser entendido, pela semelhança e pela dessemelhança dos entes, de três maneiras. O primeiro modo diz respeito a um conceito comum de um determinado número de coisas perfeitamente semelhantes: "Um modo é entendido como conceito comum de algumas coisas que possuem uma perfeita semelhança em cada coisa essencial, sem alguma dessemelhança".

O segundo modo de entender a univocidade se refere às coisas que têm alguma semelhança, mas também apresentam algumas diferenças:

> Um outro modo de entender o unívoco é como conceito comum de algumas coisas que não são nem totalmente semelhantes nem completamente dessemelhantes, mas em algumas coisas semelhantes e em outras coisas dessemelhantes, quer quanto ao intrínseco quer quanto ao extrínseco (Ockham, 1982, p. 336).

O terceiro modo de entender o conceito de unívoco é o mais abrangente de todos, pois engloba os seres que não apresentam qualquer semelhança, nem substancial, nem acidental: "O terceiro modo de entender o unívoco é como conceito comum a muitos que não possuem alguma semelhança nem quanto à substância, nem quanto ao acidente" (Ockham, 1982, p. 335-336). Esse é o caso de um conceito unívoco de Deus e das criaturas, como desenvolvido em outra questão (Ockham, 1970, p. 292-336).

Ockham (1974a, p. 107) afirma que é no último modo de unívoco que deve ser compreendido o termo "ser" para indicar o conceito mais amplo de todos, o qual abraça todo o ser existente:

> E isso é o proposto, a saber que algum conceito da mente, diferente desses menos comuns (*inferioribus*), é comum a qualquer ente. Isso deve ser concedido, pois o mesmo conceito da mente pode ser predicado com verdade de todo o ente ou de todo o pronome demonstrativo que designe qualquer ente, assim como a mesma palavra falada pode ser predicada com verdade de qualquer [ente].

No segundo modo, por sua vez, ao nome "ser" podem corresponder vários conceitos, e não somente um. Afirma Ockham (1974a, p. 107):

> Não obstante, todavia, haver apenas um conceito comum a todo o ente, o nome "ente" (ser) é equívoco, porque não se predica de todos os que lhe podem ser sujeitos (*subicibilibus*), quando tomados significativamente, segundo apenas um conceito, mas a ele correspondem diversos conceitos.

Anteriormente, também na obra *Summa logicae* (1974a, p. 45), Ockham definiu deste modo o conceito de equívoco: "É equívoca aquela palavra falada que, significando mais de uma [coisa], não é um signo subordinado a um conceito único, mas sim um signo subordinado a mais de um conceito ou intenção da alma".

A característica principal do termo "equívoco" é poder ser predicado de muitos conceitos. Desse modo, indica Ockham, podem se predicar diferentes coisas dos entes: o ato e a potência, as categorias e tantos outros modos, segundo conceitos diferentes.

Para Ghisalberti (1996, p. 107), em síntese, pode-se afirmar que o conceito de "ser" é unívoco, mas, como um termo de alguma proposição oral ou escrita, ele é equívoco. A prova de que ele é equívoco é que não se predicam todas as categorias do mesmo modo.

De fato, na obra *Summa logicae* (1974a, p. 101-192), Ockham faz uma análise de todas as categorias aristotélicas. Ele admite que apenas duas dessas categorias correspondem realmente às coisas extramentais, ou seja, só elas significam entes singulares. Essas categorias são a substância e a qualidade[27]. Nesse sentido, podemos afirmar que, para que o discurso ontológico seja válido e coerente, segundo Ockham, deve-se sempre partir da singularidade, isto é, o universal parte do singular e a ele reenvia.

O ser tomado no modo unívoco, ou seja, no primeiro modo, é um conceito universal generalíssimo que tem relação com o universo empírico. Representa todas as coisas, e não exige nada de preexistente, conforme indica Ghisalberti (1996, p. 107). Podemos dizer que ele é o primeiro conceito da mente, o qual a mente humana obtém a partir da experiência.

Nesse sentido, é possível estabelecer uma ligação direta entre o conceito de "ser" e os entes particulares. Tudo o que é pensado acontece a partir do conceito de "ser", que é o conceito mais geral de todos e no qual estão todas as coisas[28]. Afirma Ockham (1980, p. 538): "Porém digo que o conceito de 'ser' é unívoco a Deus e a todas as outras coisas".

Como enfatizado anteriormente, um dos modos de entender o universal é coincidi-lo com o próprio ato de conhecer. Nesse sentido, podemos dizer que o primeiro objeto do intelecto em relação à adequação é o conceito de "ser", objeto adequado entendido como aquele que é comum a todas as coisas e inteligível a todos (Ockham, 1970, p. 523). O primeiro objeto do intelecto em relação à origem, como visto, é o singular.

---

27. Para aprofundar o tema, cf. Adams (1987, p. 143-287) e Müller (2012, p. 82-104).

28. Para aprofundar o tema, cf. Boehner (1958, p. 375-398).

Ghisalberti (1996, p. 97) indica que o conceito de "ser" tem o primado dos conceitos segundo Ockham, porque ele abre à totalidade dos seres inteligíveis. Ele não é como os outros universais que são imagens confusas, colocadas na nossa mente pelas coisas, porém é aquela positividade com a qual todas as coisas singulares podem ser conhecidas. Ou, como diria Moody (1965, p. 174), o conceito de "ser" é um instrumento universal de singularização, pois indica os termos singulares, e todos os entes são singulares na sua existência. Ao mesmo tempo, ele possibilita todo o tipo de conhecimento, pois é por meio dele que conhecemos todas as coisas.

1.5.2 A âncora da ontologia do singular

Segundo a ontologia do singular, o ente é compreendido pela sua própria singularidade, por si mesmo. Mas existe algum limite nessa compreensão ou todas as coisas são evidentes? Quem garante que o singular tem o primado de origem do conhecimento?

Nesse sentido, convém colocar a interessante reflexão feita por Orlando Todisco (1989, p. 108), comentando o capítulo 25 da primeira parte da *Summa logicae*, em que ele evidencia a relação entre o primado do singular e a onipotência divina. Dentro do contexto do desenvolvimento dos universais colocado por Porfírio, Guilherme de Ockham sustenta que o acidente também é um universal. Em primeiro lugar, Ockham (1974a, p. 81-82) conceitua o termo "acidente". São colocados quatro modos de entendê-lo.

O primeiro se refere a alguma coisa realmente inerente à substância. Ockham coloca o exemplo do calor que está intrinsecamente ligado ao fogo. Mas, nesse caso, trata-se de um acidente, porque ele pode ser tirado sem que o sujeito seja corrompido. Se o ser humano não é capaz de tirá-lo, a potência divina pode fazê-lo. Contudo, não se trata de um universal, nesse caso, porque o acidente, para ser universal, deve ser predicado de muitos, e fora da alma existem coisas singulares múltiplas.

O segundo modo de entender um acidente é como aquilo que se pode predicar de maneira contingente de algo, de forma que, quando permanece a verdade da proposição em que é enunciada a existência do sujeito, o acidente pode ou não ser predicado. Ockham reconhece que é um modo bem amplo de entender o acidente. E, assim, o acidente pode também ser predicado de Deus.

O terceiro modo de entender o termo "acidente" é como algo que se predica contingentemente de alguma coisa. O acidente pode ser, de forma sucessiva, afirmado ou negado em função de mudanças no sujeito ou no modo em que é importado. Nesse sentido, as relações são acidentes, porque podem existir por um momento e depois não mais. Portanto, elas podem ser sucessivamente afirmadas e negadas.

Por fim, o quarto modo se refere ao acidente como algo predicável que não importa alguma coisa de absoluto inerente à substância. Porém é predicado contingentemente de algo por uma mudança daquilo que é importado pelo sujeito.

Depois dessa conceitualização, Ockham se interroga se existe algum acidente que por Deus não possa ser tirado da substância. Caso a resposta à pergunta fosse afirmativa, iria contra a autoridade de Aristóteles:

> Cumpre saber que, embora, segundo a verdade, não haja acidente que não possa, pela potência divina, ser tirado da substância, permanecendo esta, todavia o Filósofo negaria isso. Assim, ele diria que muitos são os acidentes nos corpos celestes que deles não podem ser tirados (Ockham, 1974a, p. 82-83).

A propósito disso, Ockham afirma que existem dois tipos de acidentes: o separável e o inseparável. A diferença entre os dois pode ser entendida facilmente. O acidente separável é aquele que naturalmente pode ser tirado sem que o sujeito se corrompa. O acidente inseparável, por sua vez, é o que não pode ser tirado sem a corrupção do sujeito (Ockham, 1974a, p. 83).

Ele é diferente do que é próprio, porque o acidente inseparável não pode ser tirado de um sujeito do qual não se pode separar, mas pode ser tirado de outro sujeito sem que este se corrompa (Ockham, 1974a, p. 83). Por exemplo, o verde da esmeralda não pode ser tirado sem que esta se corrompa, ou seja, se o verde é tirado, ela deixa de ser uma esmeralda. No entanto, o verde de uma outra coisa pode ser tirado, como o verde de uma camisa, que pode ser tirado sem que esta se corrompa, isto é, ela não deixa de ser uma camisa.

Os acidentes inseparáveis se tornam um problema para Ockham, aponta Todisco (1989, p. 112). Para Guilherme de Ockham, como sublinhado, toda realidade fora da mente é singular. O sujeito é uno numericamente, não podendo ser dividido. Mas se existem acidentes que não podem ser tirados da substância, onde está a garantia do singular indiviso? Desse modo, entra em certa crise a teoria de Ockham, pois parece que não faz sentido que a substância seja realmente singular, se existem acidentes que não podem ser tirados da substância, porque parece que tudo é somente um jogo de aparências sem consistência real.

Para responder ao problema, é importante colocar um adendo a essa questão, que está no próprio texto de Ockham. Ele afirma que, "embora pela potência divina possa ser tirado" (Ockham, 1974a, p. 83), o acidente inseparável do sujeito pode ser tirado sem a corrupção deste.

A nosso ver, essa questão está demonstrando que a ontologia do singular tem o seu limite[29], mas, ao mesmo tempo, está indicando onde ela está apoiada e enraizada – a saber, na potência divina de Deus. Esse limite é ressaltado também por Alféri (1989,

---

29. Esse limite pode ser relacionado também com a questão do conhecimento de Deus: a razão chega até um certo ponto, a outra parte é conhecida através da fé (Ghisalberti, 1996, p. 121-146). E pode ser relacionado com o conhecimento divino das criaturas, o qual não passa por nenhuma ideia geral (cf. Ockham, 1979, p. 424-443; Alféri, 1989, p. 114-126).

p. 102-103), que afirma que, mesmo que a ontologia do singular tenha iniciado na substância singular, ela é incapaz de pensar por ela mesma todos os aspectos do singular, ou seja, existe um aspecto que permanece inacessível.

E onde a capacidade de inteligir do ser humano tem o seu limite, entra a ação de Deus. A potência absoluta de Deus (Ockham, 1980, p. 586)[30] pode fazer tudo o que não implica contradição, e é ela quem garante a unidade do sujeito, ou seja, a ontologia do singular.

1.5.3 A ontologia do singular e a relação com outros âmbitos da filosofia

A questão do primado do singular é fundamental na filosofia de Ockham (Ghisalberti, 1991, p. 313-325; Todisco, 1989, p. 56-59), e nós a definimos como ontologia do singular. Nesse sentido, apesar da continuidade de Ockham em relação aos outros pensadores do Medievo, ele traz uma grande novidade com seu pensamento. Dependendo do enfoque, alguns comentadores de Guilherme de Ockham sublinham o aspecto da continuidade (Bérubé, 1964, p. 259-267) e outros, o aspecto da descontinuidade em relação a outros filósofos medievais (Alféri, 1989, p. 454-473).

Entendemos que ambos os aspectos se encontram na filosofia de Ockham. Por um lado, ele segue a reflexão dos seus antecessores, como João Duns Escoto, Tomás de Aquino e outros. Por outro lado, ele provoca uma ruptura, principalmente no que se refere ao tema da ontologia do singular, que tem importância fundamental em toda a sua filosofia e também na reflexão posterior (Courtenay, 2008, p. 107-401). Nesse sentido, Abbagnano (1982, p. 623) afir-

---

30. Para aprofundar a questão, cf. Todisco (1989, p. 115-118).

ma que Ockham "é a última grande figura da Escolástica e, ao mesmo tempo, a primeira grande figura da Idade Moderna".

Podemos ligar o tema do primado do singular com vários âmbitos da filosofia de Ockham, além do âmbito ontológico, que, a nosso ver, serve de base para todo o seu pensamento. Observamos essa característica no modo como ele aborda a questão dos universais: ele não está tão preocupado em conceituar o universal, mas em afirmar que toda a realidade fora da mente humana é singular, ou seja, o fundamento da filosofia é o ente singular.

Na nossa reflexão anterior, já relacionamos a ontologia do singular com várias dimensões filosóficas: a semiologia (filosofia da linguagem), a lógica, a metafísica, a teoria do conhecimento (gnoseologia), a teologia. Podemos relacioná-la também com a dimensão da física. Em certo sentido, Ockham impulsionou o desenvolvimento da física moderna, como é evidenciado por Merino (1993, p. 379):

> Se a ontologia tem por objeto o ser concreto na sua singularidade, ela pode interpretar a singularidade somente como existência situada no espaço e no tempo, como matéria quantificada e como forma geométrica. Se a ontologia é abrangida pela experiência e pela intuição do singular, o conhecimento do real não se obterá através das essências e das definições universais, mas sim pelos experimentos. A física absorve assim todo o conhecimento real e verdadeiro.

E, nessa linha, perguntamo-nos: a ontologia do singular não tem relação com a antropologia? Apesar de Ockham não ter desenvolvido uma reflexão antropológica de modo sistemático e acentuando nela o aspecto da singularidade, nós observamos que as duas dimensões têm uma relação intrínseca e profunda, e que está de algum modo subjacente nos escritos do *Venerabilis Inceptor*. A partir desses textos, vamos delinear a relação da ontologia do singular com a antropologia de Ockham, abrindo novas perspectivas.

2
A antropologia do singular a partir da obra filosófico-teológica de Ockham

Tendo como fundamento o singular, Ockham desenvolve os seus argumentos ligados à antropologia também a partir desse princípio, ou seja, a pessoa humana é vista a partir de sua individualidade. Observa-se essa ligação através da atenção do *Venerabilis Inceptor* a cada definição de pessoa humana e a cada parte que a compõe, ressaltando, sobretudo, a dimensão da vontade livre, que, igualmente, pode ser definida como ontológica, pois é radicada na essência do ser humano.

Desse modo, em primeiro lugar, desenvolveremos o tema da natureza do ser humano, ou seja, o que é o ser humano para Ockham. Em seguida, abordaremos o tema da vontade livre, que, segundo ele, é uma característica basilar do ser humano. Por último, procuraremos delinear a existente ligação entre ontologia, antropologia e ética a partir da singularidade, da definição de ser humano e da liberdade da vontade.

2.1 A natureza do ser humano

Na obra de Ockham, podemos individuar duas definições principais que se referem ao ser humano: "homem" e "pessoa". O conceito de "homem" está inserido em um contexto lógico e visa ressaltar o aspecto da individualidade do ser humano. O conceito de "pessoa", por sua vez, está relacionado com a definição de "suposto", indicando que é um composto, formado por uma pluralidade de formas. Desse modo, podemos afirmar que o *Venerabilis Inceptor* apresenta uma visão original do ser humano, que, ao mesmo tempo, está em consonância com o pensamento de outros autores franciscanos.

Nas páginas seguintes, não vamos desenvolver todas as questões ligadas ao ser humano, isto é, que se relacionam com a assim chamada "psicologia" da filosofia de Ockham, como o tema da imortalidade da alma, a questão do intelecto possível e do intelecto agente, entre outros. Nós nos concentraremos, sobretudo, nos temas desenvolvidos por ele que têm relação com a singularidade.

2.1.1 Conceito de homem

Para Ockham (1980, p. 538-539; 1974a, p. 84-89), existem diferentes modos de conceituar a palavra "homem"[31]. Segundo ele, é possível dar uma definição natural – que também pode ser chamada de física – e uma definição metafísica de homem. Na verdade, Guilherme de Ockham reflete sobre as definições nominal e metafísica do ponto de vista lógico, a partir do qual ele apresenta as duas definições de homem. Podemos observar isso pelo título da questão no qual se apresenta a definição de homem: "Se a definição nominal e a definição metafísica da mesma coisa se distinguem realmente" (Ockham, 1980, p. 538)[32].

Respondendo à interrogação, Ockham afirma que as duas definições são distintas realmente e que elas exprimem partes essenciais das coisas, e não somente coisas extrínsecas delas. Colocado esse fundamento, ele elabora duas definições de homem, a saber:

---

31. Utilizamos a palavra "homem" para designar tanto o indivíduo do gênero masculino quanto do gênero feminino, pois Ockham usa esse termo em seus escritos.

32. A tradução dos textos do *Quodlibet* V é nossa. Ela se encontra no anexo deste livro.

a natural e a metafísica. A definição natural de homem é: "uma substância composta por um corpo e uma alma intelectiva"; e a metafísica, por sua vez, é: "animal racional" ou "substância animada sensível" (Ockham, 1980, p. 539).

Apesar de serem definições realmente distintas, isto é, que se referem realmente à coisa definida e não a um nome, Guilherme de Ockham indica que elas se distinguem pelo modo como são colocadas. A definição natural é colocada no caso oblíquo, pois nela são expressas as partes essenciais do homem, ou seja, nessa definição os termos se referem às partes. A definição metafísica, ao contrário, é colocada em modo reto, pois nessa definição os termos dizem respeito a todo o sujeito, e não somente a uma parte:

> Se defino homem deste modo: "um homem é uma substância composta por um corpo e por uma alma intelectiva", essa é uma definição natural, estes termos oblíquos "corpo" e "alma intelectiva" exprimem as partes da coisa. [...] A definição de homem "animal racional" é uma definição metafísica, e do mesmo modo esta "substância animada sensível", em que todos os termos se colocam em modo direto (no caso nominativo). E ainda que tais diferenças sejam predicadas diretamente da definição, contudo exprimem partes essenciais da coisa definida. Todavia, não supõe pelas partes, mas somente todo o composto daquelas partes (Ockham, 1980, p. 539).

No exemplo anteriormente exposto, o *Venerabilis Inceptor* coloca que a palavra "racional" da definição metafísica, apesar de significar a alma intelectiva do homem, não supõe por ela, mas pelo inteiro homem. Contudo, o termo "alma intelectiva" da definição natural exprime uma parte essencial do homem e, igualmente, supõe por ela (Ockham, 1980, p. 540).

Em seguida, Guilherme de Ockham apresenta três corolários para elucidar o seu raciocínio. Como já evidenciado no presente trabalho, ele está atento em apresentar uma visão correta e coerente dos conceitos, fazendo uso de princípios lógicos. A lógica, porém, não pode dar uma definição de homem, pois não é a sua tarefa fazê-lo:

O primeiro corolário é que não é algo assim a definição lógica de um homem, porque um lógico não trata de homens. Porque não trata de coisas que não são signos, [a lógica] não pode definir o homem, nem pode definir alguma coisa, mas apenas tem que ensinar em que modo as outras ciências que tratam do homem devem defini-lo. E se alguma vez põe a definição do homem como exemplo, essa definição será natural ou metafísica. E apesar de serem realmente diferentes por causa da distinção dos termos, o que é significado por uma definição ou por uma parte dela é significado pela outra definição ou por uma parte dela, mesmo que essas partes diferenciem no modo de significação, pois uma das partes é, em um outro caso, de uma outra definição (Ockham, 1980, p. 540).

No segundo corolário, é salientado por Ockham (1980, p. 540-541) que as definições metafísica e natural são contingentes: "Nenhuma proposição afirmativa meramente não modal e meramente afirmativa do tempo presente, que é composta por uma definição e por aquilo que é definido, é necessária, mas simplesmente contingente".

Desse modo, são contingentes as definições "homem é um animal racional", bem como "o homem é uma substância composta de corpo e de alma intelectiva". Isso se deve porque, se nenhum homem existisse, consequentemente elas seriam falsas. Entretanto, se colocamos essas proposições no condicional e relacionamos os termos com os seus equivalentes, então elas se tornam necessárias. Por exemplo: "Se o homem existe, um animal racional existe" etc. (Ockham, 1980, p. 540-541).

No texto correspondente, que se encontra na obra *Summa logicae* (1974a, p. 87), Ockham enfatiza que esse seu modo de pensar contraria, porém, a ideia de Aristóteles: "Aristóteles, entretanto, que sustenta serem necessárias [proposições] tais como 'o homem é um animal' e 'o asno é um animal', sustentaria que tais [proposições] são necessárias".

No terceiro corolário, por sua vez, Ockham (1980, p. 541) afirma que a definição não é igual à coisa definida. Apesar de significarem a mesma coisa, elas se encontram em planos diferentes: a definição está no discurso mental, falado ou escrito, e a coisa definida encontra-se fora da mente. Portanto, as definições dizem respeito à mesma coisa fora da mente, considerados sob diferentes aspectos, como também é elucidado no texto da *Summa logicae* (1974a, p. 87):

> As definições podem ser distintas, embora o definido seja igual. Ainda que, entretanto, as definições sejam distintas, tais definições significam a mesma coisa, e o que quer que seja significado por uma ou por outra parte de uma coisa é significado pela outra ou por parte da outra, embora as partes difiram no modo de significar, porque alguma parte de uma está em outro caso que alguma parte da outra.

Portanto, argumenta Ockham, não convém dizer que existe um homem natural e outro homem metafísico, e que os conceitos se distinguem desse modo (Hirvonen, 1999, p. 40-41), pois eles deveriam se distinguir na coisa extramental ou na alma, porém nenhuma dessas distinções é possível. Conforme é exposto por Guilherme de Ockham (1980, p. 541-542):

> Se fosse assim, ou se distinguiriam na coisa fora da alma ou na alma. O primeiro não pode se dar, pois se aqueles homens se distinguissem fora da alma, ou um seria parte do outro, ou seriam totalmente distintos, ou alguma terceira coisa seria uma parte de ambos. O primeiro e o segundo não podem se dar, como é evidentemente manifesto; nem o terceiro, pois não há nada numericamente igual em dois homens distintos. Nem há um outro homem em conceito, pois esse conceito ou será uma definição de homem uma parte da definição, ou algum outro conceito predicável de um homem. Mas qualquer coisa que se diga não será nada a propósito disso.

Além da contingência expressa no segundo corolário, podem ser encontrados na obra de Ockham outros três limites das definições de homem anteriormente expostas (Baudry, 1958, p. 109;

Ghisalberti, 1996, p. 194; Larre, 2006, p. 49-52). O primeiro é que mediante o seu corpo, a sua alma sensitiva e a sua alma intelectiva, o homem pertence à dimensão da necessidade. Porém existe ainda uma outra dimensão fundamental no ser humano, que é a liberdade, a qual nos é dada através da vontade (Ockham, 1980, p. 87-89).

O segundo limite das definições natural e metafísica é que elas somente afirmam que no homem existe um corpo e uma alma intelectiva, mas não mostram que existem uma forma da corporeidade e uma alma sensitiva, componentes fundamentais do homem, segundo Ockham (1980, p. 156-164). Para a definição ser completa, todos esses componentes deveriam ser indicados.

O terceiro limite das definições é o fato de que elas não evidenciam no homem a presença do estímulo ao pecado (*fomes peccati*), consequência do pecado original, e que está em relação com o apetite sensível: "O estímulo [ao pecado] é aquela qualidade da carne doente que inclina o apetite sensível ao ato deforme e vicioso, naqueles que têm uso da razão" (Ockham, 1980, p. 244). Ou seja, mesmo com o uso da razão, a inclinação ao pecado é presente no homem. Entretanto, em Cristo, na Beata Virgem Maria e nos outros beatos não existe essa inclinação (Ockham, 1980, p. 243-246)[33].

Ciente dos limites das definições propostas, Guilherme de Ockham procura elaborar uma outra definição de homem que seja adequada e completa, isto é, que englobe todas as dimensões humanas: o gênero e tantas diferenças que são as partes essenciais do homem. Nesse sentido, uma definição adequada é esta: "O homem é uma substância material, sensível e racional" (Ockham, 1980, p. 163-164; 1974a, p. 85). O termo "substância" indica o gênero. Os termos "material, sensível e racional" indicam, respectivamente, a matéria, a alma sensitiva e a alma intelectiva, cons-

---

33. Para aprofundar o tema, cf. Hochstetter (1950, p. 4-5).

tituindo, assim, uma definição tripartida de homem (Ghisalberti, 1996, p. 195). Apesar de indicar essa definição humana, ele não a desenvolve de modo abrangente nos seus escritos.

2.1.2 Homem e humanidade são nomes sinônimos?

Segundo a ontologia do singular desenvolvida por Ockham, a resposta a essa questão, à primeira vista, seria negativa. Ele afirma que tudo aquilo que está fora da mente é singular. Portanto, "homem" – que se refere a algo singular – e "humanidade" – que se refere a um conjunto de homens – não são sinônimos; todavia, podem, em certo sentido, ser sinônimos, afirma Guilherme de Ockham. É fundamental, sobretudo, enfatizar que, quando ele fala de "humanidade" nessa questão, não está entendendo o conjunto de homens, mas sim a natureza de cada homem singular. Desse modo, indicamos, em seguida, de que maneira é possível a sinonímia entre "homem" e "humanidade".

Em duas Questões do *Quodlibeta septem* (1980, p. 518-528)[34], Ockham desenvolve o tema: "Se homem e humanidade são nomes sinônimos". Em primeiro lugar, segundo a verdade da fé; e, depois, segundo a intenção de Aristóteles (Baudry, 1958, p. 109-110; Damiata, 1999, p. 16-17). Desse modo, Guilherme de Ockham (1980, p. 518) começa interrogando: "Se homem e humanidade são nomes sinônimos segundo a verdade da fé".

Primeiramente, o *Venerabilis Inceptor* procura esclarecer o que se entende por "sinônimo". Sinônimo pode ser entendido de dois modos, afirma ele: em sentido estreito e em sentido largo. No sentido estreito, sinônimos são os nomes usados em um modo simples e no mesmo modo de significação – por exemplo, Pedro e

---

34. O mesmos temas encontram-se no texto da *Summa logicae*. Porém nele é desenvolvido primeiro o tema "se 'homem' e 'humanidade' são sinônimos segundo a intenção do Filósofo" e, em seguida, "se 'homem' e 'humanidade' são sinônimos segundo a verdade da fé" (cf. Ockham, 1974a, p. 23-29).

José são nomes sinônimos. No sentido largo, os nomes chamados de sinônimos significam a mesma coisa em todos os modos de significação – portanto, o que é significado para um é significado também para o outro (Ockham, 1980, p. 518; 1974a, p. 19).

A partir dessa distinção, Ockham (1980, p. 519) sustenta que, segundo a verdade da fé, não existe sinonímia entre esses dois nomes: "Digo que segundo a verdade da Teologia 'homem' e 'humanidade' não são nomes sinônimos, nem em sentido estreito, nem em sentido largo". Ele argumenta que esses dois nomes não podem ser sinônimos porque significam coisas diferentes e supõem coisas diferentes. "Homem" significa "Filho de Deus" e supõe o "Filho de Deus". "Humanidade", todavia, não supõe o "Filho de Deus" nem pode supor. Desse modo, pode ser afirmado que o Filho de Deus é homem, e não pode ser afirmado que o Filho de Deus é humanidade (Ockham, 1980, p. 520).

Isso se torna evidente, segundo o *Venerabilis Inceptor*, quando se compreende as definições de cada um desses termos. A definição de "humanidade", segundo ele, é: "A humanidade é uma natureza composta por um corpo e por uma alma intelectiva" (Ockham, 1980, p. 520). Essa definição, ressalta Ockham, não indica se a alma intelectiva é sustentada ou não por uma pessoa divina, e, portanto, ela sempre supõe a natureza em si mesma. Por isso, ela não pode supor o Filho de Deus, porque Ele é sustentado pela divindade.

Por sua vez, "homem" pode ser definido deste modo: "Homem é uma natureza composta por um corpo e uma alma intelectiva, e não sustentada por algum suposto; ou homem é algum suposto que sustenta tal natureza intelectual" (Ockham, 1980, p. 520). Esses dois conceitos podem ser aplicados a cada homem, tanto a Sócrates quanto ao Filho de Deus.

A partir do exposto, Guilherme de Ockham apresenta duas conclusões. A primeira é que pode ser admitida a proposição "um homem é uma humanidade", mas é falsa a proposição "cada homem é uma humanidade", pois o Filho de Deus – que é homem – não é uma humanidade, porque ele é sustentado pela divindade, como foi abordado anteriormente (Ockham, 1980, p. 521).

A segunda conclusão é que um termo abstrato pode ser predicado do correspondente termo concreto e vice-versa. Podemos dizer, por exemplo, que "um homem é uma humanidade", como podemos afirmar também que "uma humanidade é um homem". Entretanto, salienta Ockham, essa conclusão não pode ser tomada universalmente. Quando se afirma, por exemplo, que "esta humanidade é um homem", referindo-se a Sócrates, a frase é verdadeira; porém, referindo-se ao Filho de Deus, é falsa, pois Ele não é uma humanidade (Ockham, 1980, p. 521-522).

Na questão seguinte do *Quodlibeta septem*, Ockham (1980, p. 523) responde à questão: "Se 'homem' e 'humanidade' são nomes sinônimos segundo a intenção do Filósofo"[35]. Para ele, homem e humanidade são nomes sinônimos segundo a intenção tanto de Aristóteles quanto de Boécio. Porém Ockham ressalta que é importante entender de que modo os dois termos são sinônimos, como é sublinhado no texto da *Summa logicae* (1974a, p. 23):

> Por ter sido dito que a posição de Aristóteles e de seu Comentador é a de que "homem" e "humanidade" são nomes sinônimos, fazendo uma pequena digressão de meu propósito principal, procurarei estabelecer de que modo é verdadeiro, e de que modo não é, e se, segundo a verdade, são sinônimos.

Em defesa de Aristóteles, Ockham (1980, p. 524) afirma que esses nomes podem ser sinônimos porque tudo aquilo que podemos imaginar sobre a palavra "homem" diz respeito também à palavra "humanidade". Para Aristóteles (1976, p. 160), de fato, o que está no composto humano é a matéria, a forma, o acidente ou o próprio composto, mas nada além disso. Por consequência, a sinonímia é válida.

---

35. O texto paralelo a esse encontra-se em Ockham (1974a, p. 23-29).

Desse modo, Ockham (1974a, p. 23) rechaça qualquer natureza específica contida no indivíduo: "E de nada serve a cavilação de alguns que dizem que 'humanidade' significa apenas a natureza específica; 'homem', porém, acrescenta, além disso, a diferença individual". A "cavilação de alguns", indicada por Guilherme de Ockham, é uma referência direta à teoria de Chatton, mas também é a ideia defendida por Duns Escoto.

Ockham apresenta o seu argumento estabelecendo uma relação entre os termos "homem" e "humanidade" com os termos "Sócrates" e "socreidade". O argumento utilizado por Chatton (1967, p. 209) e por outros não é válido, sustenta ele, porque os nomes "socreidade" e "humanidade" não podem indicar uma natureza específica. Para esclarecer o raciocínio, explanamos o texto de Ockham (1980, p. 524-525):

> O assumido é provado, pois se um desses nomes significa algo que o outro não significa, pergunto o que seria isso. Não é a natureza específica, pois ela é significada equivalentemente para ambos ou para nenhum. Nem é a matéria, nem a forma, nem o composto ou o acidente, segundo eles. Nem mesmo é a diferença individual que imaginam, pois como Sócrates acrescenta a diferença individual além da natureza específica, segundo eles, assim também a "socreidade", pois do contrário Sócrates não se diferenciaria em algum modo de humanidade. E então, segundo eles, como a humanidade é em Platão, assim a socreidade estaria em Platão, o que é falso. Portanto, Sócrates e socreidade não são distintos na realidade (*ex parte rei*), e por consequência esta proposição é verdadeira, segundo eles: "Sócrates é a socreidade". Por isso se segue que Sócrates é esta humanidade, portanto Sócrates é uma humanidade – predicado do inferior ao superior. E se segue que Sócrates é uma humanidade, portanto o homem é uma humanidade. E, por conseguinte, nada é significado pelo nome "homem", que não é significado pelo nome "humanidade".

Guilherme de Ockham confirma que essa era a intenção de Aristóteles quando dizia que "homem" e "humanidade" são termos sinônimos, ao menos no sentido amplo de entender os termos – ou seja, o que quer que seja significado para um é significado do mesmo modo para o outro, e ao mesmo tempo supõe a mesma coisa. O único impedimento à sinonímia que poderia existir é a inclusão de algum elemento sincategoremático (Ockham, 1980, p. 525).

Os termos categoremáticos têm significação certa e determinada – por exemplo, "homem" significa "todos os homens"; "brancura" significa "todas as brancuras". Por sua vez, os termos sincategoremáticos são termos que, para terem um significado completo, devem se apoiar em algum termo categoremático, porque eles não têm significação definida e certa – por exemplo, os termos "todos", "nenhum", "algum", "exceto" etc. Desse modo, o sincategorema "alguns" não tem significado certo, mas, quando se acrescenta a palavra "homens", adquire um significado certo e supõe alguns homens (Ockham, 1974a, p. 15; Baudry, 1958, p. 263-264).

A partir disso, Ockham (1980, p. 526) apresenta duas conclusões. A primeira consiste em afirmar como falsa a proposição: "Sócrates é um suposto que suporta uma natureza humana ou uma humanidade". Ele expõe dois argumentos para provar essa conclusão. O primeiro indica que "Sócrates" não pode supor pela natureza humana. O *Venerabilis Inceptor* (1980, p. 526) desenvolve a ideia deste modo:

> Essa conclusão é provada, pois eu pergunto: por que coisa supõe este nome "Sócrates"? Não pela natureza humana, pois a coisa não supõe por si mesma. Nem por uma parte daquela natureza, pois uma parte não sustenta o todo. Nem por uma substância separada daquela natureza, o que é evidente. Nem mesmo pelo composto de natureza e diferença individual, pois então não existe tal coisa, e assim, se Sócrates sustenta a natureza de Sócrates, ele sustentaria a natureza individual, e cada natureza inclui uma diferença individual, segundo eles; e, por consequência, Sócrates sustentaria um composto de natureza e diferença individuais, e isso não seria outro senão ele mesmo.

O outro argumento sustentado por Ockham (1980, p. 526) demonstra que, na proposição evidenciada, "Sócrates" não está supondo por um composto de natureza singular e para a negação da dependência de um outro suposto. Logo, "Sócrates" não é composto por uma afirmação e por uma negação, pois ele é real e substancial. Portanto, o composto não pode sustentar tal natureza, pois uma natureza não pode depender de um determinado composto. Concluindo, é possível sustentar que é admitida esta proposição: "Sócrates é uma natureza composta por um corpo e por uma alma intelectiva por nenhum suposto sustentada", e é falsa esta proposição: "Sócrates é um suposto que sustenta uma natureza humana".

A segunda conclusão de Ockham (1980, p. 527) diz que cada proposição composta por um nome concreto e abstrato – como é o caso de "homem-humanidade" – não pode supor por coisas distintas. Se numa tal proposição é denotado que as coisas que o sujeito e o predicado supõem são diferentes, se ela for universal, a proposição será falsa. A única exceção, nesse caso, é quando um deles supõe uma pessoa divina que sustenta uma natureza humana.

Desse modo, afirmar que "cada homem tem uma humanidade" é falso. Isso é válido também para a afirmação "cada humanidade está em cada homem", pois nada pode ter a si mesmo ou é algo que existe em si mesmo. E, assim, segundo Ockham (1980, p. 527-528), Anselmo de Aosta no *Monologion* (1968, p. 30) não afirma que a suma natureza tem justiça, mas que a suma natureza é justiça. E, dessa maneira, devem ser interpretadas também as passagens da Sagrada Escritura, em que se afirma, por exemplo, que "Deus tem justiça".

Assim, afirmar que a humanidade subsiste, depende e determina o suposto próprio é falso. O correto é afirmar que "a humanidade é um suposto"; exceto quando a humanidade estiver unida a uma pessoa divina, porque então ela não é mais um suposto. Ockham

(1980, p. 528) ainda ressalta: "Isso é evidente pela definição que os seus termos exprimem, pelo qual o suposto é uma coisa completa, uma e não mais, e não sustentada por algum suposto".

É importante destacar que, para Guilherme de Ockham, um indivíduo é tal em todas as suas partes e não existe uma natureza específica que o individualize. Conforme evidenciado por ele, os termos "homem" e "humanidade" significam a mesma coisa, segundo aquilo que já era sustentado por Aristóteles.

2.1.3 Conceito de "pessoa"

O que significa o termo "pessoa" para Ockham? Para responder a essa questão, tomaremos como base a *Quaestio Unica* da distinção XXIII do *Scriptum in Librum Primum Sententiarum* (1979, p. 58), cujo título é: "Se o nome 'pessoa' é um nome de primeira ou de segunda intenção". É importante ressaltar, porém, que a questão está inserida dentro de um contexto teológico. Ao mesmo tempo, ela oferece, a nosso ver, os fundamentos para a visão antropológica ockhamiana. Analisaremos os argumentos principais dessa questão. Além disso, indicaremos e comentaremos também outros textos da obra de Ockham que tratam da definição de "pessoa".

Nós nos concentraremos, com maior ênfase, sobre o significado do termo "pessoa". Em seguida, mostraremos a diferença entre um nome de primeira intenção e um nome de segunda intenção. Por último, responderemos, segundo a visão de Ockham, à interrogação colocada no enunciado da questão, isto é, se o termo "pessoa" é de primeira ou de segunda intenção[36].

---

36. Essa não é exatamente a ordem dos temas desenvolvidos na obra de Ockham. Contudo, adotamos essa ordem para clarear os conceitos e desenvolver uma lógica no nosso trabalho.

O significado do termo "pessoa" encontra-se no assim chamado "artigo 1" da questão (Ockham, 1979, p. 58). Guilherme de Ockham afirma que "pessoa" está relacionado com o termo "suposto", mas, ao mesmo tempo, se diferencia dele. Convém frisar que, como explicitado anteriormente, se forem analisados do ponto de vista lógico (Ockham, 1980, p. 529), "singular", "indivíduo" e "suposto" são termos conversíveis, ou seja, podem ser usados com o mesmo significado e, portanto, são sinônimos. Porém, no sentido teológico, eles não são sinônimos, porque o "suposto" pertence à substância; o "indivíduo" e o "singular" pertencem à categoria de acidente (Ockham, 1980, p. 529). O termo "suposto", no sentido teológico, significa "um ente completo, não constituindo algum ente uno e que não é nato a aderir a outro nem a sustentar algum outro" (Ockham, 1979, p. 61).

Essa definição, em primeiro lugar, exclui todo ente parcial, pois aquilo que é parte de alguma coisa não pode ser um ente completo. Desse modo, estão excluídas a alma separada, toda forma substancial e, igualmente, a matéria, porque são partes constitutivas dos entes. Em segundo lugar, é excluída a essência divina, porque, apesar de ela ser um ente completo, compõe um ente, isto é, a Trindade, formada por Pai, Filho e Espírito Santo. Portanto, é excluído todo ente que está essencialmente em relação com outro. Em terceiro lugar, é excluído todo acidente, porque o acidente, por sua natureza, é aderido a alguma substância. E, por fim, é excluída também a natureza assunta pelo Verbo, porque ela é pelo Verbo sustentada (Ockham, 1979, p. 58).

A definição de "suposto" encontra-se também no *Quodlibeta septem* (1980, p. 328), com uma diferença relevante em relação à anterior: "Suposto é um ente completo, incomunicável por identidade, que não inere a nada, e não é sustentado por nada". Como podemos observar, Ockham afirma que o suposto é incomunicável por identidade. Dessa forma, é evidentemente excluída a essência divina, que é comunicável por natureza: as três pessoas divinas se comunicam essencialmente (Ghisalberti, 1996, p. 205-206).

Existe, ainda, uma outra definição de "pessoa", a saber: "Pessoa é um suposto intelectual" (Ockham, 1979, p. 62). Segundo Guilherme de Ockham, essa definição está em sintonia com a definição de Boécio e de Ricardo de São Vítor. Boécio (1936, p. 84) define a pessoa como "uma substância individual de natureza racional". Ockham sublinha que Boécio indica com a expressão "substância individual" o "suposto substancial"; e com a expressão "natureza racional", o "suposto intelectual". Portanto, nessa definição, "substância" não se refere a alguma categoria, mas ao fato de ser completo e de não constituir algum outro ente (Ockham, 1979, p. 62; Copleston, 1966, p. 102).

Por sua vez, a definição de "pessoa" feita por Ricardo de São Vítor (1959, p. 279-285) é: "Uma natureza intelectual de incomunicável existência". Desse modo, "incomunicável existência" está indicando que ela não pode ser comunicada a outro ente em nenhum modo, ou seja, trata-se, de fato, do suposto. Por outro lado, "natureza intelectual" está indicando que é um suposto intelectual (Ockham, 1979, p. 62-63).

Como indica Damiata (1999, p. 18), alguém poderia pensar que Ockham, na linha de Santo Agostinho, queira dizer que a alma ou o intelecto representa a inteira pessoa. Porém, como é ressaltado no texto da obra *In III Sent.*, a alma sozinha não corresponde à pessoa, isto é, a um ser completo: "Pessoa é uma natureza intelectual completa […]. Por 'completo' é excluída a alma intelectiva, a qual não é uma natureza completa no gênero da substância" (Ockham, 1982, p. 4-5).

Em seguida, na questão em análise, a opinião de Duns Escoto sobre o tema é apresentada e logo depois rechaçada por Ockham. Segundo ele, sobre a questão da comunicabilidade, Duns Escoto (1959, p. 357) afirma:

Comunicável é dito em modo dúplice: em um modo, é dito comunicável de várias coisas, e se dá de modo igual em todas elas. Assim, em cada um é a mesma coisa, como do universal se diz comunicar aos seus inferiores; de outro modo, é comunicado algo pela forma, pois existe, mas não é a mesma coisa que a outra, como a alma é comunicada ao corpo. E em ambos os modos a divindade é comunicável, e em nenhum dos dois modos a pessoa é comunicável, e assim é dúplice a incomunicabilidade que se refere à razão da pessoa, porque a alma separada, embora tenha a primeira incomunicabilidade, não é a inteira pessoa, pois não tem a segunda (Ockham, 1979, p. 63).

Segundo Ockham (1979, p. 63), esse argumento de Duns Escoto não é válido, porque, nesse caso, tanto a matéria quanto a natureza assunta seriam pessoas, o que evidentemente é um absurdo:

Por essa opinião se segue que a matéria seria um suposto [e] não uma pessoa, pois a ela compete essa dupla incomunicabilidade, pois nem é comunicável como universal, nem como forma da matéria. Do mesmo modo, segue-se que a natureza assunta seria uma pessoa que em nenhum dos dois modos é comunicável, pois não pode ser forma de algo, nem é um universal comum de muitos.

Guilherme de Ockham afirma que todos esses argumentos não bastam para afirmar que se trata de "pessoa", porque as pessoas divinas não dependem de nada. Ele sublinha:

Isso não é suficiente, pois concede o propósito de que a negação da dúplice incomunicabilidade do predito não basta à razão de pessoa. Do mesmo modo, disso se segue que a essência divina não depende nem nasceu para depender. E, do mesmo modo, se pode arguir de qualquer relação na divindade. Por esse motivo, digo – como anteriormente – que a pessoa é um suposto intelectual, e que o suposto é um ente completo etc. (Ockham, 1979, p. 64-65).

Depois de desenvolver o conceito de pessoa, confrontando as opiniões contrárias, Ockham (1979, p. 65-68) explica o que se entende por nome de primeira intenção e nome de segunda intenção, os quais estão relacionados com o conceito. O nome de primeira intenção se refere à coisa existente fora da mente humana; já o nome de segunda intenção é algo aplicável a essa coisa. Afirma Ockham (1979, p. 65):

> A primeira intenção é chamada de coisa realmente existente. A intenção segunda, porém, é chamada de algo na alma aplicável à coisa, predicável dos nomes das coisas quando elas não têm suposição pessoal, mas simples. É o caso de "espécie", "gênero", os quais são verificados a partir dos termos "homem", "animal", "asno", "pedra" e assim por diante, não quando supõem pessoalmente e por seu significado, mas quando supõem simplesmente e por qualquer significado por tal termo verdadeiramente removido.

Ele sustenta que o termo "pessoa" é um nome de primeira intenção, assim como "indivíduo" e "singular", porque supõem por coisas fora da alma, e não algo comum a elas, como é o caso do termo "espécie". Ou seja, os termos de primeira intenção, como "pessoa", têm referência direta aos entes na sua singularidade, não têm funções metalinguísticas e não representam gêneros ou espécies (Pellegrini, 2013, p. 104). Ockham (1979, p. 66) explica:

> O assumido é evidente, pois em tais proposições cada suposto é uma coisa, cada singular é uma substância ou um acidente, cada pessoa é uma natureza intelectual, e nelas verdadeiramente é feita a suposição pelas coisas. Pois esta [proposição]: "Cada pessoa é uma natureza intelectual" não é verificada, exceto pelas coisas e não por qualquer que seja outro. Mas esta [proposição]: "Cada espécie é predicada numericamente de muitos diferentes" não é verificada por alguma coisa tal; todavia, precisamente por algo comum predicável do termo significante "coisa" quando supõe não pela coisa, mas por si.

O *Venerabilis Inceptor* expõe várias objeções contra a sua solução, que, em seguida, ele próprio comenta e rejeita (Ockham, 1979, p. 68-72). Antes de explicar os conceitos de "pessoa", "primeira intenção" e "segunda intenção", ele já havia rejeitado a opinião de Henrique de Gand, o qual afirmava que o nome "pessoa" se trata de um nome de segunda intenção (Ockham, 1979, p. 59).

Ockham sustenta que sempre quando um nome se refere à coisa, não por uma operação do intelecto e por um modo possível de significação, isso é um nome de primeira intenção, ou seja, indica um ser, e não um conceito (Damiata, 1999, p. 17). "Pessoa" é um nome que significa um ente fora da mente humana, assim como "singular", "indivíduo" e "suposto" (Ockham, 1979, p. 60-61). Portanto, podemos concluir que o homem é, sobretudo, um singular, e o homem como suposto é uma pessoa (Damiata, 1999, p. 15-17).

2.1.4 A pluralidade de formas

Ockham defende que a pessoa humana é composta fundamentalmente de três formas principais: a alma intelectual, a forma sensitiva e a forma corporal (*corporeitatis*). Ao defender a pluralidade de formas do composto humano, ele se coloca em sintonia com a linha de pensamento franciscana (Freyer, 2008, p. 77-110)[37] e, igualmente, se conforma à doutrina da Igreja, expressa no Concílio de Vienne (1311), que proclama de maneira veemente que a alma intelectiva do homem é essencialmente a forma do corpo[38]. Guilherme de Ockham não rejeita essa doutrina expressa pelo concílio, ou seja, ele também defende que a alma intelectiva é a forma substancial do corpo. Entretanto, ele afirma que isso não pode ser provado de forma filosófica. Trata-se, sobretudo, de uma verdade de fé:

---

37. Para aprofundar o tema da pluralidade das formas no Medievo, cf. Mazzarella (1978, p. 1-332).

38. A doutrina é expressa na "Constitutio fidei catholicae" deste modo: "Porro doctrinam omnem seu positionem temere asserentem, aut vertentem in dubium, quod substantia animae rationalis seu intellectivae vere ac per se humani corporis non sit forma, velut erroneam ac veritati catholicae inimicam fidei, praedicto sacro approbante Concilio reprobamus: definientes, ut cunctis nota sit fidei sincerae veritas ac praecludatur universis erroribus aditus, ne subintrent, quod quisquis deinceps asserere, defendere seu tenere pertinaciter praesumpserit, quod anima rationalis seu intellectiva non sit forma corporis humani per se et essentialiter, tamquam haereticus sit censendus" (Hünermann, 2003, p. 500; cf. tb. Lecler, 1997, p. 93-100).

Quanto à segunda dificuldade, digo que, inteligindo pela alma intelectiva uma forma imaterial e incorruptível, que está toda no corpo e toda em qualquer parte, não se pode saber, com evidência, pela razão ou pela experiência, que essa forma esteja em nós, nem que o inteligir dessa substância seja próprio em nós, nem que tal forma seja forma do corpo. Não me importa, presentemente, qual tenha sido a opinião do Filósofo, pois que sempre parece falar desse ponto num tom duvidoso, mas julgo apenas críveis as três coisas estabelecidas (Ockham, 1980, p. 63).

Nessa questão, como também em outras desenvolvidas por Ockham, observa-se um aspecto constante em sua filosofia: nem tudo pode ser provado pela razão humana; as verdades da fé não podem ser objeto de demonstração científica (Ghisalberti, 1996, p. 203)[39]. Em todo o caso, ele sustenta que se pode afirmar com toda a certeza de que o homem intelige, mesmo que não se possa provar com a razão que a alma intelectiva seja a forma ou o motor do corpo humano (Ockham, 1980, p. 63-64; Damiata, 1999, p. 20-21).

Sustentando, em primeiro lugar, que o homem intelige e que, portanto, há nele uma alma intelectiva, Ockham procura averiguar se existe alguma outra alma, diferente dela, entendida como forma do inteiro composto humano[40]. A interrogação poderia ser assim formulada: a alma intelectiva e a alma sensitiva são realmente distintas, ou existe somente uma alma no homem?[41]. Sem hesitar, ele responde que existem duas almas no homem, mesmo tendo dificuldades para prová-las, evidentemente: "A essa questão eu respondo que sim, mas é difícil prová-la, pois não pode ser provada por proposições conhecidas por si" (Ockham, 1980, p. 157; 1981, p. 407).

---

39. Para aprofundar o tema, cf. Biard (2000).

40. Esse esclarecimento é importante, porque Ockham entende que existem diferentes formas no homem, as quais ele chama de almas. Ao mesmo tempo, como veremos em seguida, Ockham sustenta a unidade da alma humana, entendida como alma racional.

41. O título da *Quaestio* é: "Se a alma sensitiva e a alma intelectiva são realmente distintas no homem (*Utrum anima sensitiva et intellectiva in homine distinguantur realiter*)". Cf. Ockham, 1980, p. 156-161.

Apesar da dificuldade em provar de forma evidente que existem duas almas no homem, Ockham elabora duas provas que sustentam a sua afirmação. A primeira prova – a qual ele retém que também seja corroborada por Aristóteles (n. 906) – é exposta desta maneira:

> É impossível que contrários existam no mesmo sujeito simultaneamente. Todavia o ato de apetecer algo e o ato de rejeitar a mesma coisa no mesmo sujeito são contrários. Portanto, se forem simultâneos nas coisas da natureza, eles não existem no mesmo sujeito. Porém é manifesto que eles existem de forma simultânea no homem, pois aquilo que o homem deseja pelo apetite sensível, ele rejeita pelo apetite intelectivo (Ockham, 1980, p. 157).

Portanto, segundo Ockham, podemos afirmar que através da experiência temos a certeza de que existem duas almas no homem, que podem indicar tendências opostas. De fato, muitas vezes queremos algo pelo nosso apetite sensível, mas o nosso intelecto rejeita a mesma coisa de forma responsável (Damiata, 1999, p. 23). Entretanto alguém poderia dizer que esses contrários, na realidade, são somente contrários virtuais, mas não formais:

> Esses apetites são chamados contrários porque são naturalmente aptos a se inclinar a efeitos contrários; e desse modo são virtualmente contrários, pois um se inclina tanto à continuidade quanto à fuga, e isso é compatível com o outro. E tais contrários podem bem existir em cada sujeito, não sendo, porém, contrários formais (Ockham, 1980, p. 157).

Argumentando contra essa opinião, Ockham sustenta que os atos de apetecer e de rejeitar algo são realmente contrários formais, e para isso ele desenvolve três argumentos (Damiata, 1999, p. 23-24).

O primeiro argumento, segundo o raciocínio desenvolvido na objeção – o qual afirma que a volição e o ato de não querer (*nolitio*) não são formalmente contrários, mas apenas virtualmente –, deve ser rejeitado. Isso porque esses atos também são naturalmente inclinados para efeitos contrários. Portanto, trata-se de atos formalmente contrários (Ockham, 1980, p. 157).

O segundo argumento contrário sustenta que a mesma forma não pode ter simultaneamente dois apetites diversos em relação ao mesmo objeto. Porém, contesta Ockham (1980, p. 158), no homem existem tendências opostas em relação ao mesmo objeto que podem estar em consonância ou não. Desse modo, devem existir duas formas diversas.

Por último, no terceiro argumento contrário, o homem, de modo livre – isto é, pela alma intelectiva –, quer algo, e deseja o mesmo objeto pelo apetite sensível de um modo natural. No entanto, salienta o *Venerabilis Inceptor*, uma mesma forma não pode remeter simultaneamente e de uma só vez a um ato de volição natural e a outro ato de volição livre. Assim, devem ser duas formas que geram dois atos contrários que estão no mesmo sujeito (Ockham, 1980, p. 158).

A segunda prova apresentada por Ockham é que as sensações estão subjetivamente na alma sensitiva, mas não existem de maneira subjetiva na alma intelectiva. Portanto, essas duas almas são verdadeiramente distintas. Isso é evidente, em primeiro lugar, pois o que deve ser atribuído ao sujeito é a alma ou a potência sensitiva. Em segundo lugar, se afirmássemos que a sensação seria também uma intelecção, estaríamos dizendo que uma alma separada poderia sentir por causa da ação de Deus, que é a opinião de Tomás de Aquino, porém isso é um absurdo (Ockham, 1980, p. 158).

E se alguém dissesse que é o inteiro composto – e não a forma – o sujeito imediato da sensação, seria possível contrariar dizendo que o acidente não é mais simples do que o sujeito primeiro. Assim, a sensação não poderia ser imediata e primariamente sujeita no composto, pois ela é um acidente simples. Igualmente, a sensação não poderia ser uma potência da alma mais do que uma potência do corpo, pois não poderia estar mais num do que no outro (Ockham, 1980, p. 158-159).

O terceiro argumento afirma que a mesma forma não pode ser extensa e não extensa ou material e imaterial ao mesmo tempo. Desse modo, a sensação não pode estar na alma sensitiva e na alma intelectiva, porque "a alma sensitiva no homem é extensa e material, e a alma intelectiva não é, pois é inteira em toda e em cada parte" (Ockham, 1980, p. 159).

São apresentadas por Ockham na mesma questão três objeções[42], às quais ele responde depois de apresentar cada uma delas. Nós mostraremos, em primeiro lugar, a ideia de cada objeção, desenvolvendo, em seguida, a resposta dada por Guilherme de Ockham.

A primeira objeção se sustenta na afirmação de Santo Agostinho de que não existem duas almas em um homem (Ockham, 1980, p. 159). Guilherme de Ockham contra-argumenta dizendo que o que Santo Agostinho condenou é a existência de duas almas intelectivas no homem: uma de Deus e outra do diabo (Ockham, 1980, p. 160).

A segunda objeção se refere a Cristo no período de sua morte. Ou aquela alma sensitiva permaneceu com o corpo, ou com a alma intelectiva. Porém, desse modo, Cristo não morreu da mesma maneira que os outros homens. Ou, então, essa alma foi corrompida, e, nesse caso, Cristo depôs a alma que ele mesmo assumiu, afirmação essa que vai contra aquilo que sustentam os Santos (Ockham, 1980, p. 159).

Ockham (1980, p. 160) rechaça essa objeção dizendo, em primeiro lugar, que a alma sensitiva permaneceu onde Deus queria e não se sabe onde. O que se sabe, porém, é que ela permaneceu unida à natureza divina. Em segundo lugar, quando se afirma que Cristo não morreu como os outros homens, tem-se total razão, porque o corpo de Cristo não se corrompeu com a morte, ao contrário do corpo dos outros homens. Que a morte de Cristo é igual

---

42. Essas objeções, na realidade, são desenvolvidas por Chatton. Cf. Ockham, 1980, p. 159, nota 8.

à dos outros homens é indicado por um outro motivo importante: "Ele morreu do mesmo modo que os outros homens, por causa da separação da alma intelectiva" (Ockham, 1980, p. 161).

Na terceira objeção, argumenta-se que, se há distinção entre a alma sensitiva e a alma intelectiva, depois da morte permaneceria ainda a alma sensitiva. E, na geração do homem, segundo Aristóteles (1966, p. 53), parece que primeiro foi introduzida a alma sensitiva e somente depois a alma intelectiva. E, ainda, se a alma sensitiva permanece sem a alma intelectiva, o que seria aquele composto? Parece que seria um animal que não é racional nem irracional (Ockham, 1980, p. 160).

Quanto ao argumento sobre a alma sensitiva, Ockham (1980, p. 161) sustenta que ela não permanece no ser humano depois da separação da alma intelectiva. Também não acontece de a alma sensitiva ser introduzida temporariamente antes da alma intelectiva. Admitindo a ideia de Aristóteles e seguindo a sua reflexão, Ockham (1980, p. 161) afirma que a alma sensitiva está naturalmente antes do corpo, e não temporariamente: "E sobre o Filósofo digo que ele pensou que a alma sensitiva está, naturalmente, antes no corpo, e, contudo, não antes temporariamente, pois ambas são introduzidas e expelidas ao mesmo tempo".

O *Venerabilis Inceptor* afirma, ainda, que, se a potência divina fizesse com que a alma sensitiva permanecesse no corpo, então esse seria um composto vivo. Porém esse composto não seria um animal – seja racional, seja irracional –, pois esse composto não seria um ente completo, mas parte de algum outro ente existente por si e, assim, não seria uma entidade no gênero animal ou no gênero da substância. Entretanto, se for chamado de animal tudo aquilo que tem alma sensitiva, então seria um animal, mas a predicação, nesse caso, teria que ser equívoca (Ockham, 1980, p. 161).

Guilherme de Ockham (1980, p. 161) conclui o raciocínio sobre a questão reafirmando a tese de que o ser humano é um ente único, composto de várias partes: "Ao argumento principal respondo que os homens têm uma só e total existência, porém diversas são as existências parciais". Essa afirmação de Ockham, segundo Copleston (1966, p. 129) e Hirvonen (1999, p. 46), indica que ele defende a unidade do corpo humano, considerado na sua totalidade, e, ao mesmo tempo, sustenta a doutrina da pluralidade de formas substanciais.

Tendo comprovado a existência da alma sensitiva no homem, Ockham, em seguida, interroga se existe ainda uma outra forma essencial no homem, isto é, a forma do corpo. É o título da questão seguinte: "Se a alma sensitiva e a forma do corpo são realmente distintas, tanto nos animais brutos como nos homens" (Ockham, 1980, p. 162).

Guilherme de Ockham (1980, p. 162) responde positivamente à interrogação: "A essa questão respondo que sim, por mais que seja difícil de prová-la pela razão"[43]. Para corroborar a sua tese, ele coloca dois argumentos. O primeiro está em sintonia com o anterior. Um homem ou um animal, quando morre, mantém os mesmos acidentes em número como eram antes da morte. Como um acidente não pode migrar de forma natural de sujeito a sujeito, eles necessariamente vão ter o mesmo sujeito. O sujeito, porém, não é a matéria-prima, pois, desse modo, ela teria que receber imediatamente o acidente absoluto, o que não corresponde à realidade. Sendo assim, alguma forma precedente permanece, e essa forma é a corporeidade (Ockham, 1980, p. 162).

A prova disso é que no animal vivo e no animal morto permanecem os mesmos acidentes. E, se existissem outros acidentes, o homem não poderia fazer distinção entre eles, pois são da mesma espécie do animal vivo (Ockham, 1980, p. 162-163; Hirvonen, 1999, p. 43). Novos acidentes não podem ser introduzidos por uma causa

---

43. Cf. também: Ockham, 1981, p. 137.

natural. Afirma Ockham (1980, p. 163): "Se então haveria novos acidentes, pergunto pelo que são causados? Não pelo ar ou por algum outro elemento, nem pelo céu; pois desse modo cada acidente de cadáver seria igual nas espécies, o que é contrário aos sentidos".

Novos acidentes também não podem ser causados por uma forma substancial, porque essa forma teria que ser a mesma em todos os homens e em todos os animais, e consequentemente os acidentes seriam os mesmos. Mas não é isso o que se observa na realidade, pois os acidentes são diversos. Ockham (1980, p. 163) destaca:

> [Os acidentes] nem são causados pela forma substancial introduzida novamente no corpo morto, pois essa forma é do mesmo tipo em todos os corpos humanos e em todos os asnos e, assim, de outros. Por consequência, não causaria acidentes de diversos tipos e diferentes corpos – o que claramente é falso, pois vemos que um corpo é branco, outro é negro, e assim sucessivamente.

Os acidentes, igualmente, não podem ser causados por causas das disposições do corpo, quer seja um animal, quer seja um homem, pois, a partir do momento em que um acidente é introduzido, essas disposições são corrompidas. Ockham (1980, p. 163) ressalta: "Portanto, não é por causa das diferenças nas disposições que haverá mudança nas espécies entre os acidentes".

O *Venerabilis Inceptor* afirma, ainda, que isso pode ser sustentado porque a causa natural não produz efeitos contrários, em função da diferença da disposição:

> De fato, mesmo que o sol dissolva o gelo e endureça a lama, isso acontece por ação das diversas causas parciais concorrentes – por exemplo, a terra ou a água. Portanto, aquela forma novamente introduzida não causa os acidentes contrários dos corpos (Ockham, 1980, p. 163).

O segundo argumento colocado por Ockham tem um fundamento teológico (Damiata, 1999, p. 25). Ele argumenta que, se o corpo do homem não se diferencia da alma sensitiva, então o corpo de Cristo depositado no sepulcro não fazia parte da nature-za humana de Cristo. Da mesma forma, não era o mesmo corpo vivo e morto[44]. Além disso, a natureza divina não era unida àquele corpo. Isso poderia ser atribuído aos corpos dos santos, que não seriam os mesmos vivos e mortos. Logo, está em maior sintonia com a doutrina da Igreja a distinção entre a alma sensitiva e a for-ma do corpo (Ockham, 1980, p. 163-164).

Guilherme de Ockham (1980, p. 164), por fim, apresenta duas interrogações. A primeira indaga se as almas vegetativa e sensitiva são distintas nos animais. A essa interrogação ele res-ponde que não é necessário distinguir essas duas almas, porque, apesar de poder ter operações diversas, o princípio delas pode ser igual.

A segunda questiona se o sujeito imediato da forma sensitiva é a forma da corporeidade ou a matéria. Ockham (1980, p. 164) responde que o sujeito imediato pode ser tanto uma quanto a ou-tra, "pois não se vê razão conclusiva, porque duas formas extensas não aperfeiçoam imediatamente a mesma matéria".

Conforme evidenciado pelos textos em análise, pelo seu amor à precisão e pela sua tendência a distinguir cada coisa (Damiata, 1999, p. 25), Ockham afirma que o homem é composto de uma pluralidade de formas substanciais: a alma intelectiva, a alma sen-sitiva e a forma da corporeidade. Desse modo, ele permanece fiel à doutrina da Igreja e em consonância com os pensadores francis-canos (Merino, 1993, p. 413).

2.1.5 A antropologia de Ockham: centrada no indivíduo e em suas partes

Antes de delinear alguns pontos centrais da antropologia de Ockham, convém indicar o que é entendido por antropologia.

---

44. Sobre o tema do cadáver de Cristo, cf. Gregory (2007, p. 121-150).

126

Entendemos antropologia como a visão de um autor sobre o ser humano, em específico, de Ockham e dos pensadores franciscanos[45]. É importante notar, sobretudo, que a antropologia no período medieval não consistia em uma filosofia autônoma, mas era ligada à teologia: uma não existia sem a outra (Zavalloni, 2014, p. 112).

É nessa perspectiva que utilizamos no nosso trabalho o termo "antropologia", ou seja, indicando o conceito de "ser humano" a partir do contexto em que viveu o filósofo. A partir dos textos analisados, emergem algumas características essenciais da antropologia de Ockham, segundo a nossa constatação.

• Ockham desenvolve o seu ponto de vista sobre a pessoa humana ao interno de outras questões, como questões lógicas, teológicas etc. Não é a sua intenção desenvolver uma antropologia sistemática, como fazem os filósofos modernos e contemporâneos. Como evidenciado anteriormente, a antropologia medieval era intrínseca à teologia. Portanto, para delinearmos uma antropologia ockhamiana, precisamos primeiro individuar os textos que falam sobre o ser humano e sobre os seus componentes fundamentais. Esses textos se encontram esparsos por grande parte de sua obra.

• Segundo Ockham, existem diferentes planos de definição do homem. A definição natural ou física é aquela que diz respeito às partes essenciais do homem: a alma intelectiva, a alma sensitiva e a forma do corpo. A definição metafísica é aquela que se refere ao homem como um todo, como um animal racional ou como uma substância animada sensível. A lógica, de fato, é um instrumento importante para a correta definição dos termos.

---

45. Alguns comentadores, para desenvolver o tema do "ser humano" em Ockham, utilizam o termo "psicologia"; outros, "homem". Merino (1993, p. 411) também utiliza o termo "antropologia".

• Para o *Venerabilis Inceptor*, cada pessoa humana é uma singularidade. Em primeiro lugar, ela é um indivíduo, é um "único" em relação aos demais. "Singular", "indivíduo" e "pessoa" são vistos como termos que significam a mesma coisa. Os termos "homem" e "humanidade" também são sinônimos, porque a humanidade também é vista como uma singularidade, ou seja, cada homem é uma humanidade.

• A pluralidade de formas sustentada por Ockham, em consonância com a tradição do pensamento franciscano, indica também que a pessoa humana é composta por diversas formas fundamentais, ou seja, por diversas partes, cada qual com a sua importância. Alguns comentadores veem grande dificuldade de entender a defesa da pluralidade de formas e, ao mesmo tempo, da unidade do composto humano, como o faz Ockham (Klocker, 1996, p. 57). Nós vemos essa questão de outro modo: existe uma grande atenção por parte de Ockham para não universalizar as coisas e para priorizar o que existe fora da mente humana. Portanto, cada pessoa humana é um ser singular, e no interior de cada pessoa existem diversas singularidades.

• Ao interno do composto humano, a função central tem a forma intelectual ou a alma racional. Mesmo que não possamos provar filosoficamente, Ockham (1980, p. 62-65) sustenta que a alma se encontra em cada ser humano como motor e forma do corpo; ela não se destrói com a morte junto com a alma sensitiva e com o corpo. Outro aspecto que evidencia a centralidade da forma intelectual no homem é que os diversos conceitos de "homem" sempre levam em conta essa centralidade: "animal racional", "suposto intelectual" etc.

• Apesar de Ockham se esforçar para criar uma definição de homem, parece que existem algumas lacunas em suas definições – como é o caso dos conceitos de homem natural e de homem metafísico –, bem como na afirmação das provas de que a alma intelectual é a forma do corpo ou a imortalidade da alma. Desse modo, afirmamos que Guilherme de Ockham não pensou em criar uma antropologia sistemática. Ao mesmo tempo, ele aborda as teses antropológicas de Aristóteles, que foram analisadas pelos pensadores que o antecederam. Isso não quer dizer que as teses sustentadas pelos teólogos sejam irracionais, mas que elas podem ser sustentadas somente a partir da Revelação. As teorias da antropologia revelada são verdadeiras, mesmo que algumas delas não sejam demonstráveis.

• Segundo a ideia de Pellegrini (2013, p. 102-107), a pessoa para Ockham é um projeto. As Três Pessoas divinas têm a relação, a comunicabilidade na sua essência (Ockham, 1979, p. 156-157). A pessoa humana, por sua vez, é um ente completo e não comunicável essencialmente (Ockham, 1979, p. 133-140). Porém, tendo a divindade como modelo, a pessoa humana cresce na medida em que se abre à relação com Deus, com os outros homens e com as criaturas. Apesar da contingência e da singularidade que caracterizam a pessoa humana, ela não deve permanecer fechada em si mesma, mas estar em sintonia com o projeto de Deus (Pellegrini, 2013, p. 105). Portanto, a singularidade humana sustentada por Ockham não é sinônimo de individualismo, mas de unicidade e de abertura ao transcendente.

2.2 A liberdade da vontade

Uma outra dimensão fundamental do ser humano, segundo o pensamento de Ockham, é a liberdade da vontade. Tanto quanto a singularidade, a vontade livre é parte ontológica do ser humano. Por isso, é importante enfatizar a sua centralidade, o que será feito nas páginas seguintes. Primeiramente, porém, faremos a distinção entre vontade e liberdade, pois são termos que nem sempre são usados em consonância. Em seguida, desenvolveremos propriamente o tema da vontade livre, central para a autodeterminação do indivíduo, segundo o pensamento do *Venerabilis Inceptor*.

2.2.1 A vontade

Conforme mostrado anteriormente, Ockham afirma, com evidências, que a pessoa humana apresenta um intelecto. Entretanto, podemos afirmar também que existe no ser humano a dimensão da vontade? Caso exista a vontade no ser humano, isso não acabaria por destruir a unidade humana e a simplicidade de sua alma?[46] São questões que procuraremos desenvolver ao longo da nossa reflexão.

Inicialmente, Ockham (1981, p. 435) sustenta que existe a dimensão da vontade no homem, à qual ele chama de potência da alma: "É a substância da alma capaz de querer". Em outro texto, ele ainda afirma que a vontade é "a potência racional que vale aos opostos" (Ockham, 1984c, p. 340). Ou seja, ela é uma potência que pode produzir atos opostos, isto é, a vontade humana pode amar e odiar uma pessoa (Baudry, 1958, p. 297).

Admitindo a existência da vontade, Ockham procura responder se a vontade e o intelecto se distinguem entre si ou se pertencem a princípios distintos, como duas almas separadas. Ele desenvolve esse tema principalmente na questão 20 do *Quaestiones in Librum Secundum Sententiarum*, cujo título é: "Se memória, intelecto e vontade são potências realmente distintas" (Ockham, 1981, p. 425).

A princípio, Guilherme de Ockham expõe a opinião de Tomás de Aquino (1889, p. 236-239) sobre o tema, o qual afirma que as potências da alma são acidentes absolutos, adicionados à essência da alma. A favor dele são expostos vários argumentos,

---

46. A simplicidade da alma, nesse caso, é entendida como a unidade da alma racional.

os quais Ockham rejeita posteriormente, afirmando que os argumentos de Tomás de Aquino não são conclusivos (Ockham, 1981, p. 426-431).

Também é apresentada por Ockham a opinião de Henrique de Gand (1518, f. 66va-71ra), que, por sua vez, afirma que as potências não acrescentam nada à essência da alma, mas somente à relação com os diversos objetos. Henrique de Gand indica que o elemento decisivo da relação da alma com o objeto é a sua determinação, que não é absoluta, mas sempre relativa. É no profundo da alma que se encontra o motivo da diversidade de relações, ele afirma. Um exemplo, segundo Henrique de Gand, é a matéria-prima, na qual estão enraizadas muitas potências em relação a diferentes formas. Essa diversidade se deve somente às diferentes relações (Ockham, 1981, p. 431-432).

Ockham, todavia, rejeita essa ideia. Ele sustenta que, se na alma existisse tal relação, ela teria que ser ou uma relação real, ou uma relação de razão. Contudo, nenhuma das duas relações é possível. Guilherme de Ockham afirma que a relação de razão depende do ato do intelecto. Porém, antes de cada ato do intelecto, as potências estão na essência da alma. A relação real também não é possível nesse caso, porque para isso precisaria existir um termo de relação. Mas Deus poderia criar a alma intelectiva sem criar algum objeto no mundo, e assim a potência da alma seria perfeita e nenhum objeto existiria: "E desse modo existiriam as potências perfeitas da alma, e, contudo, nenhum termo em ato, pois não existiria algum objeto" (Ockham, 1981, p. 432).

Além disso, argumenta Ockham (1981, p. 432-433), não se pode colocar tal relação na matéria, exceto quando a matéria está em potência para a forma. A matéria, nesse caso, está na potência para essa forma como para diversas formas, pois, segundo esse raciocínio, como ela ainda não existe, no futuro ela pode vir a receber uma forma, ainda que no momento não a tenha recebido. Portanto, não se pode colocar uma relação nesse caso.

Em seguida, é exposta a opinião de Duns Escoto (1893, p. 73-77; Ockham, 1981, p. 433, nota 2)[47], o qual defende que as potências são essencialmente idênticas entre elas em relação à essência da alma. Porém, elas se distinguem de maneira formal entre elas e com a alma. As potências se encontram virtualmente na alma em dois modos: quando o conteúdo pertence à essência do contendo – como é o caso do gênero superior que é contido virtualmente no gênero inferior – e quando o conteúdo não pertence à essência do contendo – como é o caso do sujeito que contém virtualmente as paixões (Ockham, 1981, p. 433-434).

Guilherme de Ockham rejeita a afirmação de Duns Escoto dizendo que não se pode colocar esse dúplice modo de conter, pois aquelas coisas que são realmente idênticas ou são um uno por si em um gênero ou são parte de alguma coisa que existe por si em um gênero. Em ambos os casos, no entanto, elas pertencem à essência daquilo que existe por si em um gênero, porque também as partes de algo pertencem à essência da coisa: "E por isso a potência não pode ser considerada uma propriedade da alma mais do que a diferença em relação ao gênero" (Ockham, 1981, p. 434).

Depois de explicitadas as opiniões de Tomás de Aquino, Henrique de Gand e João Duns Escoto, Ockham desenvolve a sua opinião sobre o tema. Primeiramente, ele afirma que, em parte, concorda com a teoria de Duns Escoto, mesmo que este não a sustente a não ser junto com a segunda parte, isto é, que o intelecto e a vontade são formalmente distintos entre eles (Ockham, 1981, p. 435).

Para clarear a questão, Guilherme de Ockham expõe duas definições de potências da alma. Essas definições são importantes para entender de que modo o intelecto e a vontade são semelhantes e são distintos na alma. Por um lado, uma potência da alma

---

47. Para um aprofundamento sobre a distinção formal em Duns Escoto, cf. Bettoni (1966, p. 124-127).

pode ser entendida como a descrição do núcleo qualificante do termo; por outro, é assumido por aquilo que vem denominado pelo nome ou conceito (Ockham, 1981, p. 435).

No primeiro modo de entender, as potências da alma se distinguem, quer sejam tomadas no sentido verbal, conceitual ou real:

> Falando no primeiro modo de intelecto e vontade, digo que se distinguem, pois a definição que exprime o que é o nome intelecto é esta: "O intelecto é a substância da alma capaz de conhecer". A descrição de vontade é que é "a substância da alma capaz de querer". Ora, essas descrições podem ser tomadas no sentido verbal, conceitual ou real. No primeiro sentido, distinguem-se como as palavras realmente se distinguem. No segundo sentido, distinguem-se na razão como os conceitos. No terceiro sentido, distinguem-se realmente, ao menos de maneira parcial, porque, ainda que seja numericamente a mesma substância que pode conhecer e querer, o conhecer e o querer são atos realmente distintos (Ockham, 1981, p. 435).

Guilherme de Ockham (1981, p. 436) afirma, então, que é nesse sentido que se deve interpretar a opinião de Henrique de Gand, isto é, que as potências se distinguem por relação. Portanto, "potência", nesse caso, se entende pelo todo mostrado na descrição nominal, que não indica somente a essência da alma, mas também o conhecer e o querer.

Porém, no segundo modo de entender – isto é, como conceitos –, intelecto e vontade não se distinguem: "Então o intelecto não se distingue mais da vontade do que do próprio intelecto, ou mais que Deus de Deus, ou Sócrates de Sócrates, porque não se distingue da vontade nem realmente, nem por razão" (Ockham, 1981, p. 436)[48].

A causa disso, explica Ockham, é que existe uma única substância da alma capaz de ter diferentes atos, mesmo que ela seja denominada de um modo diferente, dependendo da ação. Por

---

48. Para aprofundar a questão, cf. De Muralt (1991, p. 177-185).

exemplo, enquanto a substância da alma produz um ato de conhecer, se diz intelecto; enquanto produz um ato de querer, se diz vontade. No âmbito divino, essa questão fica ainda mais evidente. Deus governa, repara, predestina, repreende etc. Por isso, é denominado por diversos nomes extrinsecamente a causa de sua potência criativa, mas isso não implica nenhuma mudança em Deus (Ockham, 1981, p. 436; 1979, p. 382-388)[49].

O fato de as potências formarem uma coisa só com alma é também confirmado por um trecho que se encontra na obra *Summa logicae* (1974a, p. 127), em que é explicada a intenção de Aristóteles:

> Segue-se, em segundo lugar, ser da intenção de Aristóteles que nenhum acidente é sujeito de outro acidente, ao menos de um acidente que tem contrário, pois, se fosse assim, algo que não a substância receberia contrários sucessivamente. Disso se segue que é contra a intenção de Aristóteles dizer que o intelecto e a vontade são acidentes da própria alma intelectiva, nos quais primariamente se recebem as intelecções, as volições e [outros] atos e hábitos tais.

Desse modo, argumenta Ockham, aquilo que é considerado por esses conceitos ou nomes, isto é, no segundo modo de entender, é completamente indistinto. O primeiro argumento usado por Guilherme de Ockham para corroborar o seu raciocínio é o chamado princípio de economia (Ghisalberti, 1996, p. 204)[50]: "Seja porque em vão se faz com mais aquilo que se pode fazer com menos" (Ockham, 1981, p. 436).

O segundo argumento diz que, em caso de distinção, intelecto e vontade deveriam se distinguir lógica ou realmente: "Seja porque, caso se distingam, isso será por razão ou pela natureza

---

49. Segundo Larre (2006, p. 55), a teoria da unidade da alma ockhamiana tem como fundamento a Trindade, que, apesar de serem três pessoas, formam uma só natureza.

50. Para aprofundar o tema do princípio da economia, conhecido também como "navalha de Ockham", cf. Borges e Strefling (2019).

da coisa" (Ockham, 1981, p. 436). Não podem se distinguir por razão, porque tal distinção é causada pelos atos do intelecto, afirma Ockham. Porém, as potências precedem cada ato do intelecto; portanto, isso não é possível.

Se a distinção fosse real, ela teria que ser admitida pela diferença dos atos, pelo modo diferente ou pelo modo diverso de principiar o oposto. Mas pela diferença dos atos ela não pode ser admitida, porque os atos intelectivos não correspondem às potências diferentes do intelecto (Ockham, 1981, p. 437). Por exemplo, o homem tem percepções diferentes das de um asno, mesmo que sejam sempre "percepções". O homem também tem percepção diferente de coisas variadas, como de uma pedra e de um carro. Contudo, sempre se trata do ato de perceber. Ockham explica: (1981, p. 437): "Pois os objetos podem se distinguir pelo gênero generalíssimo, e, contudo, todos os atos cognitivos se encontram no gênero da qualidade".

A distinção real também não pode ser colocada pelo diverso tipo de principiar o oposto, porque os princípios da razão livre e necessária não se opõem aos diversos objetos. Segundo Ockham (1981, p. 437), isso é evidente por dois raciocínios. O primeiro se aplica à vontade divina, que, em relação ao Espírito Santo e às criaturas, é diferente. Em relação ao Espírito Santo, é um princípio necessário; em relação às criaturas, é contingente e livre.

O segundo raciocínio se aplica à vontade das criaturas, porque também, segundo Duns Escoto (1895, p. 198-199), a vontade é um princípio que em si produz livre e de modo contingente o ato de querer. Em relação à volição, porque se trata de um objeto no outro, é um princípio necessário. Não poderia se dar o caso de um princípio livre e contingente da volição em uma outra vontade, porque isso impediria que a outra vontade amasse a volição. Em primeiro lugar, isso é falso e, em segundo lugar, não corresponde à experiência humana (Ockham, 1981, p. 437).

Como se pode observar, a questão da distinção entre vontade e inteligência é anterior à reflexão de Ockham. Duns Escoto, ao distinguir formalmente vontade e inteligência, acreditava contrapor a ideia do necessitarismo de Henrique de Gand e de Tomás de Aquino. Este enxergava uma ordem entre essas duas faculdades, ou seja, a prioridade do intelecto em relação à vontade. Para ele, vontade está ordenada à razão como uma faculdade apetitiva, que é racional por causa de sua submissão ao intelecto. Duns Escoto, defendendo a importância da vontade, diz que não podemos ter uma ordem entre elas, e o intelecto não tem influência causal sobre a vontade (Larre, 2006, p. 52)[51].

Ockham, em certo sentido, põe fim a essa disputa entre a prioridade da vontade ou da razão, ou seja, do voluntarismo de Duns Escoto e do racionalismo de Tomás de Aquino. Podemos dizer que, em relação a esse tema, Guilherme de Ockham é um conciliador (Clark, 1978, p. 134), ao mesmo tempo que rejeita as distinções entre as potências da alma, feitas tanto por Tomás de Aquino quanto por Duns Escoto. Utilizando a lógica, Ockham (1967, p. 402) afirma:

> Ao primeiro argumento, eu concedo que a fruição está na potência mais nobre. E quando se diz que "o intelecto é a potência mais nobre", eu concordo. De modo semelhante, a vontade é a potência mais nobre, pois aquela potência que é o intelecto e aquela potência que é a vontade não se distinguem da parte da coisa nem da parte da razão, como foi declarado em outro lugar, esses são nomes que significam a mesma coisa, conotando precisamente atos distintos, a saber, da intelecção e da vontade.

Apesar de dialogar com Tomás de Aquino e com Duns Escoto e de usar elementos de duas reflexões, Ockham não as aceita. A teoria de Tomás de Aquino, afirmando a prioridade do intelecto sobre a vontade, parece diminuir a função da vontade, a qual

---

51. Para um confronto entre as ideias de Tomás de Aquino e de Guilherme de Ockham sobre o tema, cf. Giacon (1941, p. 564-571).

Ockham defende que seja um elemento fundamental da alma. Já a ideia de Duns Escoto, sustentando a distinção formal entre vontade e inteligência, parece comprometer a unidade da alma humana (Larre, 2006, p. 52).

Conforme podemos observar na argumentação, Ockham defende intensamente a ideia da unidade da alma racional. Ele mesmo rejeita a ideia de Santo Agostinho (1968, p. 358) sobre o tema, o qual entende que existe uma faculdade superior e uma faculdade inferior na alma. O *Venerabilis Inceptor* afirma que essa é uma ideia inaceitável, ainda mais se a entendemos como uma hierarquia real, e não de atividade. Segundo ele, além de procurar demonstrar filosoficamente a existência dessas duas potências, é fundamental observar as atividades das duas potências, ou seja, fazer experiência delas (Ockham, 1981, p. 440; Larre, 2006, p. 53).

Ao mesmo tempo, Ockham afirma que ao lado do intelecto existe uma outra potência da alma, tão importante quanto o intelecto, que é a vontade. As duas potências são nobres, são fundamentais e não se distinguem na alma humana, somente a partir de suas funções.

Quando se trata da prioridade no tempo, a atividade do intelecto vem antes da atividade da vontade, pois primeiro é preciso conhecer o que é desejável para depois desejá-lo, e, nesse sentido, podemos afirmar que Ockham concorda com Tomás de Aquino. Porém a atividade da vontade é mais perfeita, pois inclui igualmente aspectos racionais e afetivos. Nesse sentido, Guilherme de Ockham se aproxima do pensamento de Duns Escoto (Clark, 1978, p. 133-134). Afirma o *Venerabilis Inceptor*:

> Mas considerando ambos quanto ao inteiro significado da definição deles, assim se pode conceder que a vontade é mais nobre do que o intelecto, pois o ato afetivo que é conotado pela vontade é mais nobre do que o ato de conhecer

do que é conotado pelo intelecto. Se bem que no segundo modo se pode conceder que o intelecto tem a prioridade sobre a vontade, pois o ato de conhecer que é conotado pelo intelecto vem antes ao ato de querer que é conotado pela vontade, pois o ato de conhecer é causa eficiente parcial em relação ao ato de querer, e pode existir naturalmente sem o ato de querer, mas não vice-versa (Ockham, 1981, p. 441-442).

Pelo exposto, concluímos que o intelecto e a vontade, segundo o pensamento de Guilherme de Ockham, não são distintos da alma humana nem são distintos entre si. A única distinção entre essas duas potências é nominal, ou seja, a partir de atos diferentes podemos conceituar as duas potências de modos diferentes. Porém, não existe distinção real; elas formam uma unidade com a alma humana.

2.2.2 A liberdade

Apesar de liberdade e vontade estarem interligadas – como vamos expor mais adiante –, primeiramente daremos uma visão geral de "liberdade" separada da vontade, para depois ligarmos vontade com liberdade. Indicaremos os textos de Guilherme de Ockham nos quais ele desenvolve o conceito de liberdade (Baudry, 1958, p. 135-138).

O primeiro texto em que se encontra a definição de liberdade é o texto da obra *Scriptum in Librum Primum Sententiarum* (1967, p. 486-507), em que Ockham questiona se o ato da vontade deleita do fim último de um modo livre e contingente. Para desenvolver a questão da fruição livre, Guilherme de Ockham (1967, p. 501) expõe, primeiramente, algumas distinções prévias e nelas oferece o conceito de liberdade:

A liberdade, em alguma medida, se distingue da coação, e assim é considerada de um modo totalmente impróprio, pois, dessa forma, pode ser dita também do intelecto. Em outro modo, opõe-se à servidão da criatura racional, quer seja servidão da culpa, quer seja servidão da pena. Assim, os beatos são mais livres do que os *viatores*, pois são mais livres da servidão da culpa e da pena. De outra forma, [a liberdade] opõe-se à necessidade como esta se opõe à contingência, conforme foi dito na distinção anterior.

Na obra *Quaestiones Scriptum in Librum Secundum Sententiarum*, Ockham também expõe o conceito de liberdade e dá mais alguns significados. A questão, na qual se encontra o conceito, está inserida em um contexto teológico e procura responder à seguinte interrogação: "Se o anjo mau sempre está em um ato mau" (Ockham, 1981, p. 338). Referindo-se ao tema da liberdade dos anjos, Guilherme de Ockham (1981, p. 354-355) apresenta os seguintes modos de entender liberdade:

> Digo que liberdade é entendida em cinco modos: no primeiro modo, opõe-se à servidão da culpa; no segundo modo, opõe-se à servidão da miséria; no terceiro modo, opõe-se à servidão da pena; no quarto modo, opõe-se à coação; e, no quinto modo, opõe-se à imutabilidade.

Conforme se evidenciam nos escritos de Ockham, podemos assim sintetizar quatro formas diferentes de entender a liberdade (Baudry, 1958, p. 135-138; Borges, 2018, p. 13-24), as quais se encontram nas obras citadas, ou seja, *Scriptum in Librum Primum Sententiarum* e *Quaestiones Scriptum in Librum Secundum Sententiarum*:

a) Ausência de coação: também chamada de oposição à coação, é um modo impróprio de entender a liberdade, pois, nesse sentido, esta poderia ser aplicada ao intelecto. Segundo Ockham, sempre que alguém age em modo coagido não é livre.

b) Oposição à servidão da criatura racional ao pecado: a liberdade tanto se opõe à servidão da pena quanto à servidão da culpa e à servidão da miséria, elementos que são diferenciados na segunda obra em análise. Dessa maneira, afirma Ockham, os beatos são mais livres do que os homens neste mundo, pois não sentem as consequências da pena e da culpa.

c) Ausência de imutabilidade: essa descrição se encontra somente no texto da segunda obra em análise. Corresponde à liberdade humana e à liberdade dos beatos e dos anjos antes da confirmação, ou seja, quando ainda são mutáveis, eles têm o poder de pecar ou não pecar. Depois de confirmados, os anjos e os beatos se tornam imutáveis no bem e, portanto, não podem mais pecar. Ou seja, os beatos, em relação aos atos causados totalmente por Deus, não têm a liberdade oposta à imutabilidade, porque não podem querer algo contrário do que aquilo causado totalmente por Deus. Por outro lado, em relação aos atos indiferentes, ou seja, que não repugnam formalmente aos atos causados totalmente por Deus, eles têm a liberdade oposta à imutabilidade.

Nesse sentido, as pessoas humanas são mais livres do que os beatos, porque têm a liberdade em relação a cada ato. Entretanto, salienta Ockham (1981, p. 355-356), por causa dessa condição, não se pode dizer que os beatos são mais imperfeitos; pelo contrário, tornam-se mais perfeitos. Em síntese, podemos afirmar que os beatos são livres. Somente em relação aos atos causados totalmente por Deus eles não têm liberdade, devido à sua condição imutável.

d) Ausência de necessidade: essa definição de liberdade se encontra somente na primeira obra analisada. Consiste em certa indiferença e em certa contingência. Portanto, é possível estabelecer um paralelo entre contingência/necessidade e liberdade/necessidade. Aquele que é livre, nesse modo de entender liberdade, se distingue dos seres que agem por necessidade na natureza. Geralmente, é desse modo que os filósofos fazem o uso desse termo.

A liberdade relacionada com a contingência é a característica do ser humano, chamada por Santo Agostinho de livre-arbítrio. Segundo ele, o ser humano é livre diante de um objeto, pois pode responder a um estímulo externo de um modo não determinado. O livre-arbítrio é chamado também de indeterminismo ou poder dos contrários (Ghisalberti, 1996, p. 218).

A liberdade entendida como ausência de necessidade pode ser colocada em relação com a seguinte definição de Ockham (1967, p. 501): "[Liberdade] é certa indiferença e contingência, e distinguida do princípio ativo natural. Nesse sentido, os filósofos empregaram liberdade e vontade". Ou seja, liberdade é a não determinação interna ou externa para agir de uma ou de outra forma (Baudry, 1958, p. 136-137).

Essa definição de liberdade está relacionada com a vontade livre, ou seja, com a autodeterminação do indivíduo. A liberdade entendida como ausência de necessidade é, segundo Ockham, a essência da liberdade. A liberdade da vontade é potência ativa, capaz de colocar atos na dimensão do contingente. Não consiste, para Guilherme de Ockham, na possibilidade ou na impossibilidade de pecar, mas sim de se autodeterminar. Desenvolveremos esse tema mais adiante em nossa pesquisa.

Além dos significados de liberdade desenvolvidos, é possível também individuar, nos escritos de Ockham, quatro abordagens diferentes de liberdade (Borges, 2018, p. 14-24). São elas: a liberdade absoluta de Deus, a liberdade em relação aos futuros contingentes, a liberdade política e a liberdade da vontade. As duas primeiras abordagens serão desenvolvidas em seguida, e os outros dois significados serão explanados em outros pontos do nosso trabalho.

• A liberdade de Deus: no Medievo, foi introduzida a distinção entre o poder absoluto de Deus (*potentia Dei absoluta*) e o poder ordenado de Deus (*potentia Dei ordinata*)[52]. Com poder absoluto de Deus entende-se a liberdade absoluta de Deus em fazer aquilo que Ele quiser. O único princípio a ser respeitado por Ele é o princípio de não contradição. O poder ordenado de Deus, por sua vez, se refere à sua ação, isto é, em seguir a ordem que Ele mesmo criou:

> Deus pode fazer algumas coisas pela [sua] potência ordenada e outras pela [sua] potência absoluta. [...] "poder alguma coisa", às vezes, é tomado segundo as leis ordenadas e instituídas por Deus, e destas se diz que Deus pode fazê-las pela [sua] potência ordenada. Outras vezes, toma-se "poder" por poder fazer tudo aquilo que, ao ser feito, não implica contradição, quer Deus tenha se ordenado vir a fazê-lo, quer não, pois Deus pode fazer muitas coisas que não queira fazer [...]; e destas se diz que Deus pode [fazê-las] pela [sua] potência absoluta (Ockham, 1980, p. 585-586).

Deus, em sua potência absoluta, é também absolutamente livre. Portanto, liberdade e onipotência em Deus estão interligadas. Ou seja, fora do princípio de não contradição, não existe nenhuma ordem metafísica que Ele deva seguir. É importante frisar, porém, que o que Deus não pode fazer não é um limite da sua onipotência, mas a própria ação que é intrinsecamente impossível de ser cumprida (Larre, 2004, p. 162).

Como Deus é absolutamente livre, também a criatura será livre, mesmo que exista uma grande diferença entre os dois seres. Convém ressaltar, contudo, que o ser humano está em relação com Deus porque é criatura Dele. Desse modo, ele procura ser livre como Ele o é. Ainda que exista o pecado, isso não exclui a capacidade de relação entre os dois. Portanto, a liberdade é uma característica que aproxima a criatura do Criador (Miethke, 1991, p. 92). Podemos afirmar que, para Ockham, a liberdade do ho-

---

52. Procuramos dar uma visão geral do tema da onipotência de Deus, relacionando-o com o tema da liberdade. Para aprofundar a questão do poder absoluto de Deus e o poder ordenado de Deus, cf. Bianchi (1984, p. 105-153), Courtenay (1990), Klocker (1996) e Clark (1978, p. 149-160).

mem e a liberdade de Deus é análoga, como sustenta Pedro de João Olivi (Alliney, 2021, p. 138-144).

• A liberdade e os futuros contingentes[53]: a partir dos atributos da onisciência e da presciência de Deus – ou seja, que Ele conhece todas as coisas e as conhece de antemão –, seria possível concluir que o futuro deixaria de ser contingente, pois é conhecido por Deus. Assim, também a pessoa humana não seria livre, porque suas ações seriam determinadas pelo conhecimento de Deus e, portanto, deveriam ser desse ou daquele modo, segundo a mente divina. Logo, afirmar que o futuro é necessário implica dizer que não existe a liberdade humana (Borges, 2018, p. 19).

A ideia se origina em Aristóteles (1965, p. 13-18), o qual defendia que não é possível conhecer todos os futuros contingentes. O pensamento dele pode assim ser sintetizado: como o futuro depende da liberdade, ele não é verdadeiro em si, porque não se pode dizer com certeza que essa parte da questão é mais verdadeira do que a outra parte da questão. E, portanto, ou as duas são verdadeiras, ou nenhuma é. Contudo, não é possível que ambas sejam verdadeiras. Desse modo, nenhuma é verdadeira e, por consequência, nenhuma é conhecida. Tudo isso, segundo Aristóteles, se aplica a atos que dizem respeito à questão da vontade, e não a atos da natureza (Ockham, 1979, p. 584).

Ockham não rejeita o pensamento de Aristóteles e procura conciliá-lo com a doutrina cristã (Oliveira, 2014, p. 24-29). O *Venerabilis Inceptor* afirma que Deus conhece os futuros contingentes, mesmo que seja difícil de explicar essa teoria. A razão do conhecimento dos futuros contingentes pela parte de Deus é a sua onisciência:

---

53. Procuramos dar uma visão geral do tema dos futuros contingentes relacionando-o com o tema da liberdade. Ockham dedica um livro (1978, p. 505-539) ao tema da presciência de Deus e os futuros contingentes. Para aprofundar o tema, cf. Oliveira (2014), Fedriga e Limonta (2020), Boehner (1958, p. 420-441), Adams (1987, p. 1115-1150) e Estêvão (2000, p. 369-380).

Não obstante esse argumento, urge sustentar que Deus evidentemente conhece todos os futuros contingentes. Mas não sei exprimir de que maneira. Pode-se, contudo, dizer que o próprio Deus ou a divina essência é um conhecimento intuitivo, de si mesmo e de todas as outras coisas que podem ser feitas ou não, conhecimento tão perfeito e tão claro, que constitui também um conhecimento evidente de tudo o que é passado, futuro e presente (Ockham, 1979, p. 584-585).

Entretanto, acrescenta Ockham (1979, p. 586), Deus conhece o futuro de maneira contingente, e não como algo necessário:

> Acrescento que, embora Deus saiba de todos os futuros contingentes que parte será verdadeira e que parte será falsa, esta proposição não é necessária: "Deus sabe que esta parte será verdadeira". Isso quer dizer que a proposição é tão contingente que, por mais que seja verdadeira a frase: "Deus sabe que esta parte da contradição será verdadeira", será possível que ela nunca tenha sido verdadeira. E assim, nesse caso, existe a possibilidade do oposto sem qualquer sucessão, porque é possível que a proposição nunca tenha sido verdadeira.

Ockham utiliza um argumento diferente daquele usado por Aristóteles para explicar a teoria do conhecimento determinado dos futuros contingentes por parte de Deus. Apesar de concordar com o filósofo estagirita, o *Venerabilis Inceptor* sustenta que Deus sabe de maneira exata qual lado nas proposições dos futuros contingentes é verdadeiro. Esse lado, porém, é contingentemente verdadeiro e, dessa forma, contingentemente determinado, pois é determinado em um modo que não precisa ser determinado e sem que fosse necessária a sua determinação (Oliveira, 2014, p. 26).

Por isso, o futuro continua sendo contingente e não é predeterminado pela mente divina. A contingência do futuro, convém ressaltar, diz respeito aos agentes livres, porque somente um agente livre pode agir como quer, ou seja, é livre para construir o seu futuro (Ockham, 1978, p. 422). Desse modo, a liberdade humana não é comprometida pela presciência de Deus, nem a presciência de Deus é questionada pela contingência do futuro (Borges, 2018, p. 21).

2.2.3 A liberdade da vontade: vontade e liberdade estão interligadas

Depois de termos apresentado os temas da vontade e da liberdade separadamente, desenvolveremos a questão da liberdade da vontade em Ockham, tema central em sua filosofia. Segundo ele, a ligação da vontade com a liberdade nos é dada, sobretudo, através da experiência. Na questão 16 do *Quodlibeta septem* (1980, p. 87), Ockham interroga se é possível provar de modo suficiente que a vontade causa livremente os seus atos. Ele afirma que é por meio da experiência que podemos afirmar que a vontade é livre:

> Sobre a primeira dificuldade, afirmo que a tese em questão não pode ser provada por nenhum argumento, e cada argumento que procure prová-la assumirá algo ignoto e com uma conclusão talvez ainda mais ignota. Todavia, a tese pode ser conhecida pela experiência, a partir do momento que o homem faz a experiência que, não importa por quanto a razão sugere algo, a vontade ainda é habilitada a querer ou não querer, ou não querer aquilo (Ockham, 1980, p. 88).

Desse modo, o ser humano faz a experiência da vontade livre. Não se faz necessário um raciocínio lógico para provar essa teoria. Portanto, segundo Ockham, não são necessárias outras provas para afirmar que a vontade é livre (Clark, 1978, p. 143).

A liberdade e a vontade estão interligadas a ponto de formarem uma só coisa. Ockham (1977, p. 344) afirma: "[A liberdade] é um termo conotativo que significa a própria vontade, isto é, a natureza intelectual, indicando que algo pode ser feito contingentemente por essa vontade". A definição pode ser colocada em relação àquela que se encontra no *Quodlibeta septem* (Ockham, 1980, p. 87): "Chamo liberdade o poder pelo qual posso indiferente e contingentemente colocar [em ato um efeito], isto é, posso causar e não causar o mesmo efeito, sem que exista alguma diversidade fora dessa potência".

A liberdade da vontade, portanto, não se resume ao livre-arbítrio, isto é, não se trata somente de poder escolher entre uma coisa ou outra. É algo muito mais profundo, faz parte da essência humana. Trata-se de uma potência ativa, não passiva. A vontade livre é capaz de colocar atos na dimensão do contingente. Dessa forma, um efeito pode ser tanto produzido quanto não produzido.

Ao mesmo tempo, a causa da contingência no mundo se deve à liberdade da vontade criada (Ghisalberti, 2016, p. 67-78). Ockham (1980, p. 116) sustenta: "Digo que a contingência está nas coisas por causa da liberdade da vontade criada". Como a vontade é causa parcial do ato, por ser contingente, assim também todo o ato será contingente. Explica o *Venerabilis Inceptor*:

> O ato de intelecção causa, natural e necessariamente, o ato de querer, e, contudo, o ato de querer é causado livremente, porque a vontade é a causa parcial e contingente dele, e a contingência [da vontade] é suficiente para que o efeito seja contingente (Ockham, 1980, p. 116).

A liberdade da vontade também pode ser entendida como o desejo aos opostos: "A vontade, por causa de sua liberdade, pode querer o oposto" (Ockham, 1984b, p. 447). Na obra *Expositio in Librum Perihermenias Aristotelis* (1978, p. 480), Ockham explica que "o desejo ao oposto" (*velle ad opposita*) tem dois significados. O primeiro diz respeito à capacidade de agir e de não agir. A vontade obviamente dispõe dessa capacidade, mas é importante enfatizar que os animais também a têm, afinal, eles podem caminhar ou estar parados, por exemplo.

O segundo significado, por sua vez, indica que o mesmo agente pode agir ou não agir, tirados todos os impedimentos que obstruíam a ação. Mesmo assim, o agente pode, de forma espontânea e livre, tanto agir quanto não agir. É somente por causa da vontade livre que ele é capaz de fazer isso (Ockham, 1978, p. 481; Damiata, 1999, p. 118).

Baudry (1958, p. 137) vê o cerne do aspecto da vontade livre em Ockham em uma definição que se encontra na obra *Expositio in Libros Physicorum Aristotelis* (1985, p. 319-320), em que Ockham afirma:

> De fato, a vontade livremente pode querer algo ou não-querer apenas o indivíduo deseja fazer alguma coisa, não mudando nada no intelecto ou mesmo na primeira operação da vontade e, além do mais, o seu ato não provoca nenhuma mudança em algo exterior. A vontade pode destruir em si própria aquilo que quer ou que tem, e outro efeito contrário de novo produzir em si mesma. Igualmente, a vontade pode continuar no mesmo efeito e não produzir de novo algum outro, sendo que pode produzir ou não produzir a si mesma do mesmo modo, porque não havendo uma mudança anterior pode produzir algo ou não produzir. Igualmente, ainda, a vontade está para efeitos contrários, pois pode causar o amor ou o ódio em relação a alguém.

Ockham enfatiza a questão da total liberdade que a pessoa humana tem. A vontade não se altera com algo interno ou externo a ela. Além disso, o ser humano é totalmente adaptável e livre, e, portanto, não é dependente de nada.

Podemos afirmar que a liberdade da vontade é também a capacidade do ser humano em se autodeterminar. Por causa da vontade livre, nenhuma ação do ser humano é predeterminada; sempre existe a possibilidade de escolher uma coisa ou outra, ou ainda a possibilidade de não escolher. Nesse sentido, o objeto pode bem ser conhecido pela razão e assim ser apresentado à vontade, mas a pessoa humana ainda é capaz de escolher entre uma coisa ou outra. Ele não é determinado por ações internas ou externas: é radicalmente livre (Ghisalberti, 1996, p. 219; Larre, 2004, p. 158-162).

Sem dúvida, Ockham é consciente de que existem os apetites sensoriais que podem, ainda, formar um hábito em nós e, consequentemente, levam a pessoa humana a agir de uma determinada forma. Segundo Guilherme de Ockham, a formação desses hábitos é fruto da experiência humana; portanto, não podemos negar a existência deles. Nesse sentido, Ockham (1984b, p. 446) afirma: "É difícil estabelecer a razão pela qual a vontade tende de uma forma maior a não querer um objeto que causa dor ao apetite sensível".

Segundo o *Venerabilis Inceptor*, a causa dessa razão não pode ser um comando do intelecto humano, pois o intelecto pode indicar para a vontade se ele quer aquele objeto ou não, contrariando-a: "É claro que pela experiência, mesmo que o intelecto diga que se deve enfrentar a morte por amor à pátria, a vontade é, por assim dizer, naturalmente inclinada ao contrário" (Ockham, 1984b, p. 447).

Portanto, a decisão é sempre da vontade, mesmo que, por vezes, seja através de muito esforço: "E por isso parece que não existe outra causa à inclinação natural da vontade a não ser a natureza da própria vontade. Isso é o que nos é evidente por meio da experiência" (Ockham, 1984b, p. 447). De fato, a vontade tende a seguir os apetites que nos vêm dos sentidos. Se a pessoa humana consente que o apetite dos sentidos deve ir em uma determinada direção, forma-se nele um hábito. Esse hábito adquire sempre mais força se a resistência da vontade não age contra ele. Ao mesmo tempo, ainda que um hábito ou uma inclinação seja muito forte, a vontade pode agir contra ele, porque é plenamente livre (Copleston, 1966, p. 135).

Para sustentar a teoria da liberdade da vontade, Guilherme de Ockham teve que enfrentar algumas objeções, as quais sintetizamos e indicamos em seguida (Clark, 1978, p. 144-148):

a) A primeira objeção pode ser sintetizada pela teoria de Aristóteles (1990, p. 256): *Omne quod movetur ab alio movetur* ("Cada coisa que é em movimento foi posta em movimento por outro"). Essa teoria aristotélica se conecta com a ideia de ato e potência, ou seja, nenhuma coisa pode passar do ato à potência sem o auxílio de um agente externo que esteja em ato. Ela, porém, contraria a tese de que a vontade é livre e, de consequência, que a vontade seria uma potência ativa capaz de se mover por ela mesma. Ockham não rejeita esse princípio aristotélico quando se refere aos agentes naturais, quer sejam eles corpóreos, quer sejam incorpóreos. Entretanto, ele afirma que esse princípio não é válido para a vontade humana. Existe, desse modo, certa ruptura com o princípio aristotélico, o qual não é válido universalmente (Larre, 2004, p. 162). Ockham (1980, p. 89) afirma:

> Eu respondo: o assumido é verdadeiro no agente natural, seja ele corporal ou espiritual, mas, no caso do agente livre como a vontade, existe um claro contraexemplo. O objeto pode ser conhecido e estar presente à vontade, e todos os outros requisitos ao ato volitivo podem permanecer no tempo, e, contudo, o ato [da vontade] pode escolher sem nenhuma ação extrínseca; e isso se dá por causa de sua liberdade.

b) A segunda objeção consiste na ideia de que cada ação do ser humano é em vista de um fim determinado, ou seja, se trata da teoria do finalismo. O fim, segundo essa teoria, em certo modo, determina a ação. Ockham (1967, p. 486-507; 1980, p. 293-300) contraria essa teoria, afirmando que as ações humanas são sempre livres. A vontade humana age em vista do que ela quer, do que ela propõe livremente como fim.

c) A terceira objeção sustenta que uma potência que produz e não produz no mesmo instante parece agredir o princípio de não contradição, o que equivale a expressar em termos da lógica: a é b e $\sim b$. Entretanto, esses termos, segundo Ockham, devem ser considerados em modo disjuntivo, e assim ele resolve a questão. A vontade é uma potência aos opostos tomados não em modo simultâneo, mas em modo sucessivo:

> Essa potência aos opostos é evidente e de maneira sucessiva. De fato, em um instante esta [proposição] será verdadeira: "A vontade quer isso por causa de a", e, em outro instante, esta [proposição] será verdadeira: "A vontade não quer isso por causa de a" (Ockham, 1967, p. 579).

Desse modo, vemos que o argumento exige uma análise atemporal da liberdade da vontade. O processo da ação voluntária é dividido em três momentos: antes, durante e depois. Antes que uma volição seja de fato colocada em efeito, a vontade permanece indeterminada e pode produzir ou não essa volição. Todavia, no momento em que a vontade se determina, ou seja, quando escolhe, ela é incapaz de produzir dois atos contrários simultaneamente. Entretanto, depois que a vontade produz a ação, ela recupera essa indiferença, continuando com essa ação ou não. Desse modo, é plenamente respeitado o princípio de não contradição (Clark, 1978, p. 147)[54].

De acordo com o pensamento de Ockham, que sustenta que a vontade é livre, pode-se, então, afirmar que todos os atos produzidos pela vontade são livres? Segundo ele, não. São três as situações em que um ato voluntário deve ser considerado como determinado, e não livre (Clark, 1978, p. 139-140): as ações executadas em hábitos da volição não podem ser chamadas de indiferentes (Ockham, 1977, p. 469-471); um forte senso apetitivo pode cancelar a indiferença da vontade para com os objetos indesejados (Ockham, 1980, p. 167-176); e a necessária conexão entre um fim definido e o seu meio *sine qua non* incapacita a alma humana de escolher outros meios (Ockham, 1967, p. 499).

A liberdade da vontade, contudo, é colocada como a característica principal da pessoa humana, que a faz distinguir das outras criaturas. Segundo Ockham (1967, p. 426):

> A criatura racional é mais perfeita do que cada criatura irracional, portanto seu acidente – pois que se distingue principalmente da criatura irracional – será perfeito; mas se vê que a criatura racio-

---

54. Essa ideia pode ser encontrada também em Duns Escoto. Porém, a noção de possibilidade em Duns Escoto contempla a contingência do presente e, portanto, a vontade, mesmo não podendo cumprir um ato oposto em relação àquele que escolheu fazer, enquanto o está cumprindo conserva a possibilidade de escolher o oposto. Cf. Dezza, 2018, p. 79-150.

nal se distingue mais pela vontade do que por qualquer outra característica. O assumido é evidente, pois se distingue principalmente pela liberdade que é o princípio da vontade.

Ao defender a vontade livre, Ockham se coloca em sintonia com o pensamento dos filósofos franciscanos (Merino, 1993, p. 419). Ao mesmo tempo, vemos que existem características próprias do pensamento ockhamiano. O valor que Guilherme de Ockham concede à vontade livre, afirmando que se trata da característica principal do ser humano, mais do que a própria racionalidade, é, em certo sentido, surpreendente dentro do contexto no qual ele vivia. Podemos, dessa forma, afirmar que, para Ockham, a vontade é ontológica, assim como a dimensão da singularidade: o indivíduo, por meio da vontade livre, é capaz de se determinar, ser o autor da própria história.

2.3 Relação entre ética e antropologia do singular

O pensamento ético de Ockham também está ligado ao seu pensamento ontológico e à sua antropologia. O indivíduo livre busca, através dos seus atos, viver de maneira coerente com os seus princípios. Sendo assim, é importante que a pessoa humana seja vista em sua singularidade e que, na sua liberdade, possa escolher o que é melhor para ela.

O tema da ética em Guilherme de Ockham é muito amplo. Na reflexão a seguir, não desenvolveremos todo o tema, mas somente os aspectos fundamentais e aqueles que dizem respeito à sua conexão com a ontologia do singular. Desse modo, primeiro indicaremos os elementos principais da ética ockhamiana, para desenvolvermos, em seguida, a sua ligação com o tema da singularidade. Por fim, mostraremos como a ética de Ockham pode ser entendida como a ética do amor, relacionando-a com a autodeterminação do indivíduo livre.

2.3.1 A ética ockhamiana

Tendo como pressuposto a liberdade da vontade, de que modo podemos traçar uma ética ockhamiana? É somente o aspecto da liberdade humana que conta para o juízo moral de um ato? Para um juízo moral, segundo o pensamento de Ockham, são necessários, sobretudo, três dimensões fundamentais: a vontade livre, a reta razão (*recta ratio*) e o concurso de outras circunstâncias.

Em primeiro lugar, conforme o *Venerabilis Inceptor*, para falarmos de um juízo moral, temos que falar da vontade livre, a qual pertence ao âmbito da práxis. Ele afirma: "Práxis, em primeiro lugar, diz respeito ao ato da vontade, dado que é o primeiro em nosso poder, e nada está em nosso poder senão por meio dela" (Ockham, 1967, p. 292).

Desse modo, somente quando o agente é livre é possível falar de moralidade. Como a vontade é livre, ela representa um elemento essencial na constituição do ato moral. Portanto, para falarmos de um ato virtuoso, ou seja, quando se faz um juízo moral de um ato, esse necessariamente deve ser também um ato da vontade, segundo o pensamento de Guilherme de Ockham. Essa ideia já tinha sido demonstrada por Aristóteles. Ockham (1982, p. 366) sustenta:

> Somente o ato da vontade é virtuoso. É provado, pois só o ato da vontade é louvável ou vituperável; portanto, somente ele é virtuoso. Desse modo, somente o hábito gerado por tal ato é virtuoso. O que é confirmado pelo Filósofo, no Livro III da Ética, em que ele diz que nenhum ato é vituperável, a não ser que ele esteja em nosso poder. De fato, ninguém culpa o cego de nascença porque é cego. Mas se é cego pelo próprio pecado, então é culpável.

Portanto, a vontade livre é o primeiro elemento da ética ockhamiana. É esse elemento que, no fim das contas, faz com que o ato seja moral. Isso se deve, sobretudo, à realidade do mundo que é contingente, pois Deus, em sua liberdade, escolheu criar esse mundo entre tantos outros mundos possíveis (Todisco, 1998,

p. 347-349, nota 2). Nesse sentido, a liberdade humana, como abordado anteriormente, está ancorada na liberdade divina.

Entretanto, a vontade sozinha resta insuficiente para a efetivação de um juízo moral. Logo, são necessários outros elementos além dela. Assim, existem outros dois fundamentos da ética ockhamiana, que são a reta razão (*recta ratio*) e o concurso de outras circunstâncias. Ockham (1980, p. 177) afirma: "Alternativamente, moral é entendida mais estreita para hábitos ou atos sujeitos ao poder da vontade, segundo o natural ditame da razão e segundo outras circunstâncias". Desse modo, podemos concluir que esse trinômio forma a base da ética de Guilherme de Ockham (Borges, 2020, p. 29).

O concurso de outras circunstâncias é entendido como o modo e a conveniência em que foi efetivado o ato. As circunstâncias são conhecidas através da experiência e formam um todo com o ato que se cumpre. Entre elas estão: o fim, o lugar, o tempo etc. (Ockham, 1984b, p. 377). Essas circunstâncias são definidas como objetos parciais do ato. Convém ressaltar que, ao mesmo tempo, sem elas o ato não seria virtuoso. Afirma Ockham (1982, p. 388; Damiata, 1999, p. 63): "Todas a circunstâncias requeridas ao ato são causas parciais imediatas necessariamente requeridas ao ato perfeitamente virtuoso".

O *Venerabilis Inceptor* sustenta de maneira enfática que é fundamental o uso da razão para a moralidade de um ato. O motivo do uso da razão é que a vontade por si só pode escolher coisas que não são boas para ela, pois ela não possui nenhum critério, nenhuma norma. Cabe à reta razão (*recta ratio*) auxiliar na orientação da vontade, porém sem determinar a escolha (Ockham, 1982, p. 355)[55]. Portanto, sem o auxílio da reta razão, a vontade não agiria de modo adequado, pois não poderia delimitar e orientar-

---

55. Para aprofundar a questão, cf. Freppert (1988).

-se. Em suma, é a reta razão que vai dizer se o ato é bom ou ruim, e se é conforme a vontade de Deus (Garvens, 1934, p. 376)[56]. É importante enfatizar, ainda, que a reta razão também é definida como prudência (Ockham, 1982, p. 422).

A reta razão, para Ockham, está em consonância com a lei moral suprema, e foi dada ao homem através da Revelação. Nesse sentido, intelecto e vontade estão em colaboração para se conformar à lei divina. A Revelação faz com que a reta razão indique para a vontade que é Deus quem deve ser amado sobre todas as coisas (Ghisalberti, 1996, p. 236). Por isso, a função da reta razão é fundamental na ética de Ockham. Ela tem a responsabilidade de ser mediadora entre a Revelação e a vontade no agir moral. A reta razão se fundamenta sobre o poder ordenado de Deus na sua inteligência (Ockham, 1982, p. 395-426; Freppert, 1988, p. 174)[57].

Para uma ação moral, é fundamental que a adesão à reta razão seja confirmada pela vontade, isto é, que a reta razão seja o objeto da vontade livre. O *Venerabilis Inceptor* argumenta:

> Desse modo, a vontade frequentemente pode escolher o ato daquela matéria sobre o qual o apetite sensitivo escolhe; e por isso digo que "a vontade pode" [escolher] segundo o ditame da reta razão (Ockham, 1982, p. 354).

Nesse sentido, podemos observar que o pensamento de Ockham encontra-se em consonância com Aristóteles e com grande parte da filosofia da Escolástica. Eles também, em sua maioria, defendiam que existe uma conexão natural entre intelecto e vontade. Essa conexão é igualmente corroborada por Duns Escoto; porém, segundo o raciocínio escotista, o intelecto jamais determina a vontade, mesmo que exerça uma importante influência sobre ele (Ghisalberti, 1996, p. 220-221).

---

56. Trata-se de um dos primeiros estudos abrangentes sobre a ética de Ockham.

57. Para aprofundar o tema, cf. King (1999, p. 235-236).

A questão da união entre vontade e intelecto, sustentada por Ockham, é deixada à margem por muitos estudiosos, segundo a visão de Bettoni (1971, p. 232). Várias são as acusações de positivismo moral dirigidas a Guilherme de Ockham, ou seja, que ele defendia que a distinção entre o bem e o mal é apenas a vontade livre de Deus, à qual o homem aderiria somente com a sua vontade, e não com o intelecto. Nesse sentido, comportar-se honestamente seria apenas seguir essa lei, que consiste em fazer a vontade de Deus, sem, porém, fazer uso da reta razão. Entretanto, segundo os escritos de Ockham, o elemento da reta razão não é marginal, mas fundamental[58].

No interno do contexto do ato moral se põe a questão do finalismo, ou seja, se cada pessoa humana é orientada a um fim, o qual constitui a sua perfeição. Essa ideia é defendida, sobretudo, por Tomás de Aquino (1888, p. 6-8), para quem o fim último é o fundamento ao qual convergem todos os atos humanos, ou seja, é o fundamento dos "fins menores". Portanto, segundo essa ideia, quando se nega o fim último, são negados todos os outros fins gerais. E, dessa maneira, a ética está fundamentada nesse fim último, que é a conformidade dos atos humanos em vista desse fim. Em última análise, esse fim é Deus, a maior de todas as perfeições (Bettoni, 1971, p. 228). A partir disso, os filósofos da Escolástica procuraram refletir sobre a seguinte pergunta: diante do fim último, a vontade humana ainda é livre?

Colocando-se essa interrogação, Tomás de Aquino, na *Summa Theologiae,* sustenta que o ser humano é livre perante os meios que levam ao fim último. Entretanto, quando esse fim é conhecido em si mesmo e diretamente, o ser humano não é livre. Ou seja, quando a razão coloca evidentemente o fim último com a força de princípios inequívocos, a pessoa humana não pode escolher. Se-

---

58. Cf. o interessante trabalho de Clark (1971, p. 72-87). E também: Merino, 1993, p. 422.

guindo o pensamento de Aristóteles (1973, p. 414), que sustenta que a escolha não visa ao fim, mas somente aos meios que levam aos fins, Tomás de Aquino (1889, p. 295) afirma que o homem pode escolher entre uma coisa e outra em relação aos meios, e, portanto, em relação ao fim último não tem escolha, porque se trata de algo que foge ao controle dele.

Por sua vez, Duns Escoto vê a questão de um outro modo. Como afirmado anteriormente, ele não admite a precedência do intelecto sobre a vontade, como entende Tomás de Aquino. Nesse sentido, mesmo que o intelecto indique algo evidentemente, a vontade pode escolher aderir a essa evidência ou não. Assim, o ser humano conserva a liberdade perante o fim último: mesmo que conheça por evidência esse fim, ele permanece livre. Além do mais, ele pode colocar e modificar o seu fim último.

Ockham, em sua reflexão, afirma que o ser humano não é inclinado naturalmente ao fim último, ou seja, não faz parte da vontade do homem estar inclinado ao bem infinito intensivo. Ele diz:

> A primeira conclusão será esta: que a vontade contingente e livremente, como foi exposto, goza do fim último mostrado universalmente, pois pode amar a beatitude e não a amar, pode desejar a beatitude e não a desejar (Ockham, 1967, p. 503).

Desse modo, o *Venerabilis Inceptor* rejeita a teoria de Tomás de Aquino, o qual afirma que a vontade do ser humano é naturalmente inclinada para o fim último, seguindo o intelecto. Ao mesmo tempo, Ockham não adota a tese de Duns Escoto, a saber, que o bem infinito intensivo é o desejo último da vontade humana. Segundo Guilherme de Ockham, não se pode demonstrar com argumentos apodíticos que a vontade humana tende necessariamente a Deus. Ela pode tender tanto a Deus quanto a um outro objeto qualquer (Garvens, 1934, p. 258).

Ao mesmo tempo, Ockham sustenta que não é possível demonstrar com provas rigorosas que o fim último do homem é Deus. Pode, por exemplo, ser a felicidade em geral. E mesmo diante da felicidade o ser humano permanece livre. A prova disso é que tantos renunciam à felicidade. Essas pessoas afirmam, entre outras coisas, que a felicidade plena é uma utopia, e, desse modo, é importante aproveitar as pequenas alegrias que provamos em nossa vida. Ockham (1967, p. 503) expõe:

> Essa tese é confirmada, pois pode não querer aquilo em que se crê, que isso não leva à felicidade; mas pode crer que não se pode alcançar a felicidade em nenhum modo possível. Portanto, pode não querer tudo aquilo que é possível – e é certo que pode não querer tudo aquilo que é impossível –; logo, pode não querer todas essas coisas.

Assim, é possível notar que Ockham rejeita a reflexão de Agostinho e de outros pensadores, os quais afirmam que o ser humano tende necessariamente à felicidade. O argumento de Guilherme de Ockham se fundamenta sobretudo na experiência: como existem pessoas que renunciam à felicidade, significa que o ser humano não é determinado a buscá-la. Portanto, a tese dos escolásticos, que defende que o homem tende necessariamente à felicidade, não é válida (Bettoni, 1971, p. 237).

Igualmente, a teoria de que todo o universo é orientado a um fim último não é demonstrável pela conclusão de provas evidentes por si. A razão disso é que ela não pode ser demonstrada pela experiência nem pela evidência de uma proposição (Ghisalberti, 1996, p. 224), conforme apresentado por Ockham:

> Se eu não aceitasse nenhuma autoridade, argumentaria que não posso provar por proposições conhecidas por si nem por experiência que cada efeito tenha uma causa final distinta ou indistinta da causa eficiente, pois não se pode provar suficientemente que cada efeito tem uma causa final (Ockham, 1980, p. 295).

É importante, todavia, compreender a noção de causa final segundo o raciocínio do *Venerabilis Inceptor*. Existem dois modos de entendê-la, como é evidenciado no livro *Summula Philosophiae*

Naturalis". O primeiro se refere à causa final enquanto amada, ou seja, à medida que o ser humano livre e conscientemente adere a ela. O segundo modo se refere ao curso normal da natureza, isto é, a todos os elementos naturais. Ockham (1984a, p. 229-230) argumenta:

> Em um modo propriamente, e assim o fim se diz de algo querido ou desejado ou amado pelo qual o agente age. E desse modo a natureza inanimada, se não é movida ou governada por algum agente em questão, não tem causa final nem fim. Em outro modo é entendido o fim ou a causa final por aquilo que, seguindo o curso comum da natureza, a não ser que seja impedida, se segue uma outra operação, e do mesmo modo segue como se fosse prevista ou desejada pelo agente. E dessa maneira é encontrado nos seres inanimados, ainda que posto que por nenhum ser racional é governado ou movido.

No primeiro modo evidenciado pelo *Venerabilis Inceptor*, isto é, a causa final como algo querido e desejado, ele afirma que essa causa não determina a ação humana somente pela razão da busca permanente de certo objetivo. Aquele que é dotado de inteligência e vontade pode colocar-se um objetivo, o qual podemos também chamar de fim, e depois agir em direção a esse fim, mas isso não quer dizer que sempre age em função dele e que ele seja sempre igual (Ockham, 1980, p. 306-309).

No segundo modo, ou seja, quando Guilherme de Ockham (1981, p. 71-77) se refere a agentes naturais, a questão do fim não deve ser explicada por meio da teoria do finalismo, mas pela teoria do determinismo. Os seres naturais seguem o curso comum da natureza, que os determina. Por causa disso, pode-se observar nas coisas da natureza que um agente produz sempre o mesmo efeito.

A ordem encontrada no universo ou, ainda, o dinamismo dos agentes naturais pode causar no ser humano um grande entusiasmo e admiração, observa Ockham. É possível pensar, por exemplo, em como os planetas giram em torno do sol com uma ordem que pode ser chamada de perfeita; ou, ainda, como o organismo de uma pessoa parece ser perfeito. Ali, muitas pessoas veem os vestígios de um Criador, de alguém que colocou ordem no caos. Guilherme de Ockham (1980, p. 302-304) concorda que isso seja possível, mas o fato de ver Deus na criação não nos é dado através da razão, mas sim pela Revelação, à qual o homem adere livremente.

Desse modo, a experiência humana diz que nem algo singular, nem o universo no seu conjunto age em vista de algum fim; e, ao mesmo tempo, que eles não são ordenados a Deus em vista de seu fim último. O ser humano pode escolher Deus como o fim supremo, mas não é obrigado a escolhê-lo (Bettoni, 1971, p. 243).

Portanto, a certeza de que Deus é o fim último do ser humano e do universo é fornecida por meio da Revelação, bem como a afirmação de que a felicidade consiste em fruir da essência divina. Desse modo, Ockham (1967, p. 439) afirma: "Digo que de fato tal felicidade está posta, mas isso é apenas crido, e não conhecido pela razão natural".

Dessa forma, a ordem moral, segundo Ockham, não pode ter uma fundação filosófica, mas deve ter uma fundação teológica (Bettoni, 1971, p. 244-245). Ele, na verdade, se encontra em sintonia com outros pensadores escolásticos. Tomás de Aquino, Boaventura e Duns Escoto também sustentavam que a Revelação é fundamental para oferecer ao ser humano a resposta aos problemas fundamentais da vida. Existe, porém, uma diferença essencial entre esses autores. Tomás de Aquino especula um grau de natureza perfeita, sem o pecado original, e nela a razão humana é capaz de conhecer a verdade sobre o fim último e sobre a felicidade. Boaventura e Duns Escoto, por sua vez, afirmam que a razão humana não consegue resolver a questão do fim último e da felicidade natural; ela não tem sentido nem se deve propor a questão, porque não existem argumentos dotados de evidência e demonstráveis apoditicamente. Portanto, segundo eles, o fim último e a felicidade natural são evidentes somente pela Revelação (Ghisalberti, 1996, p. 226-227).

Além de demonstrar que Deus não é o fim último do ser humano e que a teoria do finalismo singular e do universo não é válida para todos, pode-se observar, ainda, um outro argumento utilizado por Ockham para comprovar a sua tese: o princípio da economia, junto com a tese da distinção entre fé e razão. Ele sustenta:

> Pois que tal felicidade seja possível para nós não pode ser provado naturalmente, é visto, já que os filósofos que diligentemente investigaram o fim último das ações humanas não puderam alcançar aquele fim; portanto, não é verossímil que isso se possa provar naturalmente. Além disso, todas as razões acrescentadas para provar isso são solúveis; logo, não se pode provar essa conclusão de forma natural. Além do mais, segundo todos os Santos, para que nos seja possível alcançar tal fim se requer a fé, mas, se se pode provar naturalmente, a fé não é necessária (Ockham, 1967, p. 433).

Desse modo, como é evidenciado pela fé que o fim último das ações humanas é o próprio Deus, é inútil querer prová-lo pela razão. As provas não precisam ser multiplicadas sem necessidade e de forma não evidente (Ghisalberti, 1996, p. 227-228). A partir disso, é colocada por Ockham ainda uma outra questão: na visão beatífica, ou seja, quando se tem a visão intuitiva de Deus, a alma tem liberdade para escolher? (Ghisalberti, 1996, p. 221).

Conforme evidenciado, Tomás de Aquino (1889, p. 295) sustenta que, quando o ser humano tem o conhecimento evidente do fim último, ele não é livre, pois terá necessariamente que aderir a ele. Desse modo, na visão beatífica, para o Aquinate, não existe liberdade, pois conhecendo Deus diretamente, não se terá a opção de não escolhê-lo e de não aderir à sua vontade.

Duns Escoto (2011, p. 324) introduz uma grande novidade sobre esse tema. Ele afirma que a ideia de Tomás de Aquino deve ser clareada. Certamente, diante da visão intuitiva de Deus, a alma não pode rejeitá-lo, como não pode escolher algo diferente do que é próprio de Deus. Contudo, a vontade humana pode renunciar à emissão de um ato de volição, conservando, assim, a liberdade de abster-se de querer. Portanto, segundo Duns Escoto, caso a alma humana escolha algo, terá que escolher necessariamente Deus, mas pode abster-se de querer e de escolher, demonstrando, desse modo, a sua total liberdade.

Conforme indicado anteriormente, mesmo na visão beatífica, o ser humano ainda é capaz de se autodeterminar. A dimensão da razão, para Duns Escoto, nunca pode determinar a vontade, que permanece livre para sempre. Na visão beatífica existem fortíssimas razões para que a vontade adira à razão, pois a vontade se encontra diante do bem absoluto, de Deus. Mesmo assim, ela permanece indeterminada, porque, na visão beatífica, ela pode decidir não escolher, e assim permanece inteiramente livre. Na reflexão de Duns Escoto, a vontade livre é sustentada até as suas últimas consequências, e, portanto, podemos afirmar que ele é coerente em toda a sua argumentação.

Guilherme de Ockham (1967, p. 429-447) concorda com o modo de pensar de Duns Escoto e adere a ele, acrescentando, ainda, que a vontade permanece livre mesmo na visão beatífica: a alma humana pode responder de maneira positiva ou negativa ao bem supremo, ou seja, mesmo na visão beatífica, a pessoa humana pode escolher[59]. Além disso, Deus pode transformar aquilo que é bom em algo que é ruim, ou vice-versa. Nesse sentido, o bem pode mudar conforme a vontade de Deus. Ele também pode querer que alguém esteja em sua visão beatífica por um tempo e depois mude, por causa de sua potência absoluta (Ockham, 1967, p. 505). Em síntese, para Guilherme de Ockham, a vontade livre e a absoluta liberdade de Deus são temas fundamentais em sua filosofia.

---

59. Para aprofundar, cf. Clark (1978, p. 137-138).

2.3.2 Ética e singularidade

Conforme frisamos anteriormente, é a Revelação que mostra o fim último do ser humano e de todo o universo, ou seja, o fim último é o próprio Deus. Esse fim último, que é o sumo bem, deve ser amado absolutamente, segundo aquilo que foi revelado ao ser humano, e é comandado que se deve obedecer a Deus e à sua vontade, que se torna, assim, a norma moral do homem.

Nesse sentido, a pessoa humana deve sempre obedecer ao mandamento divino, em qualquer circunstância na qual se encontre. O ato de amor a Deus é desse modo concretizado em um ato de obediência a Deus. Esse ato, portanto, nunca pode ser definido como um ato mau. De fato, ele constitui a base de todos os atos bons, ou seja, é a base de toda a moralidade. Portanto, o critério para se definir se um ato é bom ou mau é a sua conformidade com a vontade de Deus (Ghisalberti, 1996, p. 229). Conforme afirma Ockham (1980, p. 255-256):

> Digo que esse ato necessariamente virtuoso, no modo como ficou dito, é um ato da vontade, porque assim é o ato pelo qual se ama a Deus sobre todas as coisas e por si, pois esse ato é de tal maneira virtuoso que não pode ser vicioso, nem pode ser causado pela vontade criada sem ser virtuoso. Isso, primeiramente, porque qualquer um (conforme o tempo e o lugar) é obrigado a amar a Deus sobre todas as coisas, e por conseguinte esse ato não pode ser vicioso; em segundo lugar, porque esse ato é o primeiro de todos os atos bons.

Do mesmo modo, é Deus quem decide o que é bom e o que é mau, e coloca isso como norma objetiva (Ockham, 1984b, p. 442-443). A decisão e a vontade de Deus sempre devem ser respeitadas e seguidas. Nesse sentido, no âmbito da fé, a vontade divina é o fundamento da vontade humana: "A vontade divina é a regra de qualquer vontade criada" (Ockham, 1979, p. 686). Porém, a pessoa adere à vontade de Deus livremente, mostrando o seu consentimento e o seu amor pela regra divina (Ockham, 1980, p. 255-256).

Deus pode comandar e querer as coisas em modo absoluto. Ele pode e é completamente livre. Como já ressaltado nesta obra, por sua potência absoluta, Ele pode fazer tudo aquilo que quiser, respeitando o princípio de não contradição, que é uma limitação em si, e não da onipotência de Deus. Ao mesmo tempo, é importante ressaltar que a Deus é atribuída a simplicidade (Larre, 2006, p. 55), ou seja, Nele não se pode fazer distinção real entre sabedoria, vontade e bondade. Portanto, o intelecto e a vontade estão unidos tanto em Deus quanto na pessoa humana. Conclui-se, desse modo, que o agir divino não é arbitrário, mas livre e racional (Ockham, 1979, p. 663-664).

Depois de aderir voluntariamente à vontade de Deus, a pessoa humana deve aceitar aquilo que Ele comanda, ou seja, deve aceitar as consequências de sua adesão à vontade divina: "Qualquer vontade criada que está em caminho (*statu viae*) ou em pátria deve se conformar habitualmente por meio da vontade divina" (Ockham, 1979, p. 687-688). A pessoa humana, sem hesitar, deve aceitar a vontade divina, mesmo que, às vezes, se deseje, por um lado, que isso não aconteça, como é o caso de uma punição a um justo (Ockham, 1979, p. 688; Damiata, 1999, p. 63).

É importante ressaltar também que nem sempre a pessoa humana deve aderir à vontade divina atualmente (*in actualiter*) (Damiata, 1999, p. 65), pois nem sempre pode conhecer as suas decisões e disposições. De modo semelhante, os preceitos divinos valem sempre, mas não para sempre (*per semper*), porque Ele pode mudar a sua decisão; é completamente livre.

> Digo que não é cada um que deve sempre se conformar atualmente à vontade divina querendo cada coisa que é desejada pela vontade divina, pois não pode conhecer cada desejo da vontade divina, e igualmente não é obrigado para sempre colmar os preceitos divinos afirmativos (Ockham, 1979, p. 689).

Partindo do fato da moralidade ser a conformidade com o mandamento divino, coloca-se a seguinte questão: se Deus ordenasse odiá-lo, esse mandamento deveria ser obedecido? É a conhecida questão do ódio a Deus (*odium Dei*) que Ockham desenvolve, sobretudo, em três textos: na questão 15 da obra *Quaestiones in Librum Secundum Sententiarum* (1981, p. 338-358); na questão 16 da obra *Quaestiones in Librum Quartum Sententiarum* (1984c, p. 340-361); e na questão 14 da terceira parte da obra *Quodlibeta septem* (1980, p. 253-257). Analisaremos brevemente os textos.

No primeiro texto em que é colocada a hipótese do ódio a Deus, Ockham afirma que o ato de amor para com Deus e um ato de ódio não podem coexistir:

> Do mesmo modo se deve proceder ao avaliar o motivo da obstinação dos maus, referindo-se ao fato de que Deus é causa total de qualquer absoluto no ato de não querer e de odiar Deus. Tal ato não tolera a coexistência de um ato de amor a Deus, nem aquela de algum ato bom, por causa da repugnância formal entre esses atos (1981, p. 341-342).

Porém, em seguida, Guilherme de Ockham sustenta que Deus, em seu infinito poder, pode causar um ato de ódio a Ele, sem que isso seja uma coisa ruim, isto é, pode mudar algo que parece ruim em algo que é bom. O *Venerabilis Inceptor* afirma:

> Deus pode causar na vontade criada um ato de ódio a Deus relativamente a qualquer absoluto no ato, pois Deus pode causar cada absoluto sem algum ódio, que coincide com aquele absoluto. Porém, como o ato de odiar a Deus, relativamente a cada absoluto presente nele, não coincide com a deformidade e a maldade no ato, Deus pode causar qualquer absoluto existente no ato de odiar ou de rejeitar Deus sem causar alguma deformidade ou maldade no ato (Ockham, 1981, p. 342).

Convém, antes de tudo, enfatizar o contexto da questão. Trata-se da questão de um anjo mau que sofreu a danação eterna. Existem atos que não estão no seu poder, como é o caso da própria danação, assim como existem atos que ele não tem como impedir, como é o caso da ação de Deus (Ockham, 1981, p. 340-341).

Por isso, segundo Ghisalberti (1999, p. 83-84), é importante indicar que existem dois níveis de discurso nessa exposição de Ockham. O primeiro corresponde à cooperação que existe entre Deus – que é a causa primeira de todas as coisas – e as criaturas – que são causas segundas. O segundo nível, que também procuramos acentuar em nossa pesquisa, é o da onipotência divina. Deus pode causar qualquer absoluto, em todos os níveis do ser, mesmo naqueles que apresentam uma existência autônoma. Portanto, a ação de Deus – causa primeira – não é dependente das criaturas – causas segundas. Esse poder se estende para todas as criaturas dotadas de individualidade, como é o caso dos anjos maus.

Desse modo, não encontramos nesse texto de Ockham um explícito comando de Deus ao homem para odiá-lo, o que, consequentemente, implicaria uma ação do homem. Em vez disso, o texto está indicando a questão do ódio a Deus que se remete somente à parte da divindade. Deus, por sua potência absoluta, pode causar esse ódio em todas as criaturas, inclusive no anjo mau (Ghisalberti, 1999, p. 84).

No texto da obra *Quaestiones in Librum Quartum Sententiarum* (1984c, p. 352), Ockham afirma:

> Toda a vontade pode se conformar ao preceito divino. De fato, Deus pode comandar que a vontade criada o odeie; portanto, a vontade criada pode fazê-lo. Além do mais, cada coisa que pode ser um ato reto no caminho pode ser reto também em pátria. De fato, odiar a Deus pode ser um ato reto no caminho, por exemplo, se Deus o comanda; portanto, será um ato reto também em pátria.

Nessa questão é discutida a possibilidade humana de se conformar à vontade divina (Ockham, 1984c, p. 351-352). Nesse sentido, na primeira parte do texto citado, analisa-se a possibilidade da parte de Deus de poder comandar o ódio a ele. A segunda parte refere-se ao agir da pessoa humana, isto é, à vontade do homem caminho à pátria celeste (*homo viator*)[60].

Observamos que Ockham, no texto em análise, não desenvolve a questão das implicações para a vontade humana do ódio a Deus, comandado por Ele. Trata-se, sobretudo, do tema da não contradição da parte de Deus e da impossibilidade de ser atribuída ao comando divino uma ação má, porque Ele é bom (Ghisalberti, 1999, p. 84).

O outro texto em que Ockham evidencia a questão da possibilidade de obedecer ao mandamento de Deus em não amá-lo encontra-se na obra *Quodlibeta septem*. Primeiramente, Ockham (1980, p. 256) afirma:

> Será objetado que Deus pode ordenar que, por certo tempo, ele próprio não seja amado, pois pode mandar que o intelecto – e juntamente a vontade – se ocupe com o estudo, de modo a não poder, nesse tempo, pensar coisa alguma sobre Deus. Suponha-se, então, que a vontade exerça um ato de amor de Deus, e então ou esse ato é virtuoso – o que não se pode dizer, pois é exercido contra o preceito divino – ou não é virtuoso, o que se queria provar, isto é, que o ato de amar a Deus sobre todas as coisas não é virtuoso.

Em seguida, Guilherme de Ockham (1980, p. 256-257) responde à objeção:

> Se Deus pudesse mandar isso, como parece que pode sem contradição, digo que, nesse caso, a vontade não pode exercer semelhante ato, porque, pelo simples fato de exercê-lo, amaria a Deus sobre todas as coisas. Por conseguinte, teria cumprido o preceito divino, visto que amar a Deus sobre todas as coisas equivale a amar tudo quanto Deus quer que seja amado. Mas, amando assim a Deus, na hipótese, não cumpriria o preceito divino, e, por consequência, ao amar assim a Deus não o amaria, ou seja, cumpriria o preceito de Deus e não o cumpriria.

---

60. Para aprofundar esse tema, cf. Freyer (2008, p. 320-358).

O contexto dessa exposição de Ockham (1980, p. 253) é a resposta à questão se o ato da vontade é necessariamente virtuoso. Como colocado por ele, a hipótese de um comando de Deus à pessoa humana é possível somente a partir de Deus, de sua potência absoluta, porque Ele está acima de toda a conotação moral dos atos imperativos (Gatto, 2011, p. 136-138). Por sua vez, a pessoa humana, que livremente ama a Deus, deve obedecer aos seus comandos, e, na hipótese em que Deus manda odiá-lo, entra em contradição, porque ela não pode odiar amando. É uma contradição que permanece em nível conceitual, mas, na realidade, ela não pode existir (Ghisalberti, 1999, p. 86).

O aspecto da contradição conceitual também é sublinhado por Parisoli (1999, p. 172). A questão do ódio a Deus em Ockham é uma possibilidade contraditória sob o ponto de vista linguístico. Como uma definição de Deus é "aquele que não pode ser odiado", odiar "quem não deve ser odiado" significa negar uma verdade moral analítica.

A contradição é também evidenciada por Ockham (1984c, p. 40) em outra passagem, na qual ele afirma que o ser humano, na condição em que se encontra, não pode amar a Deus e odiá-lo simultaneamente:

> Um sujeito que ama a Deus, seja de forma natural ou sobrenatural, não pode, na atual condição, odiá-lo, pois, de modo contrário, alguém poderia ter simultaneamente um ato de amor a Deus e um ato de ódio a Deus.

A questão do ódio a Deus (*odium Dei*) foi tomada em consideração por alguns comentadores para afirmar que a ética de Ockham tem um caráter extremamente voluntarista, positivista e arbitrário (Garvens, 1934, p. 265-273; Urban, 1973, p. 310-350; Poppi, 1996, p. 139). Rechaçamos qualquer tipo de interpretação dessas teorias e afirmamos que a questão do ódio a Deus deve ser interpretada a partir de cada tema que Ockham está desenvolvendo e a partir da visão geral de sua reflexão ética, que procura enfatizar a onipotência divina, com o limite extrínseco do princípio de não contradição; a sintonia entre vontade e reta razão; e o amor como dom salvífico de Deus (Ghisalberti, 1999, p. 88-89)[61].

Nesse sentido, Wood (1994, p. 51), depois de uma análise minuciosa dos textos, enfatiza que não se deve levar a sério demais o tema do ódio a Deus no pensamento de Guilherme de Ockham, pois ele escreveu sobre esse tema somente algumas vezes em toda a sua obra, e parece que o abandonou mais tarde (Ockham, 1967, p. 503-506). Ockham deixa em aberto se essa teoria realmente pode ser posta, e, como analisado, caso exista a possibilidade do ódio a Deus, a pessoa humana entra em contradição e não pode agir, segundo o pensamento do *Venerabilis Inceptor*.

Delineamos os aspectos centrais da norma objetiva da moralidade, ou seja, um ato da vontade livre que adere à vontade de Deus. Porém, existe na pessoa humana, ainda, a dimensão subjetiva, e é ela que, sobretudo, deve decidir cumprir alguma ação, no aqui e agora (*hic et nunc*); e é ela também que vai decidir se a ação humana se aproxima do comando de Deus, o bem supremo, ou não.

Ao contrário da vontade divina, a vontade humana não está necessariamente ligada à lei suprema e pode querer o que é contraditório (Ockham, 1984c, p. 386). Por causa dessa fragilidade da vontade humana, é importante que o ser humano seja guiado pela reta razão (*recta ratio*).

Desse modo, é indicada mais uma característica anteriormente evidenciada, ou seja, a colaboração do intelecto e da vontade no agir moral. Um ato moral é aquele que se cumpre conforme a consciência. Não basta apenas a dimensão objetiva da moral, mas é importante também levar em consideração a dimensão subjetiva

---

61. Cf. também: Ghisalberti (1994, p. 75-83).

da pessoa humana: para que um ato seja bom não basta desejá--lo; deve-se desejá-lo porque é bom. De modo contrário, para que uma ação ruim seja um pecado, ela deve ser desejada, ou seja, deve-se saber que é uma ação de pecado (Ghisalberti, 1996, p. 235).

É na reta razão que se encontram os princípios éticos que são adquiridos. Esses princípios são válidos e evidentes para todas as pessoas. É importante enfatizar, porém, que esses princípios que se encontram na razão humana não são leis morais universais, mas apenas princípios que as guiam, isto é, que funcionam como orientação (Ockham, 1980, p. 177). Segundo Ockham (1984c, p. 347): "Todas as virtudes morais estão conectadas em alguns princípios universais, por exemplo 'todo o honesto deve ser feito', ou 'todo o bem é estimável', 'todo o comandado pela reta razão deve ser feito'".

Desse modo, não podemos encontrar nos escritos de Ockham traços da doutrina da sindérese (Garvens, 1934, p. 375). Essa doutrina dizia que, em cada caso concreto, deveriam se aplicar os supremos princípios naturalmente impressos no intelecto humano. Alguns pensadores da Escolástica, como Tomás de Aquino (1889, p. 258-259; Vereecke, 1990, p. 233), diziam que esses princípios estavam presentes no intelecto pela iluminação divina. Outros já diziam que esses princípios podiam ser formulados facilmente pela razão humana. O fundamento da doutrina era a ideia de que a pessoa humana é imagem de Deus (Ghisalberti, 1996, p. 235).

Para os escolásticos, essa ideia tinha sentido por causa de sua compreensão metafísica de *imago Dei*. Porém, o sistema filosófico de Ockham é diferente: não parte de princípios impressos na mente. Em certo sentido, a visão de homem como imagem de Deus não é o mais importante para Ockham, que, além do mais, é uma visão que é dada ao homem através da Revelação (Garvens, 1934, p. 375). Um outro motivo para não enfatizar a teoria da sindérese está ligado à ontologia: Ockham nega que existam as essências universais. E, portanto, não existem princípios que determinam a ação de um modo universal (Ghisalberti, 1996, p. 236).

Ao mesmo tempo, a teoria da sindérese não pode ser admitida por Ockham, porque ela não leva em consideração cada ação singular. A sindérese se refere somente a princípios impressos e não se trata de algo prático (Vereecke, 1990, p. 234). Para Guilherme de Ockham, a moral é ligada à prática e à experiência, e é a partir delas que se evidenciam as normas que guiam o agir moral, formando, assim, os primeiros princípios do intelecto prático.

Conforme indicado anteriormente, cada sujeito deve responder aos ditames da razão e da vontade no seu agir moral. Mas existe, ainda, um outro aspecto que enfatiza a questão da singularidade na ética de Ockham, segundo o nosso ponto de vista. Cada ato moral deve ser tomado em sua singularidade. A questão, portanto, não é o ato em geral, porque ele é uma abstração, mas este ou aquele ato em particular.

Duns Escoto (1959, p. 163-167) afirma que a substância do ato moral virtuoso e vicioso pode ser a mesma; o que torna virtuoso o ato é a sua conformidade com as circunstâncias requeridas, que, segundo ele, não são objetos parciais do ato virtuoso. Desse modo, a bondade acrescenta à bondade do ato a relação de conformidade em todas as circunstâncias, segundo a visão escotista.

Ockham não concorda com a opinião de Duns Escoto. Ele defende que todas as circunstâncias requeridas para o ato são causas imediatamente parciais e são necessariamente requeridas para que o ato seja perfeitamente virtuoso. O *Venerabilis Inceptor* afirma:

> Ato virtuoso e ato vicioso se relacionam ao ato em comum, como esta brancura à brancura em comum. De fato, como esta brancura é por si esta, e não algo que se acrescenta do externo, assim o ato virtuoso, que é originariamente virtuoso e imputável, é por si formal e intrinsecamente virtuoso, a partir do momento que essa substância do ato é essa mesma bondade do ato intrinsecamente, e não extrinsecamente. E, de modo semelhante, se diga do ato vicioso, essa mesma substância do ato é essa maldade do ato (Ockham, 1982, p. 388).

Para Duns Escoto, a bondade e a maldade acrescentam algo ao ato moral e, portanto, à conformidade às circunstâncias. Para Ockham, ao contrário, não existe uma natureza comum nas coisas; logo, as circunstâncias são elementos do ato, que é singular em sua essência. Como qualquer outro ente, também o ato moral é por si individual e, assim, delimitado em suas circunstâncias (Todisco, 1998, p. 367, nota 16). A razão disso é que cada ato moral, como vimos anteriormente, depende de sua concretude, isto é, das finalidades e das circunstâncias prescritas. Desse modo, podemos estabelecer aqui um outro tema que liga a ontologia e a ética no pensamento de Ockham: a singularidade do ato moral (Borges, 2020, p. 30-33)[62].

Para que um ato seja virtuoso, ele deve depender da vontade. Só um ato volitivo tem capacidade de ser virtuoso; todos os outros atos são neutros. Ockham (1980, p. 253) enfatiza: "Nenhum outro ato, a não ser o da vontade, é necessariamente virtuoso". Porém ele mostra que um ato pode ser primeiramente virtuoso – porque está no poder da vontade – e depois perder essa característica – porque deixou de estar no poder da vontade (Ockham, 1984c, p. 329-330). Ockham (1980, p. 254) afirma:

> Nenhum ato é virtuoso ou vicioso sem ser voluntário ou depender da vontade, visto que só existe pecado quando voluntário; mas um outro ato pode depender primeiramente da vontade, e depois não. Por exemplo, quando alguém se atira voluntariamente num precipício, e depois se arrepende, não querendo mais essa queda, com mérito perante Deus; mas a queda não está mais no poder da vontade e, portanto, não é necessariamente viciosa.

O *Venerabilis Inceptor* destaca a importância do amor a Deus por parte da vontade humana, conforme a reta razão e segundo as circunstâncias requeridas. Ao mesmo tempo, é importante ressal-

---

62. Borges denomina o pensamento ontológico de Ockham de antirrealismo nominalista, já nós preferimos defini-lo como ontologia do singular.

tar que, no caso exemplificado, não se faz referência a um mesmo ato, que primeiro era neutro e por fim era virtuoso. Na verdade, segundo ele, são dois atos diferentes: o primeiro se trata de um ato de amor espontâneo; o segundo, um ato de amor reflexo (Ghisalberti, 1996, p. 243). Ockham (1982, p. 386) afirma:

> Por exemplo: se amo um homem em absoluto, terminando o ato da vontade naquele homem e excluindo toda a circunstância, boa ou ruim, um ato assim não é moralmente bom, nem mau, porém é neutro. Se depois, permanecendo aquele ato, eu realizo um outro ato, pelo qual quero amar aquele por causa de Deus, segundo a reta razão e todas as outras circunstâncias requeridas, esse segundo ato é virtuoso em modo perfeito e intrínseco.

Nesse sentido, o ato não pode ser analisado somente do ponto de vista extrínseco. No pensamento ético de Ockham se manifesta, sobretudo, o valor da intenção (Borges, 2020, p. 30-31)[63]. Por isso, é importante que se tome cada ato em sua singularidade, conforme a intenção de cada agente. O ato moral não pode ser observado somente a partir da questão de sua efetividade (Borges, 2020, p. 31, nota 56) ou conforme critérios gerais. Apesar da importância da circunstancialidade, isto é, da concretude do ato, o que determina o valor do ato moral é a vontade e a intenção com que o ato foi realizado. Esses dois aspectos se encontram na consciência de cada indivíduo e, portanto, não são visíveis.

Nesse sentido, Ockham (1984c, p. 328) afirma também que um ato pode primeiro ser moralmente bom e depois transformar-se em moralmente ruim, ou vice-versa, como a ação de ir à igreja. Ele argumenta:

> Qualquer outro ato [exceto o divino], permanecendo igual, pode, de maneira indiferente, ser louvável ou censurável, ou primeiramente louvável e depois censurável, consoante com

---

63. A dimensão da intenção é enfatizada com veemência por Borges, conceitualizando a sua teoria ética de voluntarismo intencionalista.

> sua conformação sucessiva com a vontade reta ou a viciosa, como se vê quando alguém vai à igreja primeiramente com boa intenção e, depois, com má (Ockham, 1980, p. 254).

Pelo exposto, podemos concluir que existe uma ligação fundamental entre a ética e a ontologia do singular no pensamento de Ockham. Cada pessoa humana, através de sua vontade livre, decide na concretude como agir. Para que o ato seja moralmente bom e virtuoso, devem ser respeitadas a reta razão, as circunstâncias e, sobretudo, a vontade de Deus. Como cada pessoa, em sua singularidade, concretiza o ato, da mesma forma, cada ato deve ser visto em sua singularidade, segundo o pensamento de Ockham. Portanto, não há predeterminação e princípios imanentes que regem o ato moral. A ética ockhamiana, ao contrário, se fundamenta na experiência e na liberdade de cada ser humano.

2.3.3 A ética do amor e a determinação do indivíduo: da ética à política

A ética de Ockham parte da experiência. A experiência, conforme a visão franciscana, também é conhecimento seguro da verdade (Mannes, 2021, p. 15-16; Todisco, 2019, p. 234-236). A ética, como salientado, pertence ao âmbito da prática. O ato moral, sobretudo, deve ser visto e analisado na prática, observando as intenções do sujeito que age.

No *Quodlibeta septem* (1980, p. 176-178), Ockham interroga se a moral é uma ciência demonstrativa. Ele afirma que a moral pode ser entendida em sentido amplo e em sentido rigoroso. Primeiramente, Guilherme de Ockham desenvolve o conceito de moral entendido em sentido rigoroso, isto é, atos sujeitos ao poder da vontade, conforme o ditame da razão e segundo outras circunstâncias, ou seja, segundo as características que rendem o ato moral. Ele divide a moral entendida nesse modo em duas partes: a ciência moral positiva e a ciência moral negativa. A positiva diz respeito às leis humanas e divinas que obrigam a fazer algo ou a evitar algo, porque são comandadas pelo superior. A negativa é aquela que guia os atos humanos sem nenhum comando ou direção superior – a saber, são princípios mostrados e acolhidos pela experiência (Ockham, 1980, p. 176-177).

A ciência moral positiva não pode ser uma ciência demonstrativa, mesmo que ela seja guiada por esta. Sobre a ciência moral positiva se ocupam os juristas. A argumentação deles, enfatiza Ockham (1980, p. 177), não assume proposições evidentemente conhecidas. Ao contrário, a ciência moral não positiva é demonstrativa. A prova explicitada por Guilherme de Ockham ressalta o valor da experiência. Ele afirma: "A ciência que deduz silogisticamente conclusões evidentes por si e conhecidas através da experiência é demonstrativa. De tal gênero é a ciência moral" (Ockham, 1980, p. 177).

Ockham destaca que é por meio da experiência que se conhecem os princípios da filosofia moral. Essa ciência, afirma ele, é a mais segura e evidente de todas: "E digo mais: essa ciência é mais certa do que muitas outras, pois cada um pode ter mais experiência dos próprios atos do que de outras coisas. E por isso se vê que tal ciência é muito sutil, útil e evidente" (Ockham, 1980, p. 178).

Podemos observar que os princípios conhecidos por experiência são princípios que contêm mais certeza do que os princípios conhecidos por si mesmo, segundo o pensamento de Ockham. A causa disso é o fato da singularidade da experiência. Podemos notar que, a partir do momento em que a pessoa humana experiencia algo, ela o vê como conhecimento seguro e evidente (Vereecke, 1990, p. 235).

Dessa maneira, podemos estabelecer uma outra ligação entre a ética de Ockham com a sua ontologia e a sua epistemologia. Também essas disciplinas, segundo ele, partem do singular, daquilo que se faz experiência. Do mesmo modo, o agir moral não pode ser tomado como princípios abstratos que se concretizam, mas o ato, na sua singularidade e através da singularidade de cada ser humano, deve ser realizado por meio da vontade e dos princípios que estão no intelecto, tendo em mente as circunstâncias em que é realizado.

Esses princípios do intelecto, segundo Ockham, são formados pela experiência. Mas somente eles não são suficientes. Além do mais, esses princípios não determinam e não influenciam o agir moral sem o auxílio da vontade. É ela, sobretudo, quem decide aderir a eles ou não. Podemos notar que é a vontade livre, no fim das contas, que decide sobre a ação do indivíduo.

A vontade livre, sobretudo, é orientada a aderir ao comando de Deus, o qual foi dado ao ser humano pela Revelação. Ele pode percorrer um caminho, fazer um processo no conhecimento e na prática daquilo que é comandado por Deus. Posto pela vontade livre e tendo o Bem Supremo como fim último do seu agir, a pessoa humana pode sempre progredir nesse caminho, tornando-se cada vez mais virtuosa.

As virtudes morais, segundo Guilherme de Ockham, são aquelas que ajudam na aquisição da disciplina, como a fortaleza, a temperança, entre outras. Essas virtudes não estão ligadas entre elas, mesmo que tenham atingido o grau máximo de perfeição. A inexistência de ligação, segundo Ockham (1982, p. 420), se deve sobretudo ao fato de que essas virtudes estão ligadas aos atos e os atos são distintos em espécie, como um ato de temperança é diferente de um ato de fortaleza, por exemplo (Damiata, 1999, p. 79)[64].

Dessa maneira, Ockham elenca os graus de virtude que o ser humano pode alcançar. Ele pode subir de nível nesses graus, e não se encontrar necessariamente em apenas um deles. Essa estrutura é apresentada na obra intitulada de *Quaestiones Variae* (1984b, p. 334-337). Na terceira distinção, Ockham expõe cada um dos

---

64. Para aprofundar o tema da conexão das virtudes, cf. Wood (1997).

graus e, em seguida, os explica, mostrando também alguns exemplos. Ele afirma que a justiça e qualquer uma das virtudes morais têm esses cinco graus. Portanto, os graus da virtude têm estrutura pentapartida (Ghisalberti, 2016, p. 76).

O primeiro grau de virtude em que pode se encontrar o indivíduo é quando ele quer realizar obras justas conforme a razão e as circunstâncias próprias, respeitando essa obra porque é um fim proposto por ele (Ockham, 1984b, p. 334). Trata-se do nível básico da moralidade (Ghisalberti, 2016, p. 76). Ockham (1984b, p. 335) expõe um exemplo, indicando, assim, a ligação entre vontade e intelecto:

> Suponha, por exemplo, que o intelecto dite que tal obra justa deve ser realizada em tal lugar, em tal tempo, pela dignidade própria da obra ou pela paz ou algo com tal fim, e a vontade provoca um ato querendo realizar tal obra em conformidade com o ditame do intelecto.

O segundo grau consiste em realizar obras justas segundo a reta razão. De fato, não se tem a intenção de renunciar a tais obras por qualquer motivo que seja, nem pela morte, ainda que tal obra deva ser renunciada por uma ordem da reta razão (Ockham, 1984b, p. 334). Podemos afirmar que esse grau da virtude é a obediência à reta razão até as últimas consequências. Segundo Ockham (1984b, p. 335):

> Suponha, por exemplo, que um homem quisesse honrar seu pai de acordo com o supracitado reto ditame, no tempo e no lugar próprio etc., com a intenção e a vontade de não renunciar ao ato de honrar seu pai a fim de evitar uma morte iminente.

O grau seguinte da virtude consiste em, além das características citadas no grau anterior, ter o acréscimo de serem realizadas conforme as circunstâncias. Portanto, é quando alguém quer realizar as obras justas em conformidade com a reta razão, com a intenção de não renunciar a essas obras por nenhum motivo, e quer agir em tais obras conforme as circunstâncias para seguir o que é ditado pela reta razão, única e precisamente (Ockham, 1984b, p. 335).

O quarto grau da virtude é quando alguém realiza tais obras conforme todas as circunstâncias e as condições citadas no grau anterior, mas realiza tudo isso por amor a Deus. Esse grau, conclui Ockham (1984b, p. 335-336), tem a verdadeira e perfeita moral, sobre a qual os Santos falavam. Ele sustenta que se trata realmente de uma virtude moral, expondo três argumentos:

> Que essa seja a virtude moral propriamente falando é evidente. Primeiro, porque essa virtude é gerada pelos atos morais e nos inclina para atos similares, dirigindo-nos para atos com respeito aos mesmos objetos, que propriamente pertencem às virtudes morais. Segundo, porque a variação do fim não resulta em uma virtude diferente, na medida em que seu ser moral ou imoral está em causa, pois em relação a diversos fins pode haver diversas virtudes morais, mas aqui somente o fim difere dos graus precedentes. Terceiro, porque o vício oposto é, estritamente falando, o vício moral; portanto, essa é uma virtude moral (Ockham, 1984b, p. 336).

O quinto e último grau da virtude, segundo o *Venerabilis Inceptor*, é quando alguém escolhe fazer obras justas conforme os aspectos do grau anterior, com a exceção do fim, porque ele é indiferente e pode ser realizado por amor a Deus; ou ainda porque é realizado pelo ser humano por sua dignidade ou pela paz ou por algum outro fim que ele se propõe. Além disso, afirma Ockham (1984b, p. 336), alguém poderia escolher realizar tal obra por um ato formalmente imperativo, e não por um ato imperativo equivalente.

Um ato formalmente imperativo, conforme Ockham, pode ser de dois tipos: o primeiro trata-se de um ato que excede o estado comum do ser humano e é contrário à sua inclinação natural. Um exemplo desse tipo de ato é quando alguém, diante da morte iminente – como ser queimado em uma fogueira ou outro tipo de morte –, resiste a ela pela defesa da fé.

O segundo tipo é um ato que não excede seu estado comum nem é contra a sua inclinação natural, pois o ato pode ser realizado, mas a ação contra a sua inclinação natural depende de alguma circunstância. Esse tipo de ato é aquele que gera a virtude heroica ou que provoca a virtude heroica. Um exemplo desse tipo de virtude é quando alguém justo, seguindo a reta razão, quer deixar de ser justo e, assim, realizar uma injustiça, porque, se não a realizar, será morto, queimado ou encarcerado perpetuamente. Mas se, mesmo assim, ele não realizar a injustiça e, desse modo, for morto ou preso por seguir a reta razão universal, ele é um herói, pois tudo isso excede o estado comum dos atos (Ockham, 1984b, p. 336-337).

Fazendo a distinção por graus, Guilherme de Ockham afirma que uma virtude – como a justiça – pode ter diversos graus. Quando se trata de um grau elevado, que tem um objeto e uma circunstância específica, não inclina o ser humano a um ato de um grau diferente. É possível observar, porém, que a pessoa humana, à medida que cresce na sintonia com a reta razão, através de sua vontade livre, tendo em conta as circunstâncias, pode crescer também na virtude. Desse modo, a pessoa não realiza somente atos do primeiro grau, mas pode se elevar até o último grau de uma virtude.

O *Venerabilis Inceptor* está atento também à ética aristotélica. Esse aspecto é ressaltado pela obra algumas vezes: "Digo isso por levar em conta a intenção do Filósofo [...], segundo a intenção do Filósofo e segundo a verdade" (Ockham, 1984b, p. 336-337). Existe, portanto, uma tentativa de aproximar a ética de Aristóteles à ética cristã. Aristóteles, todavia, concebe a virtude heroica fundamentando-se em um imperativo moral formal, o qual, em conformidade com a reta razão, vai além do nível comum da moralidade, mesmo em situações drásticas. Por sua vez, para o cristão, a virtude moral heroica é estabelecida na caridade para com Deus (Ghisalberti, 2016, p. 77). Podemos afirmar que esses dois aspectos se apresentam como a principal diferença entre a ética aristotélica e a ética cristã.

Ockham coloca, a título de exemplo, que alguém pode praticar o jejum porque Deus o prescreveu. Logo, Deus é a causa final do jejum, ou seja, é por amor a Deus que se cumpre tal ato. É dessa maneira que age o bom cristão. O filósofo, por sua vez, pode praticar o jejum por outros motivos, como a disciplina ou o cuidado do corpo etc. Portanto, o fim, que é causa parcial no filósofo e no bom cristão, é diferente (Ockham, 1984c, p. 58; Ghisalberti, 2016, p. 77-78). Ockham (1984c, p. 58, tradução nossa) acentua: "Os filósofos, por outro lado, na aquisição das virtudes morais, tinham um fim diferente dos cristãos".

Pelo exposto, podemos observar que a ética, na visão teológica – e que Ockham abraça como franciscano e cristão –, não depende apenas de um sacrifício por amor à reta razão. O cristão age na intenção do amor para com Deus. E, nesse sentido, uma ação é boa e extremamente virtuosa, ainda mais se o sacrifício for grande. Segundo a ética cristã, não basta cumprir um ato voluntariamente, de acordo com os ditames da razão e nas devidas circunstâncias. Para que um ato seja bom, é preciso que ele seja feito conforme a vontade do Criador, ao qual a pessoa humana adere livremente com toda a sua vontade. Desse modo, podemos observar que, tanto no tema do ato moral singular quanto no tema dos graus da virtude, é evidenciado por Ockham que a caracterização do ato bom é, em última instância, devido ao ato de amor para com Deus, que pode ser assim chamada, segundo Ghisalberti (1996, p. 239-244), de ética do amor.

Na questão ética ockhamiana, podemos concluir que não existe uma radical separação entre a filosofia e a teologia. São âmbitos distintos que podem, no entanto, ser complementares. A filosofia ajuda a pessoa humana a compreender melhor os critérios de um ato moral segundo as virtudes. E essa característica é encontrada principalmente na ligação da reta razão com a vontade divina, como também na liberdade da vontade humana que espelha a vontade livre de Deus.

Desse modo, a filosofia pode contribuir para agir moralmente em modo adequado. Em suma, ela oferece a reflexão sobre o conteúdo do agir moral, mas é somente com o auxílio da Revelação e do ato de amor da vontade livre de agir moral que a pessoa humana será realmente feliz e plena, mesmo que para isso ela tenha que se recusar a agir segundo suas inclinações naturais.

Através da vontade livre, a pessoa pode se autodeterminar (Merino, 1993, p. 418). Isso significa que, segundo o pensamento de Ockham, a pessoa pode construir o seu futuro. Não existe determinação extrínseca e intrínseca que determine o agir de uma pessoa. Por isso, podemos afirmar que a vontade livre é ontológica, ou seja, participa da essência do ser humano e é dimensão caracterizante dele.

O comando divino livremente aceito, a nosso ver, não limita a liberdade humana. Em primeiro lugar, porque a pessoa humana é livre para acolhê-lo ou não. E, mesmo depois de acolhido, o mandamento de Deus não pode querer o mal ao ser humano, porque, segundo a Revelação, Deus é amor, e o conduz à verdadeira liberdade. Segundo Ockham, a graça, presente e operante no ser humano, não impede que as decisões permaneçam nas mãos do cristão (Damiata, 1999, p. 46).

A questão do ódio a Deus, segundo a nossa interpretação do pensamento ockhamiano, indica, sobretudo, a absoluta liberdade de Deus e a conformidade da pessoa humana em seguir o seu mandamento, mesmo que contrarie os princípios da pessoa. Trata-se de uma questão hipotética e teórica, mais do que de uma questão que se experiencia na prática.

Como sujeitos que se determinam pela vontade livre, podemos também afirmar que o agir humano engloba o âmbito político. Somos seres políticos a partir do momento em que pertencemos a uma sociedade. A Revelação exige uma prática, segundo os mandamentos que foram dados por Deus, como a luta pela justiça e pela paz. Também os pensadores franciscanos desde os primórdios do franciscanismo estão engajados na dimensão política (Musco, 2007).

Do mesmo modo, Ockham raciocinou sobre os problemas políticos de sua sociedade, em consonância com os seus princípios ontológicos e éticos. Estamos cientes de que, no início de sua vida acadêmica, isso não fazia parte do seu projeto, ao menos de um modo assim enfático. Entretanto, observamos que Guilherme de Ockham deu uma grande contribuição para toda a filosofia, principalmente sobre os temas da defesa da liberdade do indivíduo e da atenção aos mandamentos revelados por Deus. Podemos, assim, estabelecer uma ligação entre ontologia, ética e política (Todisco, 1998, p. 140). Por isso, desenvolveremos, em seguida, uma visão geral dos escritos políticos de Ockham e delinearemos como a ontologia e a ética refletem no seu pensamento político e social.

3
O singular na obra política de Ockham

Nos capítulos anteriores do nosso trabalho, desenvolvemos o tema do singular nos escritos filosófico-teológicos de Ockham, começando pela ontologia, passando pela antropologia e desembocando na ética. Neste capítulo, procuraremos delinear o tema do singular, da liberdade e da ética nos seus escritos políticos. Iniciaremos evidenciando a mudança de abordagem da obra política, bem como os aspectos que unem os dois blocos de escritos. Em seguida, desenvolveremos o tema da singularidade nos escritos políticos. Por último, abordaremos o tema da liberdade individual e da ética nesses escritos, relacionando-o com a obra filosófico-teológica.

3.1 A obra política: ruptura ou continuidade?

Nós entendemos que a inteira obra de Guilherme de Ockham se divide em duas fases claras, as quais podem ser denominadas de obra filosófico-teológica e de obra política, ou, ainda, de escritos filosófico-teológicos e de escritos políticos. Nas páginas a seguir, procuraremos ressaltar que existe certa descontinuidade, ou até mesmo uma ruptura entre esses dois grupos de escritos. Entretanto, observavamos também que existe uma continuidade entre eles, e procuraremos sublinhar esse aspecto. Assim, delinearemos de que modo podemos falar de continuidade e de que modo podemos falar de ruptura. Em vista disso, vamos expor, em linhas gerais, o contexto histórico no qual Ockham escreveu a sua obra política, para entender melhor o conteúdo dos escritos dessa fase de sua vida.

3.1.1 Breve contexto histórico

A vida e os escritos de Guilherme de Ockham mudaram drasticamente em 1324. Naquele ano, ele foi chamado pelo Papa João XXII a comparecer em Avinhão, a fim de responder a questões suspeitas denunciadas por João Lutterell, ex-chanceler da Universidade de Oxford. De fato, Lutterell tinha composto um libelo com cinquenta e seis artigos tidos como suspeitos de heresia e o entregou a João XXII (Lutterell, 1959, p. 3-102). Quando o sumo pontífice tomou conhecimento do libelo, nomeou uma comissão que se ocuparia de analisá-lo.

A comissão nomeada pelo Papa João XXII para analisar os artigos suspeitos que se encontravam nos escritos de Ockham era composta por seis membros: os dominicanos Raymundo Béguin (patriarca de Jerusalém), Durando de São Porciano (bispo de Meaux), Domingo Grima (bispo eleito de Pamiers) e o próprio João Lutterell; além de Gregório (bispo de Belluno-Feltre) e João Paynhota, dois eremitas de Santo Agostinho (Brampton, 1966, p. 9). Merecem destaque dois integrantes dessa comissão: o primeiro é João Lutterell, que fez a denúncia dos escritos de Ockham ao papa; e o segundo é Durando de São Porciano, presidente da comissão, que, em determinados aspectos, também compactuava com as ideias de Ockham (Eguren, 2020, p. 102)[65].

Na realidade, a comissão nomeada pelo papa tinha duas tarefas principais a cumprir. A primeira era averiguar se os artigos apresentados por Lutterell foram realmente extraídos dos textos de Ockham. A segunda era expor o seu juízo sobre eles (Eguren, 2020,

---

65. Sobre os integrantes da comissão, cf. Brampton (1966, p. 25).

p. 102). Contudo, depois da análise da comissão encarregada pelo papa, somente vinte e nove artigos denunciados por Lutterell foram acolhidos; porém, a comissão, de sua parte, acrescentou outros vinte e dois (Brampton, 1966, p. 7-8). Desse modo, eram cinquenta e um artigos suspeitos no total (Koch, 1935, p. 353-380; 1936, p. 79-93, p. 168-197)[66].

A comissão expressou igualmente o seu julgamento sobre o relatório, segundo o qual nenhum artigo foi condenado com veemência nem apareceram as palavras "heresia" ou "herético" (Eguren, 2020, p. 103). A avaliação foi apresentada, então, ao Papa João XXII, que concluiu que o relatório não foi analisado de um modo devidamente atento e severo (Baudry, 1949, p. 99).

Sendo assim, o papa pediu para que a comissão fizesse outro relatório (Pelzer, 1922, p. 240-270)[67], recebendo instruções muitos mais severas por parte do pontífice. O segundo relatório foi concluído pela comissão no ano de 1326 (Baudry, 1949, p. 99, nota 4). Esse relatório continha, na realidade, quarenta e nove artigos e era bem diferente do texto inicial composto por Lutterell (Koch, 1935, p. 362-370; Eguren, 2020, p. 103)[68].

Do segundo relatório, sete artigos foram declarados heréticos, trinta e sete foram declarados falsos, alguns foram considerados ridículos e três não foram censurados pela comissão (Koch, 1935, p. 375). É interessante notar que as questões pelas quais Ockham foi acusado se referem à lógica, às substâncias corporais, à epistemologia, ao movimento, às potências do homem e da alma humana, à graça, ao pecado, entre outros temas (Pelzer, 1922, p. 242). Portanto, não se referem a questões sobre a autoridade do papa,

---

66. É a publicação do primeiro relatório.

67. É a publicação do segundo relatório.

68. Koch faz um estudo comparativo entre a lista elaborada por Lutterell, o primeiro relatório e o segundo relatório.

a pobreza de Cristo e dos apóstolos, as ordens religiosas, questões essas que são os temas abordados em seus escritos políticos.

Guilherme de Ockham foi então convocado pelo papa para comparecer em um consistório, a fim de se defender das acusações que lhe eram dirigidas. Utilizando todos os recursos disponíveis, parece que ele não conseguiu convencer o papa. Apesar do pensamento do papa em condená-lo como herético por causa desses artigos, a condenação nunca ocorreu de fato. Ao mesmo tempo, João XXII não ficou seguro em condenar Ockham por causa da contradição do primeiro e do segundo relatório elaborado pela comissão. O que se sabe é que o relatório foi mandado a Jacques Fournier – que seria o futuro Papa Bento XII –, a fim de obter seu parecer. A análise minuciosa de Jacques Fournier não ficou pronta antes de 1328, e, consequentemente, Ockham não foi condenado oficialmente por causa das questões filosófico-teológicas (Brampton, 1966, p. 23).

Eguren (2020, p. 99) coloca uma interrogação importante: por que Lutterell acusou Ockham? Lutterell era um ex-chanceler de Oxford, figura importante na época. Por sua vez, Guilherme de Ockham era um frade franciscano que nem chegou a ser *Magister regens* na Universidade de Oxford e, portanto, não era uma pessoa muito conhecida até tal momento. Desse modo, parece que a acusação não fazia sentido.

Na verdade, todavia, Lutterell pode ter visto uma oportunidade na acusação de Ockham para demonstrar o seu valor junto ao papa, que se encontrava em Avinhão. Dessa maneira, poderia impressioná-lo e ter novos encargos (Brampton, 1966, p. 13), já que ele foi deposto de sua cátedra de chanceler da Universidade de Oxford por Henrique de Burghersh, bispo de Lincoln. O motivo principal dessa deposição parece ter sido o modo autoritário em que Lutterell exercia a função de chanceler, ocasionando, assim, uma forte rejeição por grande parte dos mestres de Oxford (Eguren, 2020, p. 99).

Segundo Kelley (1987, p. 3), Ockham foi escolhido por Lutterell quase por acaso. Portanto, podemos afirmar que o motivo da acusação é muito mais de caráter político do que de doutrina. Ou seja, não é que Lutterell estava preocupado com os dogmas da Igreja; ele queria mesmo era ter novos encargos e, por isso, escolheu um motivo de ordem teológica e doutrinal, já que o Papa João XXII se interessava por questões desse tipo. Assim, Lutterell teria uma ocasião de encontrar o papa. Algo que prova esse interesse é uma carta mandada de um certo Estêvão de Kettleburg para Lutterell, escrita entre 1317 e 1322, na qual Estêvão exortou o seu amigo Lutterell para ir a Avinhão (Kelley, 1987, p. 7-8)[69].

Após acolher as denúncias de Lutterell, João XXII chamou Ockham para comparecer a Avinhão. Ele chegou a essa cidade em 1324 (Boehner, 1944, p. 5), hospedou-se em um convento da Vila do papa e, dentro dela, pôde se movimentar livremente. Para sair, entretanto, Ockham tinha que pedir permissão ao Sumo Pontífice (Eguren, 2020, p. 101).

Contudo, é fundamental ressaltar que, durante a sua permanência em Avinhão, Ockham se encontrou com Miguel de Cesena, então ministro-geral da Ordem dos Frades Menores. Cesena foi eleito para exercer tal ministério no Capítulo Geral de Nápoles em 1316 (Baudry, 1949, p. 103). Nessa época, a Ordem se encontrava em tempos difíceis, pois no interno dela havia a disputa entre conventuais e espirituais, luta que se dava principalmente na Itália e na França (Baudry, 1949, p. 103)[70]. Miguel de Cesena desejava promover a reconciliação entre esses dois partidos no interno da Ordem; todavia, isso não aconteceu, porque parte dos frades espirituais não se submeteu à sua autoridade (Eguren, 2020, p. 104-105).

---

69. A parte principal da carta é reportada pelo próprio Kelley.

70. Para aprofundar esse tema, cf. Scarsi (1973).

Devido à questão da pobreza franciscana, Miguel de Cesena foi chamado a Avinhão pelo Papa João XXII. A Ordem sustentava a ideia da pobreza radical de Cristo e, consequentemente, todos os frades deveriam também viver nessa pobreza radical[71], mas João XXII não concordava com a posição dos franciscanos.

Por isso, o Sumo Pontífice pediu a opinião de especialistas para analisar a questão da pobreza evangélica, já que ele era especialista em direito, e não em teologia. Primeiramente, João XXII aboliu as penas impostas contra a discussão sobre esse tema feitas por Nicolau III. Para isso, ele publicou, no dia 26 de março de 1322, a bula *Quia nonnunquam* (João XXII, 1898, p. 224-225). Porém, no capítulo de Perúgia (1322), os franciscanos reafirmaram a questão da pobreza de Cristo, aderindo àquilo que tinha sido oficializado pelo Papa Nicolau III no dia 14 de agosto de 1279 com a bula *Exiit, qui seminat* (1765, p. 404-417), em que se sustentava que Cristo viveu na pobreza.

Seguiram-se, então, uma série de bulas de João XXII, condenando a posição dos frades e reafirmando que Cristo, bem como a Ordem Franciscana, deveriam ter de fato as coisas as quais utilizavam. Entre as bulas de João XXII se destacam as seguintes: *Ad conditorem* (8 de dezembro de 1322) (1898, p. 233-246); *Cum inter nonnullos* (12 de novembro de 1323) (1898, p. 256-259), na qual, pela primeira vez, se declara que a pretensão dos franciscanos de que Cristo e os seus apóstolos não tiveram propriedade é herética; e *Quia quorumdam* (10 de novembro de 1324) (1898, p. 271-280), que é também uma resposta às afirmações do Imperador Luís da Baviera (Eguren, 2020, p. 105-106).

Segundo Boehner (1944, p. 7-8), na verdade, a origem desse conflito foi justamente o atrito que o Papa João XXII teve

---

71. Esse será também o argumento principal na disputa de Miguel de Cesena e do assim chamado grupo dissidente com o Papa João XXII (cf. Lambertini, 2000, p. 189-307; Damiata, 1978, p. 361-390).

com Luís da Baviera. Além disso, a eleição de Luís da Baviera como imperador não se deu de uma forma regular. Por esse motivo, Frederico de Áustria também reivindicava para si o título de imperador, o que ocasionou uma grande disputa pelo poder do Império.

O Papa João XXII também não aceitou a eleição de Luís da Baviera nem a de Frederico de Áustria, sustentando que a sede do imperador estava vacante. Desse modo, ele reivindicou para si a administração de todo o Império. Porém, na prática, Luís da Baviera continuou exercendo o poder como imperador. Isso provocou desaprovação por parte de João XXII, o qual ordenou que Luís da Baviera deixasse imediatamente de exercer o poder imperial. Ao mesmo tempo, solicitou-lhe que comparecesse em Avinhão dentro de três meses. Luís da Baviera, obviamente, não obedeceu à ordem do papa. Desse modo, em 1324, o papa o excomungou e, em julho desse mesmo ano, declarou que ele não teria mais nenhum direito dentro do Império (Baudry, 1949, p. 101).

Luís da Baviera, todavia, não se deu por vencido e, em certo modo, se aproveitou da situação de atrito entre a Ordem dos Frades Menores com o Papa João XXII. Assim, ele publicou a Declaração de Sachsenhausen (22 de maio de 1324), na qual ele afirmava que o Papa João XXII era herege, por causa de sua atitude contra a Ordem. Contudo, sabemos que o motivo principal da declaração não era esse, mas sim a disputa pelo poder no Império (Eguren, 2020, p. 106).

Porém, qual a relação da chamada de Miguel de Cesena a Avinhão com o conflito entre o papa e Luís da Baviera? Em detrimento da aproximação de Luís da Baviera com a Ordem, o Papa João XXII pensou que seria melhor ter o ministro-geral da Ordem perto de si e, assim, de certa maneira, poderia controlá-lo, ainda que afirmasse que o motivo da chamada fossem algumas questões e afazeres relativos à Ordem (Boehner, 1944, p. 8). Miguel de Cesena, entretanto, não pôde comparecer a Avinhão logo depois de ter recebido a carta de convocação, porque ficou doente quando se encontrava em Tivoli. No entanto, ele respondeu ao papa, indicando as razões pelas quais não pôde comparecer imediatamente. Em dezembro de 1327, enfim, Miguel de Cesena chegou a Avinhão (Baudry, 1949, p. 111-112).

O primeiro encontro entre João XXII e Miguel de Cesena parece ter sido bastante cortês. Ao mesmo tempo, o papa estava atento a Cesena. Para evitar problemas, este – assim como Ockham – também não pôde deixar a vila sem a permissão de João XXII. A situação se complicou quando, em abril de 1328, Miguel de Cesena aderiu novamente à declaração da Ordem reunida em Perúgia. João XXII então o proibiu de ir ao Capítulo Geral da Ordem (Baudry, 1949, p. 112-113). Mesmo assim, contudo, Miguel de Cesena foi eleito ministro-geral da Ordem. Ele então compôs a *Appellatio* de Avinhão, mas João XXII não permitiu que ele deixasse a vila. Foram testemunhas da *Appellatio*: Guilherme de Ockham, Francisco de Ascoli e Bonagrazia de Bérgamo (Eguren, 2020, p. 107).

Desse modo, no dia 26 de maio de 1328, esses quatro frades decidiram escapar de Avinhão (João XXII, 1898, p. 345-346). Eles foram, primeiramente, em direção ao Porto de Aigues-Mortes, onde o Bispo Pedro de Arrablay tentou convencê-los a mudar de opinião, mas não obteve resultado algum (Boehner, 1944, p. 8). Dessa maneira, eles foram de barco até Gênova e, depois, foram para Pisa, onde se encontraram com o imperador no dia 12 de setembro de 1328, sendo muito bem recebidos pelo povo e pelos seus oficiais (Baudry, 1949, p. 116). No encontro com o imperador, segundo a lenda, Ockham teria dito: "*O imperator defende me gladio et ego defendam te verbo*" ("Ó imperador, me defenda com a espada e eu te defendo com a palavra!")[72].

---

72. Essa citação é feita por Trithemius no ano de 1546 e por um outro cronista do século XIV. Cf. Baudry (1940, p. 124).

Sabendo da fuga do grupo de frades, João XXII (1898, p. 346-349) os excomungou no dia 6 de junho de 1328. Ao mesmo tempo, ele fez com que o Capítulo Geral de Paris, em 1331, sentenciasse o grupo de frades fugitivos e elegesse Guiral Ot como ministro-geral no lugar de Miguel de Cesena (Eguren, 2020, p. 108).

Por sua vez, o grupo de frades permaneceu um tempo junto ao Imperador Luís da Baviera em Pisa. Contudo, como a situação tornou-se complicada na Itália, eles decidiram ir para a Alemanha, chegando ao convento franciscano de Munique no ano de 1330. Lá Ockham permaneceria até o fim de sua vida (Eguren, 2020, p. 109).

Em Munique, o grupo de frades teve uma estreita convivência, tanto pessoal quanto intelectual. Nesse sentido, a ideia deles era unânime: justificar as suas posições sobre a pobreza e rejeitar os abusos cometidos pelo papa em relação ao Império. Pode até ser que eles discordassem a respeito de alguns pontos, mas estavam unidos sobre essa ideia geral (Baudry, 1949, p. 143; Eguren, 2020, p. 109).

As conversas entre o poder imperial e o papa se tornavam cada vez mais complicadas, tanto que, em 1333, aconteceu a ruptura total. O imperador, de modo ainda mais enfático, atacava os sermões de João XXII. Ockham e o grupo de frades aproveitaram esse fato para enfatizar que o papa era herege (Baudry, 1949, p. 148).

João XXII morreu no dia 4 de dezembro de 1334. Em 16 de dezembro desse mesmo ano, Bento XII foi eleito papa. Porém, com a sua eleição, a situação não mudou muito. O novo papa não exigiu a renúncia de Luís da Baviera do Império; todavia, pediu que o imperador expulsasse de sua corte os maus conselheiros, como Ockham e Miguel de Cesena, caso estes não obedecessem às ordens do papa. Luís de Baviera pretendia fazê-lo, mas, por causa do rei da França, se aliou à Inglaterra, o que ocasionou uma nova crise na relação entre Império e papado (Eguren, 2020, p. 110).

Bento XII morreu em 1342, e, em seguida, Clemente VI foi eleito como papa. Os problemas entre o Império e o papado continuaram, mas o que mudou foi a situação política do Império. Luís da Baviera não tinha mais um grande prestígio, e muitos dos seus conselheiros aderiram a Carlos IV de Luxemburgo e o proclamavam como imperador (Eguren, 2020, p. 110-111).

O grupo de frades também começou a passar por várias dificuldades – de modo particular, Guilherme de Ockham. Miguel de Cesena faleceu em 29 de novembro de 1342, deixando o selo da Ordem para Ockham. Bonagrazia de Bérgamo morreu um pouco antes, em 19 de junho de 1340. E o que agravou a situação de Ockham e fez com que ele ficasse ainda mais isolado foi a submissão ao papa por parte de Francisco de Ascoli, em dezembro de 1343. Guilherme de Ockham, todavia, permaneceu fiel a Luís da Baviera (Baudry, 1949, p. 230-231; Eguren, 2020, p. 111).

Provavelmente, Ockham quis se reconciliar com a Ordem e com a Igreja, talvez por sua consciência e porque a morte se aproximava, mas parece que essa reconciliação não aconteceu de fato (Baudry, 1949, p. 241; Eguren, 2020, p. 111-112)[73]. O *Venerabilis Inceptor* faleceu no dia 10 de abril de 1347, segundo aquilo que está escrito no epitáfio: "No ano do Senhor de 1347, em 10 de abril, morreu o reverendo e doutíssimo Padre Frei Guilherme, chamado Ockham de Anglia, doutor na sacrossanta teologia" (Gál, 1982, p. 95)[74]. Ainda que nem todos os historiadores estejam de acordo com essa data[75], acreditamos que tenha sido efetivamente o dia 10 de abril de 1347 a data de sua morte.

---

73. Boehner (1944, p. 15) afirma que a reconciliação, de fato, aconteceu. Para aprofundar a questão, cf. Gál (1982, p. 90-95).

74. Em latim: "Anno Domini MCCCXLVII iv idus Apriles obiit admodum reverendus et doctissimus pater frater Wilhelm dictus Ockam ex Anglia sacrosanctae theologiae doctor". A transcrição se encontra em: Brampton, 1960, p. 442, nota 4. O epitáfio diz, literalmente: "A. DNI MCCCXLVII. IV. ID. APR. O. A. R. ET DOCTISS. P. F. WILHELM DICTUS OCKHAM EX ANGLIA SS. THEOL. DOCT" (cf. Gál, 1982, p. 95).

75. Por exemplo, Höhn (1950, p. 152), que propõe 1349 como o ano de sua morte.

3.1.2 Uma só filosofia

Podemos observar, a partir do contexto histórico, que realmente existe uma reviravolta na vida e nos escritos de Ockham a partir de sua fuga de Avinhão. Desse modo, é possível afirmar que existem duas fases na sua vida, bem como nos seus escritos. Na primeira parte dos escritos, como evidenciado anteriormente, são tratados temas filosófico-teológicos e acadêmicos, e, na segunda parte, temas políticos e não acadêmicos[76], com exceção dos escritos *Tractatus minor* e *Elementarium logicae* (1988, p. 3-306), os quais se sustenta que foram elaborados por Ockham durante a sua permanência em Munique (Ghisalberti, 1996, p. 27-28)[77].

Mas existe uma ligação entre esses dois blocos (filosófico-teológico e político) ou são escritos que não têm nenhuma relação uns com os outros? Em resposta a essa pergunta, destacamos que existem duas linhas de interpretação: aquela que sustenta que não existe nenhuma ligação entre esses dois blocos e aquela que sustenta que existe uma continuidade entre eles[78].

Um dos primeiros comentadores das obras de Ockham que defende que não há continuidade entre esses dois blocos é Scholz, na sua obra *Wilhelm von Ockham als politischer Denker und sein Breviloquium de principatu tyrannico* (1944), o qual diz que é importante separar radicalmente os dois grupos de escritos, ao ponto de encontrar neles duas pessoas diferentes, isto é, o Ockham filósofo e teólogo e o Ockham político. Segundo Scholz (1944, p. 17), a obra filosófico-teológica deve ser tomada seriamente como expressão de seu pensamento autêntico, já a obra políti-

---

76. A edição crítica das obras de Ockham divide o primeiro grupo em Opera Philosophica e Opera Theologica. Já o segundo grupo é denominado de Opera Politica.

77. Essas obras são classificadas como *opera dubia*. Não é negada a autenticidade delas, mas são oficialmente declaradas como obras duvidosas pelos editores da edição crítica. Cf. Gál; Giermek (1988, p. 7-11).

78. Para aprofundar o tema e ver a historiografia dos comentadores, cf. Shogimen (2007, p. 1-35), Damiata (1979, p. 5-35) e Eguren (2020, p. 44-92).

ca não deve ser levada muito a sério, porque nela Guilherme de Ockham escreve para o público em geral e é motivado a convencer as pessoas.

Na mesma linha se encontra a interpretação de Boehner. Em seu artigo intitulado "Ockham's political ideas" (1958), ele não rejeita a ideia de que possam existir eventualmente algumas conexões internas entre os escritos filosófico-teológicos e os escritos políticos. Porém, essas conexões somente podem ser vistas, segundo Boehner, se toda a obra for corretamente interpretada, ao contrário do que fazem alguns autores. Apesar de admitir isso, parece que ele não vê uma ligação entre os dois blocos de escritos ockhamianos. Segundo Boehner (1958, p. 446), Ockham poderia escrever a obra política a partir de qualquer reflexão metafísica do século XIII.

Na verdade, Boehner está respondendo principalmente à interpretação dos escritos de Ockham feita por Dempf, na obra *Sacrum Imperium* (1988, p. 455-478), o qual afirma que a obra política é consequência direta de seu pensamento metafísico, que ele denomina de metafísica nominalista[79]. Desse modo, Dempf vê uma passagem natural e consequente entre as duas etapas, o que é rejeitado fortemente por Boehner.

Essa rejeição também é feita por Morrall em "Some notes on a recent interpretation of William of Ockham's political philosophy" (1949). Para ele, de nenhum modo os escritos políticos de Ockham podem ser interpretados como uma consequência direta de seus escritos filosóficos e teológicos, como fazem alguns intérpretes neotomistas. Segundo Morrall (1949, p. 337-338), o ponto de partida dos escritos políticos é a Revelação, e não a filosofia, a partir da distinção entre fé e razão que é própria de Ockham. Portanto, fazer uma ligação entre os dois blocos é inadequada.

---

79. A obra original em alemão é de 1929.

Uma importante obra que procurou também responder a essa questão é a de De Lagarde, intitulada *La naissance de l'esprit laïque au déclin du moyen age*. Nos volumes IV e V dessa obra, ele trata do pensamento de Ockham. No início de sua pesquisa, De Lagarde coloca que há diferentes etapas do pensamento do *Venerabilis Inceptor*, mas que existe uma ligação entre elas. Para De Lagarde, Guilherme de Ockham não abandonou suas preocupações filosóficas a partir do momento em que contribuiu com uma atividade de caráter político. Segundo ele, não se pode ignorar as luzes que os escritos filosóficos podem oferecer aos seus escritos políticos (De Lagarde, 1962, p. 16)[80].

Depois da análise dos textos da Opera Politica de Ockham, De Lagarde (1963, p. 281) concluiu que o paralelismo entre os escritos filosófico-teológicos e os escritos políticos é evidente. O Ockham filósofo procurou mostrar a pouca solidez das sínteses dos teólogos do fim do século XIII. Da mesma forma, o Ockham político procurou criticar as justificações jurídicas e racionais que foram dadas pelas instituições do cristianismo no Medievo, evidencia De Lagarde (1963, p. 282).

Sustentando esse paralelismo, seria possível objetar: por que não se pode ver de uma forma veemente esse aspecto nos escritos de Ockham? Segundo De Lagarde, são dois os motivos principais para tal escondimento. O primeiro é que Guilherme de Ockham raramente procurou relacionar um princípio filosófico a um princípio político. O segundo motivo é que Ockham não quis ser um homem de sistema. Pelo contrário, ele demoliu os sistemas gerais precedentes e não tinha a preocupação de oferecer um novo sistema orgânico. Na realidade, ele construiu a verdade a partir de muitas pequenas verdades, sem se preocupar se elas eram coerentes entre si (De Lagarde, 1963, p. 282-283).

---

80. A mesma ideia é sustentada por Baudry (1949, p. 7-10).

A opinião de De Lagarde vai de encontro à reflexão que faz Damiata em *Guglielmo d'Ockham: povertà e potere*, e que, a nosso ver, entra no cerne da questão da ligação entre a obra filosófico-teológica e a obra política de Ockham. Damiata também rechaça a teoria de que se pode encontrar na produção filosófica e teológica ockhamiana as premissas para sua produção política, que, segundo alguns, seria o "pôr em prática" de seu pensamento filosófico e teológico. Esse aspecto não é possível, segundo Damiata (1979, p. 27), porque os temas e os interesses dos dois blocos de obras são diferentes.

A unidade entre as duas produções deve ser atribuída sobretudo à pessoa e à *forma mentis* de Ockham. Damiata (1979, p. 27) ressalta que é o mesmo Guilherme de Ockham que estava ensinando em Oxford e se preocupava em escrever sobre temas filosóficos e teológicos e, consequentemente, não estava imerso nos conflitos internos da Ordem que, depois do processo de Avinhão, muda totalmente de objetivos e busca defender incessantemente a pobreza franciscana.

Nós aderimos à ideia expressa por Damiata. Segundo o nosso ponto de vista, a unidade da pessoa e de sua *forma mentis* pode ser ilustrada também através de um exemplo: alguém que muda de emprego ou, ainda, que vai morar em um outro país conserva a sua identidade e o seu essencial modo de pensar. Portanto, a pessoa permanece a mesma, ainda que ela esteja fazendo algo diferente ou esteja vivendo em um outro lugar.

Desse modo, sustentamos que é por meio da identidade da pessoa de Ockham e de sua *forma mentis* que se dá a união entre os dois grandes períodos de sua vida e os dois grandes blocos de suas obras. Em consequência, rejeitamos a teoria de que existe uma total fratura entre os dois períodos, como sustentava, por exemplo, Scholz (1944, p. 17). Afirmamos que a unidade não deve ser buscada unicamente no conteúdo, mas também no estilo, ou seja, é a unidade da *forma mentis* que modela e plasma em certo modo a abordagem dos diversos temas filosóficos, teológicos e políticos do *Venerabilis Inceptor* (Damiata, 1979, p. 27).

Entretanto, de que modo se manifesta a unidade entre os dois blocos de obras? Segundo o nosso ponto de vista, a unidade e a ligação podem ser vistas através de dois pontos principais. Em primeiro lugar, pelo seu comportamento crítico[81]. Ockham fez uma crítica ferrenha ao pensamento filosófico dominante em seu tempo, principalmente ao que se refere à questão dos universais. Também na obra política a atitude crítica é presente – em especial, contra aqueles que atacavam a pobreza franciscana e não permitiam que o indivíduo vivesse em liberdade.

Em segundo lugar, Ockham (1974a, p. 5-6) foi alguém que sempre buscou a verdade. Como nos escritos filosóficos e teológicos, também nos escritos políticos vemos essa atitude. A verdade, segundo ele, não se revela por si mesma, mas se chega a ela somente por meio da procura, da insistência e até da violência intelectual (Damiata, 1979, p. 22). Ockham (1974b, p. 181) afirma: "Porque estou convencido de que mais facilmente se encontra a verdade questionando, contrapondo, disputando, solucionando, bem como explanando os diversos argumentos e respostas".

Nesse sentido, podemos observar que o discurso de Ockham não é um discurso superficial, genérico. Nos escritos filosófico-teológicos e igualmente nos escritos políticos, Guilherme de Ockham sente a necessidade de ir a fundo nos argumentos tratados e defender as suas ideias com fundamento e precisão, ainda mais no campo da reflexão política, no qual o seu adversário é declarado. É interessante observar que Ockham (2019, p. 6) leva em consideração ideias falsas ou fantasias, porque até elas podem conduzir à verdade (Damiata, 1979, p. 22). Segundo Guilherme

---

81. Para aprofundar a questão da personalidade de Ockham, cf. Abbagnano.

de Ockham (1974b, p. 292), a procura da verdade nasce a partir de tentativas, nas quais se erra e se acerta. Por isso, não se deve aceitar nada daquilo que não foi discutido antes, porque alguém não pode ser preguiçoso mentalmente (Damiata, 1979, p. 22).

A busca da verdade, a nosso ver, é também evidenciada pelo modo dialógico em que Ockham trata de temas políticos, em que também se apresentam questões relacionadas à ética. A obra que se destaca nessa linha é o *Dialogus*, que para muitos é a principal obra política de Ockham (Eguren, 2020, p. 119-120). A tradição dialógica, na realidade, remete a Platão, Agostinho e Abelardo (Salanitri, 2014, p. 108). Trata-se de um método de pesquisa que consiste em perguntas e respostas, no qual os interlocutores vão se aprofundando sobre um determinado tema. É um caminho privilegiado para chegar ao conhecimento da verdade (Salanitri, 2014, p. 112).

O método dialógico representava um importante instrumento para se exprimir em relação a argumentos de natureza complexa, nos quais se poderia cair em heresia. Desse modo, Ockham encontrou no diálogo um meio para desenvolver uma serena reflexão que, em certa maneira, substituía a disputa dialética que acontecia no ensinamento escolástico. Como ele não podia mais exercer a função de docente, encontrou nesse método algo que se assemelhava a essas disputas (Salanitri, 2014, p. 108).

Um outro motivo pelo qual Ockham escolheu o método dialógico é o fato de poder ficar no anonimato (Damiata, 1979, p. 22-23), ou seja, através desse método ele não se apresentava e, assim, não se tinha algum prejuízo em relação à pessoa que os escrevia. Isso pode ser visto ainda como uma atitude de confiança em relação ao leitor ou ao ouvinte que, por meio de sua razão, é capaz de entender onde está a opinião mais confiável, o que representa uma valorização de cada indivíduo. Ockham escreve no *Dialogus* (2019, p. 6-7):

[...] Não tenho dúvida de que, se for explicitar aqui o que penso a respeito dos temas a serem investigados, em prejuízo da verdade e em detrimento da justiça, seria caluniado pelos maus. Por esse motivo, aliás, como tu queres, neste tratado de maneira alguma indicarei qual das opiniões arroladas eu estimo que deva ser tida como certa, pois, procedendo desse modo, a verdade não correrá perigo; ao contrário, este será evitado, pelo fato de que, conforme acredito, devido ao meu assentimento, ninguém aderiria firmemente à verdade, mas muitos, como temo, devido ao ódio da inveja e à maldade do rancor a impugnariam muito acerba e duramente por meio de palavras e atos, o que não ignoro que me foi feito por certas pessoas estimuladas pela inveja acerca de outras coisas.

Essa preocupação emerge não só no *Dialogus*, mas igualmente em outra obra de Ockham. Na sua introdução da obra *Octo quaestiones de potestate papae* (1974b, p. 15), ele afirma:

Por causa disso, conforme o desejo, vou me empenhar em proceder de tal maneira que eles, coagidos pela forma do discurso, venham a dar atenção não a quem argumenta, mas ao que se diz, de modo que jamais ferirão indignamente a verdade, a não ser que se deixem levar por uma inaudita maldade e por ódio contra mim. [...] E algumas vezes, colocando-me no lugar de outrem, conscientemente, argumentarei de modo sofístico em favor das teses apresentadas, a fim de que, uma vez compreendidos os raciocínios aduzidos em favor delas, o sincero amante da verdade possa ter a ocasião de discernir o certo do errado com a agudeza da pura razão.

Por outro lado, a preocupação do *Venerabilis Inceptor* também é de não ser aceita a sua opinião devido à autoridade. Para ele, um argumento não deve ser aceito por causa do autor, mas por ser verdadeiro e válido, isto é, o argumento deve ser provado pela razão. Ockham (2020, p. 2) expõe:

Contudo, nisso que agora quero investigar, não quero estar condicionado à tua autoridade, mas quero experimentar que efeitos produzem em mim os argumentos e os textos que aduzes, bem como a minha meditação pessoal.

Além do exposto, segundo a nossa opinião, um outro aspecto importante que liga os escritos filosófico-teológicos aos escritos políticos são alguns temas do primeiro bloco de escritos que se repetem no segundo. A seguir, evidenciaremos alguns desses temas.

3.1.2.1 Lógica

Como indicado no primeiro capítulo deste livro, Ockham deu muita importância à lógica nos escritos de ordem filosófico-teológica, tanto que ele compôs a *Summa logicae*, delineando os principais fundamentos dela. Na obra política, ele também ressalta a sua importância, afirmando que João XXII carece do uso desse instrumento. Por isso, o discurso do papa, muitas vezes, não é coerente (Ockham, 1974b, p. 363).

O *Venerabilis Inceptor* evidencia que já Santo Agostinho (1922, p. 174) afirmava que ninguém deve argumentar sobre assuntos teológicos se não conhece bem as regras da lógica. São Jerônimo (2003, p. 70) é até mais incisivo e diz que quem ignora as regras da lógica no discurso teológico pode ser chamado de herege. Por isso, Ockham (1974b, p. 364) afirma que, para fazermos um discurso coerente e não cairmos em falácias, é fundamental que se tenha um mínimo de conhecimento das regras da lógica.

Desse modo, podemos observar que, argumentando sobre temas teológicos e políticos nos escritos da segunda fase de sua vida, Ockham utiliza as regras da lógica e, além disso, afirma que elas são indispensáveis para uma análise adequada da linguagem. Ele sustenta:

> Portanto, eles afirmam que, usando essas palavras equívocas, aqui e frequentemente em outro lugar, ele comete em seus argumentos a falácia da equivocação. E nenhuma outra resposta pode ser dada, pois a reta resposta para os sofismas que pecam por equivocação é explicação da ambiguidade das palavras (Ockham, 1963, p. 494).

Guilherme de Ockham reconhece que não é uma tarefa simples fazer o uso correto da lógica, porque uma mesma palavra pode ter significados bem diferentes. Ele afirma:

> Algum nome ou vocábulo tem frequentemente vários significados, os quais cada um é próprio. Por isso, diz-se que sempre no primeiro modo de equivocação cada significado é próprio, exceto que, no segundo modo, um, principal e comum, seja próprio e secundário, e o menos comum seja impróprio (Ockham, 1974b, p. 363).

Nesse sentido, o termo *usus* tem significados diferentes nas ciências, na filosofia e na teologia, e no modo vulgar de falar. Existe ainda um outro modo de entender o termo, que é aquele usado pelas ciências legais (Ockham, 1974b, p. 363). Um outro exemplo que Guilherme de Ockham (1974a, p. 44) apresenta se dá através dos termos *habere* e *habendi*, que são tomados em modo equívoco, daí a sua dificuldade de interpretação. Ele afirma:

> Por isso, "ter" (*habere*), em diversos lugares, é entendido em modo equívoco. De fato, algumas vezes significa domínio e propriedade; algumas vezes, o poder do uso; algumas vezes, origem; algumas vezes, o costume do lugar ou algo que se faça pelo outro; e algumas vezes, ainda, se diz de quem tem pai: de fato, segundo o todo tem as partes e as partes têm o todo; e um prelado tem súditos e os súditos têm um prelado. Por isso, o modo de entender o verbo "ter" (*habendi*) é difícil de explicar, pois, apesar de em algum lugar existirem oito modos dos quais se diz "ter" (*habere*), para eles há muito mais (Ockham, 1963, p. 423).

Esses e outros termos citados por Ockham indicam que ele esteve atento à definição dos termos e à dimensão da linguagem de um modo geral. Portanto, mesmo em relação a temas diferentes do que aqueles abordados em seus escritos filosóficos e teológicos, Ockham não abandona as regras da lógica e evidencia que elas são importantes (Damiata, 1979, p. 29).

3.1.2.2 Fé e razão

Um outro tema desenvolvido nos escritos da primeira fase de sua vida, e que é presente também nos escritos da segunda fase, é a questão que podemos denominar de "separação entre filosofia e teologia" (Ghisalberti, 1996, p. 121-146). Ockham (1980, p. 1) afirma que não podemos transformar em verdades demonstráveis aquilo que conhecemos pela Revelação: "O artigo de fé não se pode provar evidentemente".

Ele aborda esse tema em uma questão da obra *Quodlibeta septem* (1980, p. 117): "Se o artigo de fé pode ser demonstrado". Respondendo à questão colocada, Ockham (1980, p. 117) é direto e enfático: "A essa questão respondo que [os artigos de fé] não podem ser demonstrados pelo *viatore*, pois não se pode fazê-lo por uma demonstração *quia* nem por uma demonstração *propter quid*". Ou seja, as verdades da fé não podem ser demonstradas através de algo que vai do efeito à causa nem por uma demonstração que vai da causa ao efeito (Ockham, 1974a, p. 537-539; 1991, p. 101, nota 12).

Nos escritos políticos, Guilherme de Ockham também sustenta essa separação (De Lagarde, 1963, p. 284), ou seja, aquilo que nos foi dado pela Revelação é infalível, já aquilo que é afirmado pelos papas e pelo concílio geral é falível. Deve-se acreditar nos santos e nos pontífices somente se eles estão em conformidade com a Revelação. A verdade da fé é algo dado e do qual não se pode duvidar. Por sua vez, as palavras dos pontífices e dos governadores devem sempre passar pelo crivo da razão (Ockham, 2020, p. 34-39).

Sendo assim, evidenciamos alguns temas que, a nosso ver, ilustram a ligação entre os escritos filosófico-teológicos de Ockham e os escritos políticos. Podem ser desenvolvidas ainda outras conexões, mas acreditamos que essas já sejam suficientes para ver a continuidade entre as duas etapas da obra do *Venerabilis Inceptor*, através da sua identidade e da sua forma de pensar.

3.2 O indivíduo e os seus direitos

Indicaremos, nesta reflexão, de uma maneira mais enfática, como o singular está ligado ao seu pensamento político, a partir da ligação dos escritos filosófico-teológicos com os escritos políticos. Para isso, inicialmente, indicaremos a importância que Guilherme de Ockham dá a cada indivíduo ao interno de uma instituição. Em seguida, desenvolveremos o tema do direito à propriedade, bem como a defesa de todos os seus direitos. Sobre a questão dos direitos subjetivos, procuraremos analisar a reflexão feita por outros autores, indicando uma ideia original em consonância com toda a filosofia de Ockham.

3.2.1 A importância do indivíduo no contexto eclesiológico e social

A ontologia do singular está conectada com a sua obra política. Um dos textos que evidencia essa ligação se encontra na obra *Opus nonaginta dierum* (1963, p. 568), na qual Ockham afirma:

> O segundo erro que ali se apresenta – e dizem – é que a Ordem dos Frades Menores é uma pessoa representada e imaginária. Se a Ordem dos Frades Menores fosse uma pessoa representada e imaginária, pela mesma razão a Igreja e qualquer comunidade seria uma pessoa representada e imaginária: o que é um absurdo. De fato, o que é apenas representado e imaginário é fantasiado, e não é uma coisa fora da alma. Mas a Igreja não é aquilo fantasiado e que não existe fora da alma; portanto, ela não é uma pessoa representada e imaginária.

Guilherme de Ockham confirma a sua posição também através de um raciocínio lógico, ligando o conceito de Ordem e de Igreja. Ele expõe:

> Isso é confirmado: ou a Igreja está fora da alma, ou apenas na alma, ou é algo composto por um ente na alma e um ente fora da alma. Se está apenas na alma ou é algo composto por um ente na alma e um ente fora da alma, então não pode ter nenhuma coisa real ou jurisdição real, pois o que se diz da Igreja é ímpio e blasfemo. Contudo, se a Igreja está fora

da alma, então é uma coisa, ou várias; e – quer seja uma, quer seja várias – não é uma pessoa representada e imaginária; pois nenhuma coisa é uma pessoa imaginária, nem várias coisas são uma pessoa representada e imaginária. Portanto, a Igreja não é uma pessoa representada e imaginária, e, pela mesma razão, a Ordem dos Frades Menores não é uma pessoa representada e imaginária (Ockham, 1963, p. 568).

O texto anteriormente exposto está dentro de um contexto de debate com o Papa João XXII. Ockham rejeita as teses contidas na Constituição *Quia quorundam* (João XXII, 1898, p. 271-280). Nessa constituição, João XXII afirmava que a Ordem dos Frades Menores é como uma pessoa representada e imaginária. Guilherme de Ockham, em sintonia com seu pensamento ontológico, afirma que, se a Ordem e, da mesma forma, a Igreja fossem algo apenas imaginário e sem nenhuma existência, elas não poderiam ter alguma jurisdição. Mas a Ordem e a Igreja são os seres singulares que as compõem, pois, como vimos anteriormente, o que existe fora da alma são entes singulares. A Ordem tem existência real, são todos os frades em sua existência real. Da mesma forma, a Igreja são todos os fiéis católicos. Continuando a sua reflexão, Ockham (1963, p. 569) afirma que:

> Sobre a carta. *Entende-se de direito mundano e civil, o qual é próprio*: isso é provado por ambas as partes. *O direito de uso da comunidade dos frades existe*: isso é falso pelo direito do uso da instituição humana e diretamente o decreto *Exiit* obvia e rejeita. *A Ordem tem uso*: isto é, os frades têm uso, pois os frades são a Ordem. De fato, segundo o que diz o apóstolo no terceiro capítulo aos Hebreus: os fiéis são a casa de Deus. (*De fato, se diz da casa de Deus: pois a casa de Deus somos nós, se tivermos a firme fé e a graça da esperança até o fim.*) Do mesmo modo, os frades são a Ordem e a Ordem são os frades. Por isso se segue evidentemente que a Ordem não é uma pessoa imaginária e representada, mas são as verdadeiras pessoas reais.

Existe, dessa forma, uma clara ligação entre a filosofia de Ockham e o seu pensamento político. Todas as instituições – a

Ordem, a Igreja, o Estado – não são abstratas, mas sim concretas: a instituição são as pessoas que pertencem a ela. Já na obra filosófica Ockham afirmava que o homem é uma humanidade, ou seja, não existe a humanidade em sentido imaginário. Portanto, cada frade é a Ordem, cada fiel é a Igreja.

Esse aspecto se vê claramente também na definição de Igreja presente nos escritos políticos. Como indica De Lagarde (1963, p. 40-48), Ockham raramente utiliza a clássica definição de Igreja: *Ecclesia est universitas fidelium*. Nas diversas vezes em que Guilherme de Ockham faz menção à Igreja aparecem outras definições como: *congregatio* (1974b, p. 61)[82], *communitas* (1974b, p. 330), *multitudo* (2020, p. 13), *collectio* (2020, p. 305), *collegium* (2020, p. 238). Outras vezes, ele se refere à Igreja somente como: *fideles* (1974b, p. 348), *credentes* (1974b, p. 346), *christiani* (2021, p. 255), *catholici* (2020, p. 273). Segundo Ockham, a Igreja pode ter diversos significados, conforme aquilo que também é afirmado por Agostinho (1891, p. 326). Entre outros significados, um é aquele que pode ser tomado como todos os fiéis vivos e falecidos. Ockham (2020, p. 12) afirma:

> Para compreender isso, é preciso saber que o termo "Igreja" é entendido de um modo não equívoco em diferentes textos. De fato, às vezes, significa o lugar físico reservado aos ofícios divinos; às vezes, um particular colégio de clérigos; às vezes, o inteiro colégio de todos os clérigos; às vezes, uma particular assembleia do clero e do povo; às vezes, a inteira comunidade dos fiéis atualmente vivente nesta vida mortal; às vezes, na verdade, o termo "Igreja" se refere não somente à inteira comunidade dos católicos viventes, mas compreende também os fiéis defuntos.

Podemos observar que os diversos modos de se referir à Igreja estão em consonância com a maneira como Ockham entende as instituições, isto é, elas são os membros que as compõem.

---

82. Para outras citações nas obras de Ockham, cf. De Lagarde (1963, p. 43, notas 67-69).

É presente também nessa reflexão o primado do singular (De Lagarde, 1963, p. 44). Através de um raciocínio lógico, Guilherme de Ockham diferencia os termos "fé cristã" de "Igreja cristã". Contestando aqueles que sustentavam que eram sinônimos, ele afirma no *Dialogus* (2020, p. 148-149):

> Diz-se que aquele argumento peca por uma *fallacia figurae dictionis*: de fato, se bem que a fé cristã e a fé da igreja universal sejam uma coisa só quando a Igreja não erra, todavia segundo eles o termo "igreja universal" designa ou indica os cristãos diretamente (*in recto*), porém não os indica desse modo o termo "fé cristã". E, portanto, como dizem, o argumento "qualquer cristão deve crer explicitamente que a fé cristã é verdadeira, portanto deve crer explicitamente que a Igreja cristã não erra nem errou" não se segue.

Conforme exposto, na figura do maestro no *Dialogus* (2020, p. 149), Ockham utiliza a lógica para diferenciar os termos, mesmo que o discípulo não simpatize muito com o uso dela por parte do mestre. A *fallacia figurae dictionis* também é abordada na *Summa logicae* (Ockham, 1974a, p. 36-37; p. 792). É um tipo de falácia que se origina quando os termos parecem que têm o mesmo significado, mas, dependendo como são usados, não significam a mesma coisa. Por isso, Ockham esclarece a ideia de "fé cristã" e "fé da Igreja universal".

Aquilo que une os diversos cristãos é a mesma fé, a mesma verdade professada no batismo. Ainda que os cristãos errem e pequem, eles podem ser salvos por meio da fé em Cristo. Segundo Ockham (2020, p. 317-318):

> Mesmo que a inteira multidão dos fiéis dotados do uso da razão – homens e mulheres – erre, as promessas de Cristo sobre a fé, que permanecerá até o fim do mundo, podem ser salvas. De fato, Cristo é verdadeiramente presente em espírito nas crianças batizadas por meio da graça e da virtude. Do mesmo modo, a fé de Pedro, pela qual Cristo rogou, nunca será deficiente, porque se encontraria nas crianças. De fato, as crianças têm o hábito da fé. Portanto, mesmo que a inteira

multidão de cristãos dotada do uso da razão errasse contra a fé, as promessas de Cristo poderiam ser salvas por meio das crianças batizadas.

Ao afirmar que a Igreja é a multidão dos fiéis que se ligam através da mesma fé, ele não está dizendo que ela é uma corporação ou uma massa uniforme. Como cada instituição, também a Igreja contém uma hierarquia. Porém, segundo Ockham, a Igreja não se limita à hierarquia, pois fazem parte dela todos os fiéis. Desse modo, Guilherme de Ockham propõe também uma nova visão sobre a Igreja, em que todos fazem parte e são protagonistas, delineando uma abertura de horizontes (De Lagarde, 1963, p. 48).

Essa atenção se dá também em relação a toda a sociedade. A autoridade social é legítima, mas a sociedade não é somente composta pela autoridade. Todos os indivíduos devem ser considerados e respeitados. Rejeitando uma determinada visão política de origem platônica que considerava somente um "homem" ideal e a adequação de todos os homens a este, Ockham insiste que são diversas as pessoas que constituem a sociedade, cada uma com sua peculiaridade: homens, mulheres, crianças etc. (McGrade, 1974, p. 222).

Nesse sentido, Ockham é atento também ao papel das mulheres. De um modo geral, ele não propõe grandes revoluções. Sua visão está em consonância com as visões de Aristóteles e de Agostinho sobre elas, isto é, a mulher é naturalmente subordinada ao homem (Kilcullen, 1999, p. 318-319). Ao mesmo tempo, pode-se observar que Ockham introduz alguma novidade sobre o protagonismo feminino, indicando que elas podem desempenhar algumas funções que, anteriormente, eram tidas como proibidas. Por exemplo, ele defende que existem exceções à natural superioridade do homem para com a mulher. Em uma família, o poder que o marido exerce sobre a esposa não é o mesmo poder que exerce sobre os filhos. Ockham (2011, p. 174) afirma:

> Entretanto, na casa, o pai de família não governa a esposa nem de modo régio nem despoticamente: não a governa despoticamente porque ela não é uma escrava e não a governa de modo régio porque ele não deve governá-la conforme sua vontade, mas de acordo com a lei do matrimônio. De fato, nem o marido tem tanto poder sobre a esposa quanto o pai o tem sobre os filhos.

A mesma ideia se encontra no *Breviloquium* (1997, p. 122), em que Ockham compara as figuras do papa e da Igreja com as imagens do esposo e da esposa:

> Além disso, o papa é esposo da Igreja. O esposo, porém, não tem sobre a esposa a plenitude do poder, pois a esposa distingue-se da serva e, em muitas coisas, é julgada igual ao marido. Logo, nem o papa tem a plenitude do poder sobre a Igreja.

Referindo ao tema do domínio comum dado por Deus a todo o gênero humano, Ockham sublinha que ele foi dado também às mulheres, pois Deus deu esse poder a Adão e Eva. Ele afirma: "O domínio comum a todo o gênero humano é aquele que Deus deu a Adão e sua esposa, a eles e a todos os seus descendentes: o poder de dispor e de usar as coisas temporais em utilidade própria" (Ockham, 1997, p. 178).

Eva e, consequentemente, todas as mulheres têm o poder sobre as coisas temporais independentemente do poder de Adão e de todos os homens, pois esse poder lhes foi conferido por Deus. Segundo Ockham (1963, p. 488): "Mas quando Eva foi formada ela tinha poder sobre todas as coisas como Adão o tinha".

Nessa perspectiva, outra questão em que Ockham destaca a importância das mulheres é a sua participação no concílio geral. No *Dialogus*, o mestre responde ao discípulo afirmando que as mulheres não devem ser excluídas do concílio, pois todos os leigos devem ter voz na Igreja (McGrade, 1974, p. 222; Kilcullen, 1999, p. 319). Baseando-se em Gl 3,28, Ockham (2021, p. 331) afirma:

> Diz-se que isso depende da unidade de fé de todos os varões e todas as mulheres, que tange a todos e pelo qual não existe nem macho nem fêmea, como, segundo o que diz o apóstolo no terceiro capítulo da Carta aos Gálatas, no homem novo não existe nem macho nem fêmea. Portanto, onde fosse necessária a bondade, a sabedoria ou a força da mulher para tratar da fé – e dela deve se tratar sobretudo no concílio geral –, a mulher não deveria ser excluída do concílio geral.

Essa reflexão apresentada indica, a nosso ver, a atenção de Ockham a todas as pessoas e todos os grupos que compõem uma instituição, tanto religiosa quanto social. Nesse sentido, podemos observar também que Guilherme de Ockham promove a valorização de todos os leigos na Igreja. Ao mesmo tempo, na sociedade, ele promove o direito de todos os cidadãos. Por exemplo, a justiça é uma qualidade que diz respeito não só aos cristãos, mas a todas as pessoas (Ockham, 2021, p. 277).

Desse modo, podemos afirmar, com Damiata (1979, p. 394-395), que Ockham se opõe ao que, nos dias atuais, é chamado de clericalismo. É importante destacar que, durante o Medievo, os clérigos dotavam de certo *status*. Em vez disso, na reflexão ockhamiana, existe uma atenção a todas as pessoas, aos leigos, aos simples, porque, muitas vezes, a verdade é acolhida mais por eles do que pelos clérigos. Apoiando-se na Sagrada Escritura, Ockham (2021, p. 376-377) afirma:

> Que os leigos possam participar das discussões sobre uma similar questão de fé parece que se possa provar com o seguinte argumento. Podem fazer parte das discussões sobre as questões da fé aqueles aos quais não pode ser proibido de falar sobre o que diz respeito a questões de fé; de fato, se a eles não deve ser proibido falar, então deverão ser escutados quando quiserem falar. Mas aos leigos não deve ser proibido falar em questões de fé, segundo o testemunho da glosa que, no passo da Primeira Carta aos Tessalonicenses – "Não apagais o Espírito" –, afirma: "Como o Espírito Santo em cada momento revela alguma coisa, não proibais que exprima aquilo que sente, porque Deus, que abriu a boca do asno, frequentemente

revela as coisas melhores aos pequenos". Com essas palavras se deixa entender que não deve ser proibido nas questões da fé aquele ao qual Deus revela as coisas melhores. Mas Deus revela aos leigos, às vezes, as coisas melhores. Por isso também ao Rei Davi, se bem que não fosse sacerdote, o Espírito Santo lhe revelou muitas coisas. Também a outros leigos, tanto da antiga quanto da nova Aliança, foram reveladas muitas coisas relativas à fé católica. Nesse sentido, também Cristo diz no capítulo 11 do Evangelho de Mateus: "Eu te rendo graças, Pai, Senhor do céu e da terra, porque escondeste estas coisas aos sábios e aos doutos e lhas revelaste aos pequenos". Portanto, os leigos, sobretudo, os espertos em Sagrada Escritura, não devem ser excluídos das discussões sobre as questões da fé, que dizem respeito a cada cristão.

Portanto, o Deus dos leigos é o mesmo Deus dos clérigos (Ockham, 2021, p. 329). Não é porque os clérigos têm mais estudo ou porque têm autoridade que eles, consequentemente, vivem de uma forma melhor. Na prática, diversas vezes, os clérigos não são honestos e não se arrependem disso, escandalizando os fiéis e levando-os até para a apostasia, ressalta Ockham (2020, p. 295-300).

Dessa forma, podemos observar que Ockham promove e sustenta a função dos leigos na Igreja, isto é, a participação ativa dos leigos nas decisões da vida da Igreja. Ao mesmo tempo, ele estimula a participação ativa dos cidadãos na sociedade civil, como sujeitos livres e de direitos. Ele fomenta ainda a ligação entre a vida em âmbito eclesiástico e a vida em âmbito social, pois são as mesmas pessoas que participam das duas dimensões. Convêm enfatizar também que Ockham refletiu a partir da realidade e do tempo em que viveu, ou seja, em contexto eclesiástico não se tinha a visão sinodal dos dias atuais e em contexto político não se vivia em um sistema democrático. Mesmo assim, observamos que ele introduziu uma interessante novidade sobre a valorização de cada indivíduo que faz parte de uma instituição.

3.2.2 Ockham e os direitos subjetivos: uma interpretação alternativa a Villey e Tierney

A atenção de Ockham para com cada indivíduo, segundo a sua antropologia do singular e com seus efeitos também em nível social, como foi visto anteriormente, é um aspecto importante na sua obra política. O mesmo indivíduo tem direitos que devem ser tutelados. Nesse sentido, segundo alguns pensadores da área do direito civil, Guilherme de Ockham foi o precursor da defesa dos direitos subjetivos dos cidadãos[83].

O primeiro pensador que parece sustentar com mais ênfase essa ideia é Villey, em sua obra *A formação do pensamento jurídico moderno* (2005, p. 221-287)[84], na qual ele dedica várias páginas para analisar o pensamento político de Ockham e fundamentar a sua posição. Há também outros autores que posteriormente sustentam a mesma ideia de Villey, como Bastit (1990, p. 244-295) e Parisoli (1999, p. 163-220).

Contudo, existe uma outra corrente de pensamento que rejeita a teoria de que Ockham seja o fundador dos direitos subjetivos. O expoente principal dessa posição é Tierney, que compôs a obra *L'idea dei diritti naturali* (2002, p. 29-70)[85]. Outros autores depois dele retomaram essa posição, como Marchettoni (2008, p. 21-66).

Analisaremos as ideias principais de ambas as correntes de pensamento, tomando como base as reflexões de Villey e de Tierney. Em seguida, vamos expor a nossa visão, indicando, em certo sentido, uma *via media*, que, longe de ter a pretensão de solucionar e terminar o debate, procura oferecer uma interpretação alternativa, conforme a ideia sobre a filosofia de Ockham desenvolvida anteriormente na presente obra.

---

83. Nós desenvolveremos esse tema na nossa obra porque entendemos que ele esteja estreitamente ligado com o tema do singular. Apresentamos também uma proposta alternativa de interpretação.

84. A obra original é de 1968.

85. A obra original é de 1997.

Após contextualizar a filosofia de Guilherme de Ockham, passando também por outros autores cristãos e franciscanos, Villey (2005, p. 171-220) afirma que Ockham foi o escolástico franciscano que mais profundamente marcou a filosofia do direito, não só devido aos seus escritos filosóficos, mas também devido aos seus escritos políticos (Villey, 2005, p. 220-221). Essa marca deixada por ele, segundo Villey (2005, p. 223-230), se deve à introdução de um novo modo de filosofar, chamado de "nominalismo"[86].

Villey afirma que Ockham abandona a ideia de direito natural, na qual estava fundamentada toda a jurisdição romana. A mesma ideia também foi fomentada e sustentada por toda a escolástica humanista. O método que os seus pensadores utilizavam era a observação da ordem da natureza. Guilherme de Ockham, por sua vez, pensa toda a realidade a partir do individual. Não é mais a ordem da natureza o fundamento das normas jurídicas, mas as vontades positivas dos indivíduos, salienta Villey (2005, p. 223).

Na verdade, Villey (2005, p. 265; p. 279) continua a reflexão de De Lagarde (1963, p. 282-287) e a leva para a filosofia do direito. As consequências do nominalismo, segundo ele, não são imediatas, mas serão fundamentais na construção da estrutura do direito moderno (Villey, 2005, p. 233).

Villey ainda acentua que o próprio Ockham se envolveu em questões de direito. Ele toma como base os textos do *Dialogus* (Ockham, 2019, p. 242-251) e do *Breviloquium* (Ockham, 1997, p. 105-109; p. 178-189); o último, para Villey, é um texto jurídico por excelência. Nele também Ockham dá uma clara demonstração de positivismo jurídico, separando o direito positivo do direito natural. Portanto, para Ockham, não existe mais o direito romano em si, mas as leis romanas, porque essa não é a lei dada por Deus,

---

86. Nós não concordamos com essa atribuição da filosofia de Ockham. Preferimos denominar a sua filosofia de "conceitualismo".

mas são as leis formadas pelos imperadores. O direito romano, assim como o direito divino, deve ser concebido como positivo, pois ambos derivam das vontades individuais, isto é, de Deus e de indivíduos (Villey, 2005, p. 241-250).

Após Villey (2005, p. 250-278) contextualizar a questão do direito natural, do direito romano e as raízes franciscanas do direito em Ockham, bem como a questão das bulas papais contra a pobreza franciscana e a resposta de Guilherme de Ockham, ele conclui sua reflexão indicando os fundamentos do direito subjetivo na filosofia do *Venerabilis Inceptor* (Villey, 2005, p. 279-288). Segundo Villey, Ockham afirma que somente o indivíduo tem existência real e é este o único centro de interesse igualmente da ciência jurídica. Toda a atividade deve tender ao indivíduo. Portanto, a arte jurídica deve garantir não uma ordem social universal, mas sim que cada indivíduo seja livre e possa viver plenamente a sua singularidade (Villey, 2005, p. 280).

Convém enfatizar que Villey afirma que podem ser encontrados traços da liberdade individual em outros autores clássicos e medievais, que remetem, geralmente, ao ensinamento cristão. Mas com Ockham existe uma radical mudança: ele transporta para o direito uma determinada filosofia, o nominalismo. Em última análise, essa filosofia está fundamentada na potência absoluta de Deus que, para Ockham, é a fonte de toda ordem jurídica. Deus é uno e, portanto, também é individual. Desse modo, todos os indivíduos humanos, na liberdade, seguem a vontade de Deus (Villey, 2005, p. 282-284).

> Toda a ordem social é outorga e distribuição de liberdades, estas essenciais à vida moral cristã do indivíduo. E não há mais nada além disso. Os direitos subjetivos dos indivíduos preencheram o vazio resultante da perda do direito natural (Villey, 2005, p. 287).

Nem todos os autores concordam com a posição de Villey. A crítica mais forte a essa posição é feita por Tierney, segundo o qual a ideia de que o direito subjetivo tem sua origem na filosofia de Ockham não é válida. Tierney (2002, p. 29-70), em primeiro lugar, apresentará a teoria de Villey e, em seguida, efetuará as objeções. As críticas de Tierney a Villey se dão principalmente em três pontos principais, que parecem estar em relação. A primeira crítica é que a teoria dos direitos subjetivos já existia bem antes de Ockham. Para isso, Tierney (2002, p. 71-134) aprofunda o contexto histórico em que Ockham viveu, evidenciando que ele não é o precursor dos direitos subjetivos. A segunda crítica é que a tese de Villey, segundo a qual a teoria dos direitos individuais deriva de sua obra filosófica, não é evidente. Tierney (2002, p. 283) afirma:

> A teoria dos direitos de Ockham era compatível com a sua filosofia nominalista, mas era compatível também com qualquer filosofia que reconhecesse – como faziam todos os filósofos cristãos – a existência e o valor dos seres humanos individuais.

A terceira crítica é que não é evidente que o direito objetivo clássico e os direitos subjetivos modernos estejam em contraposição e sejam incompatíveis entre eles, como indica Villey. Em síntese, Tierney (2002, p. 254) afirma que é fundamental colocar a filosofia de Ockham em seu contexto. Ao mesmo tempo, é importante enfatizar que a linguagem utilizada por Ockham era a linguagem jurídica utilizada em seu tempo.

Tierney questiona também a ideia de Bastit (1990, p. 300-303), que não acentua tanto o nominalismo de Ockham, mas o seu voluntarismo, segundo o qual o único critério para fundamentar o direito é a vontade do legislador. Tierney afirma que, caso se coloque o acento excessivo sobre a dimensão voluntarista do direito, corre-se o risco de não ser fiel ao pensamento de Guilherme de Ockham. Bastit deixou de lado que a vontade humana no pensamento do *Venerabilis Inceptor* deve ser guiada pela reta razão. Tierney enfatiza que, quando Ockham escreve sobre o direito natural, insiste também sobre o poder da reta razão. Contrariando as teses de Bastit e Villey, Tierney (2002, p. 286) afirma:

> Contrariamente a quanto foi escrito, Ockham não abandonou a ideia de um direito natural racional colocando o acento sobre os comandos divinos arbitrários para preencher aquele vazio com um conjunto de direitos naturais baseados nas vontades individuais.

Portanto, segundo Tierney (2002, p. 291), não existe uma grande revolução nas obras de Ockham em relação ao pensamento jurídico, pois não há uma revolução semântica – como sustenta Villey – nem uma revolução copernicana – como sustenta Bastit. Na obra de Ockham há somente algumas ideias desenvolvidas na área da linguagem e do pensamento. Ideias interessantes, mas que não representam alguma revolução na área do direito.

Na mesma linha de Tierney se encontra a reflexão de Marchettoni (2008, p. 30-39). Contra a teoria de Villey, Marchettoni afirma que o pensamento de Ockham não pode ser entendido como um individualismo, mas sim como um pensamento que sustenta a dimensão comunitária. Caracterizar a filosofia de Guilherme de Ockham como individualismo político não parece ser apropriado, porque não é que ele entendia a sociedade como uma série de átomos isolados, cada qual com seus próprios interesses. Para Ockham, a liberdade individual não pode ser separada da dimensão comunitária (Marchettoni, 2008, p. 65).

Tendo em mente aquilo que foi exposto em relação à origem do direito subjetivo em Ockham, principalmente pelos autores Villey e Tierney – cujas ideias procuramos sintetizar brevemente –, indicaremos agora o nosso ponto de vista, desenvolvendo uma interpretação da filosofia de Ockham, que procura iluminar o conflito das opiniões contrárias e quer também fornecer elementos novos.

A princípio, sustentamos que existe uma continuidade entre o pensamento contido nos escritos filosófico-teológicos e os escritos políticos de Ockham. Nesse sentido, não concordamos com a interpretação de Tierney (2002, p. 54-58) e de Marchettoni (2008, p. 40-42), que afirmam que não existe continuidade nas duas fases de escritos. A nosso ver, a ligação é evidente e, do mesmo modo, importante para entender a filosofia de Ockham. Como evidenciado, a ligação se manifesta não somente pelo tema do singular, mas também por outros temas, como a lógica e a ética.

Portanto, para compreender adequadamente a ligação existente entre os dois grupos de obras, é fundamental entender corretamente a ontologia do singular na sua obra filosófico-teológica, para então estabelecer a ligação com a obra política. E, nesse sentido, acreditamos que Villey e, de certa forma, também De Lagarde não fizeram essa ligação de um modo adequado.

Como apresentamos na primeira parte da nossa exposição[87], em Ockham realmente se faz presente uma ontologia do singular. Ele afirma que tudo aquilo que está fora da mente humana é singular. A singularidade se estende e se conecta com diversas áreas do saber na inteira filosofia do *Venerabilis Inceptor*.

Ao mesmo tempo, sustentamos que Guilherme de Ockham não entende que uma comunidade seja composta por indivíduos isolados. Acreditamos que possa iluminar, nesse sentido, o tema da relação desenvolvido por ele (Fernández, 2013, p. 7-11). Na *Summa logicae* (1974a, p. 153-178), Ockham desenvolve esse tema. Ele afirma que a relação se dá a partir dos termos de uma proposição, termos esses que significam coisas reais singulares, como todos os conceitos. Por exemplo, a relação entre "pai" e "filho" não é uma relação real, porque, na realidade, somente existem coisas absolutas. A relação se dá através do termo "paternidade", ou seja,

---

87. Cf. o primeiro capítulo da presente obra.

aquela pessoa é "pai" daquela pessoa que é "filho". E essa relação persiste até que não exista mais uma daquelas pessoas (Ockham, 1974a, p. 158-159). Portanto, não existe uma terceira entidade entre as coisas absolutas.

Todavia, isso não quer dizer que as relações não sejam objetivas. Podemos afirmar que as relações não são reais, mas não são apenas relações de razão (Ghisalberti, 1996, p. 120). Conforme colocado anteriormente, o universal sempre indica coisas singulares.

> E, portanto, não afirmo que a relação é a mesma coisa realmente que o fundamento, mas digo que a relação não é o fundamento, mas apenas a intenção e o conceito na alma que diz respeito a várias coisas absolutas, ou é várias coisas absolutas, como um povo é mais homens e nenhum homem é um povo (Ockham, 1979, p. 314).

Guilherme de Ockham (1979, p. 317) ainda afirma: "A unidade do universo é a ordem das partes entre si". Dessa forma, a singularidade não exclui a relação. Villey (2005, p. 279-280) e De Lagarde (1963, p. 287-288) não levam em conta essa dimensão e interpretam a filosofia de Ockham como um atomismo. Nesse sentido, a crítica de Marchettoni é válida: a teoria política de Ockham não pretende ser um atomismo social, mas deve ser considerada comunitária.

E, a nosso ver, isso está em sintonia com toda a sua ontologia. Ockham, por meio da singularidade, não quer dizer que as pessoas e as coisas não se relacionam; mas que cada ente é único, original. Através de sua unicidade, cada ser se relaciona com outros seres. Portanto, em uma comunidade, as pessoas estão em relação, conservando a sua singularidade (Fernández, 2013, p. 9). Segundo Ockham, no contexto eclesial, o que une as pessoas – ou seja, o que faz com que elas estejam em relação – é a fé (2020, p. 146-149), e, no contexto social, é o bem comum (2011, p. 176-177).

3.2.3 A propriedade privada

A defesa da propriedade privada na obra política de Ockham indica também, a nosso ver, uma conexão entre a ontologia do singular e a visão social do *Venerabilis Inceptor*. Sobre o tema da propriedade privada, ele introduz igualmente alguns argumentos originais.

Ockham compreende que o direito de propriedade não tem um caráter sagrado, isto é, não foi dado ao homem diretamente por Deus, mas tem origem humana (Ghisalberti, 1996, p. 259). Ele escreve sobre essa questão principalmente no *Breviloquium* (Ockham, 1997, p. 178-180), no qual desenvolve o tema do domínio das coisas temporais a todo o gênero humano, a grupos e pessoas, e o tema da jurisdição que diz respeito a eles.

Segundo Guilherme de Ockham (1997, p. 178), existem dois tipos de domínio das coisas temporais: o divino e o humano. O domínio humano, por sua vez, é subdividido em dois: o domínio comum a todo o gênero humano e o domínio próprio. Ockham (1997, p. 178) define deste modo o primeiro: "O domínio comum a todo o gênero humano é aquele que Deus deu a Adão e sua esposa, a eles e a todos os seus descendentes: o poder de dispor e de usar as coisas temporais em utilidade própria".

Esse poder, segundo Guilherme de Ockham, existiu no estado de inocência, ou seja, antes do pecado original, mesmo que ali uma pessoa ou um grupo de pessoas não tivesse o poder de se apropriar de uma coisa temporal. Caso o homem não tivesse pecado, bastaria esse tipo de domínio a todas as pessoas da inteira humanidade, porque a vida delas estaria em paz, já que no estado de inocência não existia a avareza, o desejo de possuir ou o uso de alguma coisa temporal contra a reta razão (Ockham, 1997, p. 178-179).

O segundo tipo de domínio humano é chamado de domínio próprio. Ockham (1997, p. 178) o define deste modo:

O outro é o domínio próprio, que, nas ciências jurídicas, e nas Escrituras que imitam o modo de falar das ciências jurídicas, é chamado de propriedade: é o poder principal de dispor das coisas temporais, conferido a uma pessoa, ou a certas pessoas, ou a algum colégio especial. Esse poder varia para mais ou para menos.

O domínio próprio, chamado também de propriedade, iniciou-se depois do pecado original. Segundo Guilherme de Ockham, por utilidade e conveniência, então, as coisas do mundo foram tomadas como próprias e não foram mantidas todas em comum. Se não fosse dessa maneira, não existiria um limite para o desejo imoderado das pessoas humanas em ter os bens temporais. Contudo, ele salienta, tanto o domínio comum quanto o domínio próprio têm sua origem última no direito divino. Ockham (1997, p. 179) afirma:

> Esse domínio comum a todo o gênero humano, acompanhado pelo poder de apropriar-se das coisas temporais, foi introduzido por direito divino, pois proveio da instituição especial de Deus, a quem tudo pertence, quer por direito de criação, quer de conservação, já que, sem a sua preservação no ser, todas as coisas voltariam ao nada[88].

Portanto, o direito divino nos é dado pelas Escrituras. Sobre a origem do domínio comum, por sua vez, Ockham (1997, p. 179) faz referência a Gn 1,27ss., na passagem em que Deus diz ao homem e à mulher sobre dominar e subjugar a Terra, oferecendo a eles também todos os tipos de ervas e árvores frutíferas.

A respeito do domínio próprio ou da propriedade, Guilherme de Ockham afirma que também isso foi dado por Deus; portanto, em última instância, é de direito divino. Para explicitá-lo, ele expõe uma passagem de Eclo 17,1ss., em que – ao menos implicitamente – está presente essa questão. Segundo Ockham (1997, p. 179):

---

88. Sobre o argumento da conservação, cf. Ockham (1970, p. 355-356).

> Quanto ao poder de apropriar-se das coisas temporais, tem-se ao menos de modo implícito a afirmação de Eclo 17,1ss., em que se lê: "Deus criou o homem da terra, formou-o segundo a sua própria imagem; e o fez de novo voltar à terra. Revestiu-o de força segundo a sua natureza".

Ockham afirma que, sem dúvida, a sociedade seria mais perfeita se não existisse o domínio próprio. Mas a entrada do pecado no mundo é um fato, e, assim, existem pessoas negligentes e estultas, como diz também Eclo 1,15. Portanto, para o bem-viver do ser humano, é necessária e útil a existência da propriedade privada.

É interessante também notar que, segundo Ockham, esse é o motivo pelo qual Aristóteles, na sua obra *Política* (1961, p. 23-35), reprova a teoria política de Platão (1902, p. 462), o qual afirmava que a cidade ordenada na qual todas as coisas estariam em comum era melhor do que a cidade onde existiria o domínio próprio. Em vez disso, Aristóteles considerava que no interior das pessoas existe a inclinação ao mal e que, por isso, muitas vezes, as coisas que são comuns são menos amadas do que as coisas que são próprias. De fato, é melhor que exista a propriedade do que as coisas mantidas em comum (Ockham, 1997, p. 180)[89].

O tema da propriedade privada, na realidade, foi abordado, em primeiro lugar, na Idade Média por Isidoro de Sevilha (1911, p. 192-193), o qual afirma que o possesso comum é de direito natural, ao mesmo tempo que a ordem econômica ideal é a comunitária (De Lagarde, 1962, p. 208). Tomás de Aquino (1897, p. 85-86), por sua vez, acrescenta que Isidoro de Sevilha queria somente mostrar que a pessoa humana, por natureza, tem o direito de dispor dos bens que estão no universo. Porém, Tomás de Aquino defende que, depois da queda do pecado original, a lei natural foi adaptada com o acréscimo de uma lei positiva que determina a propriedade privada, e não a ordem comunitária.

---

89. Poderia se ligar esse tema também com as filosofias de Hobbes, Locke e Rousseau.

Por sua vez, Duns Escoto (2011, p. 81-82) afirma que a instituição da propriedade privada é fruto do pecado original. Por isso, a pessoa humana é suscetível às paixões e aos desejos desordenados e não pode mais se moderar em relação a eles. Para colocar um fim nisso, Deus dispensou o ser humano da primeira ordem, ou seja, da comunidade dos bens, para dar uma outra ordem, isto é, a divisão dos bens, instituindo, assim, a propriedade privada.

Como observa Ghisalberti (1996, p. 260), podemos afirmar que Ockham adota uma *via media* entre as opiniões de Tomás de Aquino e de Duns Escoto. Segundo Guilherme de Ockham, como abordamos precedentemente, é verdade que, se permanecesse o estado de inocência, não conviria a divisão de bens, isto é, não se fundamentaria a propriedade privada. Ao mesmo tempo, Ockham afirma que Deus não impôs ao ser humano no estado de inocência o regime comunitário. De fato, Deus deu à pessoa humana a liberdade de estabelecer a divisão de bens, segundo a reta razão. Portanto, é conveniente que, depois da entrada do pecado no mundo, se instituísse a propriedade privada. Como enfatizamos, a propriedade privada, assim como o domínio comum, remete ao direito divino.

Desse modo, segundo o pensamento de Ockham, a propriedade privada não descende de uma lei, como afirmava Tomás de Aquino. Deus concedeu o direito da propriedade privada através da mediação do homem, dotado de liberdade e intelecto. Portanto, ela remete, em última instância, a Deus e foi passada ao homem por meio da reta razão, a qual se caracteriza como remédio para a situação de pecado em que se encontra. Afirma Ockham (1997, p. 179-180):

> E [Eclo 17,1ss.] diz a seguir: "E deu-lhe domínio sobre tudo o que está na terra", isto é, deu a ele e à sua posteridade o poder de dispor das coisas terrenas que a reta razão apontar como necessárias, convenientes, decentes e úteis não só para viver, mas para bem-viver. Por isso, acrescenta a seguir, deu-lhes "inteligência, língua, olhos, ouvidos e juízo para pensar", coisas que são necessárias e úteis para bem-viver tanto a vida solitária quanto a política, e na comunidade perfeita.

Contra aqueles que defendiam que a propriedade privada tem origem divina e atribuíam ao ser humano somente a função de dar um caráter de positividade mediante a distribuição dos bens – como João XXII –, Ockham responde que as instituições não apenas deram um valor legal à divisão de bens, mas também a criaram (Ghisalberti, 1996, p. 261).

Ao mesmo tempo, não se sustenta a ideia de que Deus teria estabelecido o domínio comum dos homens para todas as coisas e de que os homens teriam a iniciativa de distribuir os bens entre eles, segundo Ockham (1963, p. 437-439). Se fosse assim, ninguém poderia se apropriar de algo sem o consenso de toda a comunidade (Ghisalberti, 1996, p. 261).

Conforme abordado, para Guilherme de Ockham, é pela razão que as pessoas entenderam que o melhor modo para conviver em harmonia era dividir os bens. Quando alguém possui algo, essa coisa não pode ser tirada dele, a não ser por uma grave causa ou por culpa. Essa culpa não pode ser privada, no sentido de serem pecados pessoais, ou tratar-se de moralidade privada, mas essa pessoa deve ter lesado o bem comum (Ockham, 1997, p. 180-181). Nesse sentido, afirma Ghisalberti (1996, p. 263), Guilherme de Ockham previu aquilo que hoje é denominado de função social da propriedade privada.

Em síntese, podemos afirmar que o direito de propriedade é divino porque tem sua origem última em Deus, que deu ao ser humano a capacidade de apropriar-se dos bens conforme entender. É também humana porque o homem, através da razão, pôde organizar-se do modo mais conveniente. Dessa forma, o direito de propriedade pode ser dito natural, porque é conforme à razão, mas não pode ser considerado natural no sentido de que ele faz parte da natureza humana e de que é o único modo como os homens puderam se organizar (Ghisalberti, 1996, p. 263-264).

Assim, concluímos que Ockham não rejeita a propriedade privada. Ela representa algo útil depois do pecado original. Portanto, o indivíduo tem o direito de possuir e usufruir dos bens na liberdade, não em função de um egoísmo pessoal e de um desrespeito do outro, mas por causa de seu bem-viver e também por causa do bem comum.

3.3 A liberdade e a ética na obra política

Os temas da liberdade individual e da ética também estão presentes nos escritos políticos de Ockham. Nas páginas seguintes, individuaremos os principais textos da obra de Ockham em que são desenvolvidos esses assuntos, ligando-os também com os escritos filosófico-teológicos. Em primeiro lugar, delinearemos o conceito de liberdade e as suas diferentes abordagens. Em seguida, desenvolveremos o tema da ética na obra política.

3.3.1 A liberdade política

Ockham desenvolve o tema da liberdade nos seus escritos políticos partindo da Sagrada Escritura. Para ele, a lei cristã é a lei da liberdade. Desse modo, podemos afirmar que o tema parte da teologia revelada, mas se relaciona intrinsecamente com a filosofia e, da mesma forma, tem consequências práticas.

A afirmação *lex christiana est lex libertatis* aparece em diversos textos da obra política de Ockham: no *Tractatus contra Benedictum* (1956, p. 275), no *An princeps* (1974b, p. 230), no *Dialogus* (2020, p. 130-139), no *Breviloquium de principatu tyrannico* (1997, p. 113-116; p. 146-148), no *Octo quaestiones de potestate papae* (1974b, p. 29), na *Consultatio de causa matrimoniali* (1974b, p. 285) e no *De imperatorum et pontificum potestate* (1997, p. 286-301).

Como podemos observar, a liberdade da lei cristã ou evangélica é um tema que aparece em praticamente todas as obras políticas de Ockham. É importante ressaltar, porém, que a liberdade da lei evangélica está estreitamente ligada com o tema da plenitude do poder (*plenitudo potestatis*). A plenitude do poder é a totalidade do poder eclesiástico e civil concentrada nas mãos do Sumo Pontífice. Na verdade, essa questão é complexa, com cerca de quatorze séculos de história na cristandade antes de Ockham, sendo intensificada depois do Édito de Tessalônica (380 d.C.), quando o Imperador Teodósio I proclamou o cristianismo como religião oficial do Império Romano. O auge da ideia da plenitude do poder papal parece que se deu no século VIII, quando surge a assim chamada *Donatio Constantini*, teoria segundo a qual, no século IV, o Império Romano do Ocidente teria sido doado por Constantino Magno ao Papa Silvestre I. Desse modo, podemos observar que a questão foi interpretada de forma diferente pelos diversos pensadores e governantes da Idade Média[90].

Guilherme de Ockham é radicalmente contra a ideia da *plenitudo potestatis*. Segundo ele, a pessoa humana não pode ser livre se o papa tem a plenitude do poder sobre todas as pessoas. Por causa disso, os temas da liberdade e da *plenitudo potestatis* estão interligados. Com base na obra política de Ockham, desenvolveremos os principais pontos sobre a liberdade, relacionando-os com toda a reflexão contida no nosso trabalho.

Na obra *Tractatus contra Benedictum* (1956, p. 275), Ockham afirma que o papa não pode ter a plenitude do poder, seja na esfera espiritual, seja na esfera temporal. O primeiro argumento utilizado por ele para corroborar essa teoria é, de fato, a liberdade da lei evangélica:

---

90. Para aprofundar esse tema, cf. Eguren (2020, p. 196-427); Borges (2018, p. 37-62).

[...] A lei cristã é uma lei de liberdade, de acordo com o que se encontra claramente escrito na Sagrada Escritura. Logo, nem todos os fiéis, por força da lei cristã, tornam-se servos do papa, dado que ele, através da disposição de Cristo, não tem sobre a esfera secular todo o poder que os senhores temporais têm sobre os seus servos, os quais os podem espoliar de todos os seus bens temporais e, ao seu líbito, podem igualmente doá-los a outrem ou vendê-los (Ockham, 1956, p. 275).

Portanto, podemos observar que, segundo os textos de Ockham, é pelo fato da liberdade da lei evangélica que os cristãos católicos não podem se tornar servos do papa. Ao mesmo tempo, o papa não pode se apropriar dos bens dos cristãos, porque isso fere a liberdade da pessoa humana e o direito à propriedade privada. Logo, seria algo extremamente prejudicial o fato de um papa ter a plenitude do poder temporal. Guilherme de Ockham (1956, p. 275) afirma:

De fato, se o papa tivesse tal plenitude do poder sobre a esfera temporal, poderia, graças a ela, sem haver motivo e culpa, retirar de qualquer cristão o seu reino e doá-lo a qualquer outro fiel, vendendo o cristão e transformando-o em seu servo. Na verdade, um senhor tem tal poder sobre seu servo. Notem, portanto, todos os reis, os príncipes e os leigos, bem como os clérigos, especialmente os que podem ter bens, quão prejudicial e pernicioso a todos é esse erro.

Assim, conforme destaca o *Venerabilis Inceptor*, o poder do papa em relação aos bens temporais dos leigos e dos clérigos deve ser limitado. Da mesma forma, deve ser limitado esse poder em relação aos bens doados à Igreja (Ockham, 1956, p. 275-276).

É interessante também o desenvolvimento feito por Ockham em *An princeps* (1974b). A reflexão nessa obra também é sobre o tema da *plenitudo potestatis*, mas Guilherme de Ockham oferece alguns elementos novos. Ele afirma que a lei evangélica de Cristo é uma lei que liberta também da lei antiga de Moisés, e ressalta:

De fato, prova-se de muitos modos que o papa não tem tal plenitude do poder nos âmbitos espiritual e temporal. Com efeito, na verdade, a lei cristã estabelecida por Cristo é uma lei de liberdade, de igual maneira que, graças à determinação de Cristo, nela não há igual ou maior servidão como existiu na antiga lei (Ockham, 1974b, p. 230).

Fundamentando essa tese, Ockham cita alguns passos da Sagrada Escritura, autoridade por excelência para os pensadores medievais (Smalley, 2008, p. 293-476). São citados por ele a Carta de Tiago (1,25), a Carta aos Gálatas (2,3-5; 5,12-13; 4,31-5,1), a Segunda Epístola aos Coríntios (3,17) e o livro dos Atos dos Apóstolos (15,10; 5,19-20). Segundo esses textos, é evidente que a lei evangélica liberta da antiga lei e, também, de uma servidão múltipla. Ockham (1974b, p. 231) conclui:

Dessas e de outras inúmeras passagens se infere que os cristãos, por meio da lei evangélica e dos ensinamentos de Cristo, foram liberados de uma servidão múltipla, e que não foram igualmente oprimidos por esta com tantas imposições quanto os judeus estiveram obrigados [a cumprir] por força da Antiga Lei.

O *Venerabilis Inceptor* afirma que a libertação evangélica da lei mosaica é confirmada também por Agostinho (1895, p. 190), que, respondendo às questões de Januário, ressalta que a condição cristã é livre de ônus servis, e assim ela é mais tolerável do que a condição dos judeus. Estes estão submissos a preceitos legais porque não conheceram o tempo da libertação oferecida por Cristo (Ockham, 1974b, p. 231).

Segundo Guilherme de Ockham, na obra *An princeps* (1974b, p. 231-232), a partir da Sagrada Escritura e da autoridade de Agostinho, podemos tirar as seguintes conclusões:

• A lei evangélica é chamada de lei da liberdade não somente porque liberta da servidão do pecado e da lei mosaica, mas porque, a partir dela, os cristãos não são oprimidos por nenhuma servidão igual ou maior do que aquela que existia na antiga lei.

• Em At 15,31, afirma-se que os cristãos que se converteram encontraram no cristianismo conforto e alegria. Segundo Ockham, essa é uma prova de que foram libertados, pois, se não tivessem sido libertados de uma lei que os oprimia de um modo maior ou igual à lei cristã, eles não teriam provado conforto e alegria. Pelo contrário, eles teriam provado desolação e tristeza ao se converterem.

• A lei evangélica liberta os cristãos seja na esfera temporal, seja na esfera espiritual, se os indivíduos assim o quiserem. Segundo Ockham, pode ser que algumas pessoas se libertem através da lei evangélica, mas voluntariamente se submetam a uma servidão maior. Porém, isso se deve ao querer dessas pessoas, e não à lei evangélica.

Portanto, existe uma total incompatibilidade entre a liberdade evangélica e a *plenitudo potestatis*. Ockham (1974b, p. 232):

> Mas, se o papa, por força do mandato de Cristo, tivesse semelhante plenitude do poder nas esferas temporal e espiritual, as autoridades da Escritura Sagrada não teriam dito, nem de maneira afirmativa, nem de maneira negativa, que a lei evangélica deve ser entendida como lei de liberdade, porque seria uma lei de horribilíssima servidão, incomparavelmente maior do que aquela que havia existido na lei mosaica, tanto no âmbito secular quanto no espiritual.

Desse modo, o papa, como autoridade máxima da Igreja, deve respeitar as leis divinas e naturais. Assim, os cristãos não podem se tornar servos do papa, porque isso, da mesma maneira, é contrário à lei divina e natural. É contrário à lei divina porque, de fato, a lei dada por Cristo é a lei evangélica da liberdade. Também é contrário à lei natural porque estaria abolindo o direito à propriedade e, igualmente, rejeitando outros direitos dos indivíduos. Segundo Ockham (1974b, p. 232):

> Logo, se o papa tivesse tal plenitude do poder, sem haver culpa e motivo, poderia depor reis, príncipes e outros clérigos

e todos os leigos de suas dignidades e os privar de todos os seus direitos e bens, e, igualmente, poderia submeter os reis ao poder de pessoas rústicas e ignóbeis e os transformar em lavradores dos campos, atribuindo-lhes quaisquer tarefas e misteres humildes, hipóteses essas muitíssimo absurdas, as quais manifestamente se opõem à liberdade da lei evangélica que se encontra nas Escrituras divinas. Por isso, não só é uma inverdade acreditar que o papa tem semelhante plenitude do poder, mas também dizer isso é uma heresia perniciosa e perigosa a todos os seres humanos.

Na obra *Breviloquium de principatu tyrannico* (1997), Ockham explica que a lei evangélica não se refere à condição na qual a pessoa humana se encontra, mas que, através dessa lei, não pode ser colocado sobre a pessoa um fardo pesado nem por meio dela alguém pode se tornar um escravo. Ockham (1997, p. 115-116) afirma:

Pode ser bem ou mal-entendido o fato de que a lei evangélica é a lei da perfeita liberdade e que, por isso, o papa não tem a mencionada plenitude do poder. Pode ser mal-entendido se se pensar que ela suspende toda a servidão e não permite nenhuma servidão aos cristãos, pois diz o Apóstolo (1Cor 7,20ss.): "Cada um permaneça na condição em que foi chamado. Eras escravo quando Deus te chamou? Não te preocupes". Tal liberdade deve mais ser entendida de modo negativo, porque, pela lei evangélica, de modo algum se coloca um jugo pesado, e por ela ninguém se torna escravo de outrem, nem por ela se impõe aos cristãos, quanto ao culto divino exterior, um encargo tão grande quanto o que oprimia os judeus.

Na mesma obra, Ockham ainda procura delinear os limites do poder papal, sublinhando que o papa não tem poder sobre as liberdades individuais, ou seja, ele deve promovê-las, e não tirá-las. O motivo disso é que elas foram dadas por Deus e pela natureza, como indicado anteriormente. Ockham (1997, p. 146) enfatiza:

Não só os direitos dos imperadores, dos reis e de outros devem ser excetuados do poder concedido a Pedro e a seus sucessores por aquelas palavras de Cristo: "Tudo o que ligares", mas também as liberdades concedidas aos mortais por Deus e pela natureza, de tal modo que o papa nada pode impor de oneroso, principalmente notório, a quem quer que seja que não se submete de modo especial a ele, se para tanto não houver causa nem culpa.

Guilherme de Ockham (1997, p. 146) sustenta que pela lei evangélica algo pode ser imposto aos cristãos contra a sua vontade somente se isso é de direito natural ou divino, ou ainda em caso de extrema necessidade e de manifesta utilidade. Portanto, se o papa tivesse o poder de instituir leis que contrariassem a vontade dos cristãos, isso poderia ser algo muito ruim e prejudicial, além de representar uma maior opressão do que aquela dada pela lei judaica, o que seria totalmente contrário à lei evangélica. Ockham (1997, p. 148) explica:

> Se o papa tivesse o poder de, nesses casos, instituir leis obrigatórias para os cristãos contra a vontade deles, poderia obrigar um fiel a entrar para uma ordem religiosa contra a vontade deste, ou impor a alguém um jejum contínuo a pão e água, mesmo fora do caso de necessidade extrema, ou obrigar arbitrariamente outrem a renunciar à propriedade de todos os seus bens. Poderia, assim, por direito, oprimir os cristãos com maiores deveres do que foram oprimidos os judeus, o que manifestamente se opõe à liberdade evangélica.

Segundo as palavras do Evangelho (Lc 11,46; Mt 23,4), aquelas pessoas que colocam fardos pesados e oprimem os outros serão julgadas por Deus. Desse modo, agem alguns papas que, em vez de servirem as pessoas, vivem a seu bel-prazer, colocando pesos sobre os cristãos. Em tom crítico, Ockham (1997, p. 148) assevera:

> Alguns, porém, chamados de pontífices romanos, vivendo em delícias, gloriando-se em pompas e honras, enriquecendo seus parentes e procurando enobrecê-los, esforçam-se em impor fardos pesados e insuportáveis aos imperadores, aos reis, aos prelados, às igrejas e a todos os fiéis, e, além disso, planejam iniquamente reduzir todos à escravidão.

Na obra *De imperatorum et pontificum potestate* (1997), Guilherme de Ockham indica também o limite do poder papal, para assim salvaguardar a liberdade das pessoas. O papa não deve ter o poder no âmbito secular, exceto em caso de necessidade. Ockham (1997, p. 287) afirma:

> [...] O principado papal absolutamente não se estende, de maneira regular, sobre os direitos e as liberdades de outras pessoas, a saber, dos imperadores, dos reis, dos príncipes e de outros leigos, ao ponto de o papa poder aboli-los ou prejudicá-los, porque tais direitos e liberdades quase sempre fazem parte das coisas seculares, às quais, conforme antes foi demonstrado, o poder papal de modo algum se estende regularmente.

Ockham afirma, também, que o papa não pode remover o direito natural ou divino das pessoas, porque as pessoas não o receberam dele, mas de Deus, da natureza ou ainda de outros. Ao mesmo tempo, Cristo, estabelecendo o primado papal, não privou ninguém de seus bens e direitos. Se Cristo não o fez, com maior razão, o papa não pode fazê-lo. Guilherme de Ockham (1997, p. 288) conclui:

> [...] Cristo não veio privar o mundo de seus direitos e bens. Por isso, o seu vigário – que é menor do que ele e absolutamente não é igual em poder – não tem o poder de privar outras pessoas de seus bens e de seus direitos, e, por conseguinte, o principado papal absolutamente não se estende de maneira regular sobre os bens, os direitos e as liberdades de outras pessoas.

Na mesma obra, no capítulo 9, Ockham (1997, p. 299-300) descreve sobre quais direitos e liberdades o papa não exerce o seu poder. São direitos e liberdades tanto dos fiéis quanto dos infiéis, pois remetem já ao tempo antes da Encarnação. Além do mais, os fiéis, através da lei da liberdade evangélica, se tornam ainda mais livres do que os infiéis e, por uma razão ainda maior, não podem ser espoliados de seus direitos.

Desse modo, afirma o *Venerabilis Inceptor*, cabe aos leigos a organização das coisas seculares e temporais, porque, antes da Encarnação, os pagãos o faziam, agora é tarefa dos leigos (Ockham, 1997, p. 300). A mesma teoria também consta no Decreto de Graciano (1955, p. 634-635).

Ockham (1997, p. 300), portanto, afirma que todos os cristãos devem respeitar a doutrina e os bons costumes contidos no Novo Testamento. Isso vale para os leigos, o clero secular e regular e, enfim, para todos os que fazem parte da Igreja. Vale, em primeiro lugar, para o papa, que de maneira nenhuma pode deixar de seguir o que está contido no Novo Testamento, no qual se afirma com veemência que a lei evangélica é a lei da liberdade. Conforme afirma Ockham (1997, p. 300-301):

> Desse modo, nenhum cristão, sem que haja culpa, pode vir a ser espoliado de seus direitos pelo papa, a menos que espontaneamente se lhe subordine, mediante um voto, uma promessa ou de outra maneira qualquer, ou, ainda, caso lhe esteja subordinado, na hipótese de ser o seu superior, a quem, então, terá de obedecer. Essa é a liberdade da lei evangélica que se encontra estabelecida na Escritura Sagrada.

A partir dos textos expostos, queremos enfatizar alguns pontos, relacionando-os com a inteira obra de Ockham. Estabelecendo uma ligação com as diversas acepções de liberdade explanadas anteriormente, podemos observar que, nos escritos políticos, em primeiro lugar, encontramos a acepção de liberdade como libertação da servidão ao pecado. Isso é enfatizado por Guilherme de Ockham no *Dialogus* (2011, p. 133): "[...] É chamada de lei de liberdade porque, mediante ela, os cristãos se tornam livres da servidão do pecado. [...] Outros textos citados podem ser entendidos como que aludindo acerca da liberdade, no tocante à servidão do pecado".

Trata-se, de fato, da segunda acepção apresentada sobre os modos de entender a liberdade, segundo Ockham (1981, p. 354; Borges, 2018, p. 88, nota 4; McGrade, 1974, p. 142). E representa, também, o modo mais evidente e imediato de entender a liberdade evangélica, conforme a doutrina cristã: Cristo se encarnou para libertar as pessoas de seus pecados.

Uma outra acepção de liberdade que individuamos é a liberdade entendida como ausência de coerção (Leff, 1975, p. 620; Borges, 2018, p. 92, nota 13). A causa principal da crítica à *plenitudo potestatis* papal é a de não coagir os fiéis para agir de uma determinada maneira, ou seja, segundo a vontade do papa. A lei da liberdade evangélica, portanto, não permite que os cristãos nem os infiéis sejam coagidos por meio dela.

Existe ainda um outro tipo de liberdade, e que podemos identificar como uma acepção original de liberdade, não contido nas acepções colocadas por Ockham anteriormente. Trata-se da liberdade política (Miethke, 1991, p. 98-100; Borges, 2018, p. 88-94). Na obra *Octo quaestiones de potestate papae*, Ockham (1974b, p. 29) afirma:

> Conforme os textos sagrados, a lei evangélica, se comparada com a lei mosaica, é uma lei de liberdade, e isso deve ser entendido ao menos negativamente no sentido que tanto nas coisas espirituais quanto nas coisas temporais, no que concerne às cerimônias e às práticas exteriores.

Também no *Dialogus* (2011, p. 133) Ockham ressalta essa questão. A liberdade evangélica, segundo ele, é perfeita porque não oprime os cristãos, como o fazia a lei mosaica. Portanto, ela é perfeita tomada em modo negativo, ou seja, evita que se caia na mesma servidão. Por isso, afirma Ockham (2011, p. 138), os reis e outros cristãos podem ter seus súditos e servos, mas não fazem por causa da lei evangélica:

> A lei cristã não é chamada de lei de liberdade porque liberta os cristãos de toda servidão, mas porque não oprime os cristãos com tanta servidão quanto os judeus foram oprimidos e, por isso, é permitido aos reis e a outros cristãos terem servos, embora, por força da lei cristã, nenhum cristão se torna servo de alguém.

Desse modo, pudemos delinear as principais características da liberdade política segundo o pensamento de Ockham, enfatizando, sobretudo, que se trata do cristão ser impedido a se subjugar à escravidão por causa da lei evangélica. Portanto, em primeiro lugar, acentuando a dimensão da liberdade individual, Guilherme de Ockham não defende uma anarquia. Ele não está dizendo que o cidadão pode fazer o que bem entender, sem seguir as leis do estado e as leis eclesiásticas. Na organização de uma instituição é importante a existência da autoridade, da hierarquia, que deve guiar as pessoas. Ockham sabe que, por causa do pecado original, o homem precisa de regras e disciplina. É somente no céu que a alma humana não cairá nas armadilhas dos sentidos e no orgulho da razão, porque Deus apagará todo o desejo (McGrade, 1974, p. 141).

No mundo, a pessoa humana precisa de autoridades. Mas o modo de entendê-la por Ockham é conforme o Evangelho, ou seja, a autoridade é um serviço. Tanto a autoridade eclesiástica quanto a autoridade social devem promover a liberdade e o bem-estar dos indivíduos, e não tirar essas dimensões deles (Ockham, 1974b, p. 108-109; Damiata, 1979, p. 389-390).

Conforme vimos anteriormente, a liberdade humana está ancorada na liberdade divina. Como Deus é livre, o ser humano também é livre. Desse modo, também nessa questão podemos ver uma ligação entre os escritos filosófico-teológicos e os escritos políticos de Guilherme de Ockham (Eguren, 2020, p. 174).

Ockham afirma que Cristo, enquanto pessoa humana, não foi um rei detentor de bens. Não é dessa maneira que se deve entender a realeza de Cristo. Portanto, como Cristo não teve bens, também não pode renunciar a eles: não se renuncia àquilo que não se tem (Ockham, 1963, p. 718).

O Papa João XXII segue a linha do necessitarismo, ou seja, ele defendia que tudo acontece necessariamente, pois foi preordenado por Deus. Essa ordem não pode ser mudada por ninguém. E, portanto, Cristo enquanto homem não podia renunciar ao domínio das coisas, pois isso iria contra a ordem criada por Deus (João XXII, 1898, p. 421-424; Ockham, 2020, p. 205-206).

Essa ideia de João XXII é fortemente rechaçada por Ockham. O *Venerabilis Inceptor* afirma que Deus não age por necessidade, mas é sumamente livre para fazer o que quiser. Ele também não está necessariamente ligado à sua primeira decisão, podendo mudá-la, se assim o quiser (Ockham, 1963, p. 718-719). Desse modo, Deus age em modo contingente. Ockham (1963, p. 719) sustenta:

> Deus pôde e pode fazer muitas coisas, que não fez nem faz, e poderia não fazer muitas que faz. Portanto, muitas coisas puderam e podem acontecer diversamente do que teriam acontecido e acontecem, e, em consequência, nem tudo acontece necessariamente, mas muitas coisas, contingentemente.

Guilherme de Ockham acentua novamente a ideia da onipotência divina. Nada que provém de Deus é por necessidade, mas por sua livre vontade. Depois de analisar os textos da Sagrada Escritura (Ockham, 1963, p. 719-724), ele afirma:

> Tendo sido mostrado que nem tudo acontece necessariamente, estes se esforçam para provar que nada acontece necessariamente quanto à potência divina, visto que Deus pode impedir tudo. Porque a potência divina não se resume mais a estes efeitos que àqueles; sendo assim, nem pela presciência, nem pela ordenação eterna, nem pela imutabilidade dele, nem por algo que é o mesmo com Deus, nem por algo que não é Deus, Deus pode estar restringido a produzir ou conservar mais estes efeitos do que aqueles. Portanto, dado que tenha sido mostrado que algo não acontece necessariamente, segue-se que nada, enquanto é feito por Deus, acontece necessariamente (Ockham, 1963, p. 724).

Também Todisco (1998, p. 155-157) observa a ligação entre a liberdade política do ser humano e a onipotência de Deus. Acentuando a liberdade individual e a onipotência de Deus, Ockham não acentua o poder das autoridades eclesiásticas e civis, mas entende que esses poderes estão a serviço da liberdade humana, conforme a vontade de Deus expressa pela Revelação.

3.3.2 A ética na obra política

A defesa da liberdade da parte de Ockham não se dá em um contexto de total ausência de critério moral. Conforme evidenciado anteriormente, a vontade livre deve estar em sintonia com aquilo que diz a reta razão e com as outras circunstâncias do ato, para assim termos os fundamentos de um juízo moral.

Podemos observar que nos escritos políticos, assim como nos escritos filósofico-teológicos, Guilherme de Ockham desenvolve um conceito alto de direito natural, com seus diferentes delineamentos. Portanto, a ordem ética e a ordem política não estão baseadas em um voluntarismo, em que o único critério ético é a vontade arbitrária divina. Ockham acentua também a dimensão da natureza humana, afirmando que o ser humano, através da razão, pode agir conforme os princípios morais. Desse modo, o agir moral não recorre à *potentia Dei absoluta*, mas à *potentia Dei ordinata*.

A reta razão, definida também como prudência, está em sintonia com a Revelação divina, segundo Ockham. Esse aspecto também é abordado por ele nos escritos políticos:

> Porém é chamada de direito divino (*ius poli*) a equidade natural, que, sem alguma ordem humana ou alguma ordem puramente divina, é consona com a reta razão, é consona com a reta razão puramente natural, ou é consona com a reta razão tomada por aquelas coisas que são reveladas a nós por Deus (Ockham, 1963, p. 574).

Nesse sentido, o direito natural (*ius naturale*) deve estar em conformidade com a lei natural (*ratio naturalis*) como expressão de uma norma racional imutável, em que o direito dos povos (*ius gentium*) deve estar em consonância com aquilo que foi revelado por Deus (*ius divina, lex divina*) (Ockham, 1963, p. 556; Eusterschulte, 2014, p. 404-405).

No estado de inocência, o modelo de vida era o direito celeste (*ius poli*). Porém, segundo Ockham, a reta razão (*recta ratio*) se encontra em consonância com o estado antes do pecado, ou seja, com o direito celeste. Desse modo, a reta razão deve ser a guia para os indivíduos e para as instituições, os quais existem depois do pecado original. A reta razão não contraria a Revelação, mas ambas agem reciprocamente, complementando-se (Eusterschulte, 2014, p. 421).

Ressaltamos anteriormente que a razão constrói, através da experiência, os princípios do agir moral. Também nos escritos políticos é enfatizado esse aspecto, por meio da relação com o direito natural (Salanitri, 2014, p. 129-130). Guilherme de Ockham indica uma visão tripartida da lei natural, a qual oferece os princípios do agir moral. O primeiro tipo de lei natural é constituído pelos princípios evidentes, dos quais ninguém pode duvidar. Ockham (2019, p. 59-60) afirma:

> Responde-se que há três diferenças quanto às leis naturais. Algumas, de fato, são princípios conhecidos por si mesmos, ou derivam ou são inferidas de tais princípios evidentes da moral e ninguém pode errar ou, ainda, duvidar delas. Entretanto, alguém pode ignorá-las, porque é possível não pensar e jamais ter pensado a seu respeito, mas ninguém é desculpado por tal desconhecimento, porque, embora antes ninguém jamais tenha pensado nelas, essas leis naturais imediatamente [nos] ocorrem quando alguém é obrigado a fazer ou não fazer algo, de acordo com elas, a não ser que, sem pensar e recorrer a uma regra da razão, alguém queira fazer ou não fazer tal ato. Daí, nesse caso, a ignorância de tal lei proceder de uma negligência condenável ou do desprezo, e, por isso, ela não é desculpável. De fato, se, numa dada ocasião, alguém é tentado a tirar a vida de um inocente que nunca o prejudicou, se quiser pensar, ainda que rapidamente, se deve matá-lo, constatará que não deve matá-lo. E, por esse motivo, se irrefletidamente esse alguém mata o inocente, tal desconhecimento não o desculpa.

O outro tipo de lei natural deriva dos primeiros princípios. Esse tipo pode ser conhecido por todas as pessoas, pois não se necessita de estudo ou de um aprofundamento maior para conhecê-lo. Segundo Ockham (2019, p. 60):

Outras leis naturais que, sem exigir muita reflexão, decorrem evidentemente dos primeiros princípios da lei, do mesmo modo que, de maneira clara e sem muita reflexão, determinadas conclusões são inferidas dos primeiros princípios das coisas conhecidas, inclusive até pelos menos sábios, e tal desconhecimento da lei natural não escusa, porque qualquer um sem ter muito estudo pode conhecer imediatamente aquelas leis naturais. E os textos [aludidos] dos antepassados se referem a tal desconhecimento da lei natural.

O terceiro tipo de lei natural é conhecido pelos sábios e pelos espertos de leis, porque se trata, na verdade, de questões bem mais complexas. De acordo com Ockham (2019, p. 60):

Há, ainda, outras leis naturais que são coligidas das primeiras leis naturais por poucos – inclusive os peritos e com grande reflexão e estudo – e, através de meios, sobre as quais, às vezes, também os peritos têm opiniões divergentes: alguns as consideram como justas; outros, como injustas; e o desconhecimento de tal lei natural escusa, precipuamente, a não fazer algo que deve ser feito, que, entretanto, seria feito se a lei não fosse desconhecida, a não ser que a ignorância seja crassa ou afetada ou supina.

Todos, porém, conhecem os princípios da lei natural, por meio da reta razão, a qual está presente nas pessoas. Portanto, apesar da conexão existente entre o agir moral e a Revelação, a reta razão é guia para a ação moral em cada indivíduo, mesmo independente da Revelação, pois nem todos os indivíduos acolhem o dado revelado de modo livre. Desse modo, através da razão, cada pessoa pode agir segundo os princípios tomados pela experiência, os quais são válidos para cada um. O terceiro tipo de princípio, segundo Ockham, indica a importância das ciências jurídicas e, também, a sua responsabilidade, isto é, aqueles que se ocupam de leis devem se aprofundar e procurar conhecer esses princípios (Salanitri, 2014, p. 132).

Existem ainda três modalidades de lei natural. A primeira diz respeito aos princípios da lei natural: "De fato, conforme uma modalidade, é chamado de lei natural o que está em consonância com a razão natural que nunca falha em caso nenhum: 'não cometerás adultério', 'não mentirás' e outros [postulados] semelhantes" (Ockham, 2019, p. 243).

Podemos afirmar que essa modalidade de lei natural converge com aquilo que indicamos sobre a reflexão ética de Ockham. O comando da razão natural, que "nunca falha em caso nenhum", está em perfeita conformidade com a lei divina (Salanitri, 2014, p. 133). Desse modo, os postulados são intrinsecamente ligados à razão natural.

O segundo modo de entender a lei natural se refere à equidade natural de todos os seres humanos. Conforme afirma Ockham (2019, p. 243):

> De acordo com a outra modalidade, designa-se por lei natural o que é observado por todos aqueles que usam somente a equidade natural, prescindindo dos costumes e da legislação humanos. E, por esse motivo, diz-se que é natural, pois o seu contrário se opõe ao estado da natureza [originalmente] estabelecido e não seria observado nem feito se todos os homens vivessem segundo a razão natural ou a lei divina. De acordo com essa modalidade de lei natural, não consoante a primeira, todas as coisas são comuns, porque, no estado da natureza [originalmente] estabelecida, todas as coisas deveriam ser comuns, e se, depois da queda, todos os homens vivessem de acordo com a razão, tudo deveria ser comum e nada particular.

Salanitri (2014, p. 133-135) indica que essa segunda modalidade de lei natural está relacionada com o segundo tempo da humanidade, ou seja, o estado depois do pecado original (*post lapsum*), em que ainda todas as coisas eram tidas em comum. O primeiro tempo corresponde ao estado de inocência (*ante lapsum*), e o terceiro tempo quando todas as coisas foram divididas, fazendo surgir, assim, a propriedade privada. Segundo Ockham (1963, p. 439):

O segundo tempo foi depois do pecado e antes da divisão das coisas; naquele tempo, tinham o poder de dividir as coisas e de se apropriar delas. Se tal poder pode ser chamado "domínio", pode-se conceder que eles tiveram um domínio das coisas. O terceiro tempo foi depois da divisão das coisas, quando começaram a existir as propriedades privadas, assim como existem hoje coisas mundanas.

É desse segundo tempo que deriva o domínio natural das coisas, não do primeiro. Portanto, são justificáveis todas as mudanças em relação ao primeiro modo, que é divino e imutável. Desse modo, no terceiro tempo, a razão humana pode organizar os bens materiais como bem entender. Ao mesmo tempo, se alguém quiser viver no segundo modo, ou seja, na equidade natural, também pode fazê-lo (Ockham, 2019, p. 243; Salanitri, 2014, p. 135).

É importante frisar a terceira modalidade de lei natural. Esta diz respeito a algo evidente, que tem relação com alguma lei e se caracteriza como algo que brota naturalmente no intelecto humano. Ockham (2019, p. 244) exemplifica deste modo:

> Consoante uma terceira modalidade, diz-se lei natural aquela que, por intermédio de um dado evidente, colige (*evidenti ratione colligitur*) ou da lei das nações ou de outra [lei], ou de um outro acontecimento, divino ou humano, a não ser que o contrário seja estabelecido, com base no consenso daqueles a quem isso interessa, podendo ser chamada de lei natural "proveniente da suposição" (*ex suppositione*), de acordo com o que [...] Isidoro afirma: "Faz parte da lei natural a restituição de algo que foi depositado ou o dinheiro que foi emprestado e o rechaço da violência pelo uso da força".

Portanto, segundo Ockham, se deduz com evidência que alguns direitos são importantes para uma convivência pacífica entre as pessoas. Mesmo que não tenham sido explicitamente ordenados, eles estão impressos na razão humana. Por isso, uma nova economia, fundamentada na razão (Ockham, 1963, p. 435), se substitui às originárias relações sociais, e é nesse sentido que deve ser entendido o direito à propriedade (Salanitri, 2014, p. 135-136).

O terceiro modo de lei natural é denominado de *ex supposi-tione* porque supõe a vontade da parte dos povos de estabelecê-lo (Ghisalberti, 1979, p. 304). Observa-se nesse terceiro modo de lei natural também uma conjugação harmônica entre intelecto e vontade, a fim de manter uma ligação com o direito divino, considerando a situação pós-queda em que o homem se encontra.

Essa última modalidade se diferencia das outras duas, porque a lei natural, nesse caso, não provém do estado antes do pecado ou, ainda, de princípios naturais, mas se deduz de leis humanas de uma forma natural (Ockham, 2019, p. 244). Essas leis foram criadas a partir da vontade de Deus, que deu a liberdade aos homens de se organizarem, por meio da reta razão (Salanitri, 2014, p. 137).

Dessa maneira, quando se fala de direito de propriedade, podemos afirmar que também se trata de direito natural, pois a vontade, guiada pela reta razão, decidiu adotar esse modelo de organização, mesmo que esteja longe da equidade natural. O domínio comum dos bens permanece ainda o modo mais sublime de organização, mas também este é possível somente por aqueles que desejam seguir a reta razão. Viver segundo a reta razão, portanto, é a garantia da consonância da pessoa humana com o direito natural, quer ela viva em comunidade de bens, quer escolha viver segundo a propriedade privada (Salanitri, 2014, p. 136).

A lei natural e o direito natural são enfatizados com veemência por Ockham. O direito natural, segundo ele, deve ser evocado cada vez que o papa, o imperador ou algum outro governante quiser tirar a liberdade pessoal do indivíduo (Salanitri, 2014, p. 153-154). O papa não pode agir na esfera pública sem um grave motivo. Segundo o *Venerabilis Inceptor*, isso é também sustentado tanto pelo direito divino quanto pelo direito humano. No contexto da unção papal de Carlos Magno, Ockham (1974b, p. 148) interroga:

Se o imperador obtém do papa as terras que não estavam subordinadas a Carlos antes de sua unção e de sua coroação imperial – e não outras –, aquelas terras – e não outras – estão subordinadas à jurisdição e ao poder do papa. Mas então se pode indagar: mediante qual direito estão subordinadas à jurisdição e ao poder do papa?

Respondendo à questão, Ockham (1974b, p. 148-149) afirma que não é pelo direito natural, pois, por este, uma terra não pode estar mais subordinada à jurisdição do papa do que uma outra terra. De fato, segundo o direito natural, todas as coisas são comuns. Isso também é afirmado no Decreto de Graciano (1955, p. 2).

Ao mesmo tempo, não é pelo direito divino, porque, como afirma Agostinho (1954, p. 67-68) e o próprio decreto, é a Deus que pertence a Terra e tudo o que existe, e é isso que caracteriza o direito divino. Portanto, aquelas terras sobre as quais o papa não tinha jurisdição também não devem ser subordinadas ao Imperador Carlos Magno, porque, de fato, muitas dessas terras pertenceram a pessoas que não tinham se convertido ao cristianismo[91]. Conforme diz o apóstolo: "Por acaso, compete-me julgar os que estão fora?" (1Cor 5,12). Assim, torna-se evidente que não é pelo direito divino que o papa possui aquelas terras.

O papa também não as adquire por força do direito humano, porque não estão subordinadas a ele através do direito civil nem do direito canônico. Pelo direito civil não estão subordinadas porque não está escrito nada em relação a isso em algum código. E muito menos pelo direito canônico, porque mesmo o papa tendo o poder de promulgar cânones, ele não tem o poder de submeter a si reinos e províncias, pois, se tivesse esse direito, poderia submeter um reino à sua jurisdição como bem entendesse, violando, assim, os direitos de todos os reinos.

---

91. Seria possível fazer uma interessante ligação com aquilo que foi entendido – mas de modo contrário – no Tratado de Tordesilhas, com a decisão de distribuir o domínio de toda a terra descoberta entre Portugal e Espanha, com o aval do papa, entendido como o senhor de toda a Terra.

Ainda, não estavam subordinadas a ele graças ao direito escrito e ao direito costumeiro. No direito escrito não se diz nada a respeito. No direito costumeiro, isto é, um costume razoável, aprovado e prescrito, nunca se estabeleceu algo. Portanto, conclui Ockham, aquelas terras que não estavam subordinadas a Carlos antes da unção imperial também não estão subordinadas ao papa depois dela (1974b, p. 149-150). Desse modo, Guilherme de Ockham ressalta a importância de estipular limites ao poder do papa, pois ele deve respeitar o poder público e o direito das pessoas.

Outra ligação que se pode estabelecer entre o poder do papa e a ética se refere à ação dele na esfera pública. A sua ação, para ser moral, deve seguir os princípios da reta razão, o concurso das circunstâncias e a vontade.

Assim, podemos distinguir dois tipos de poderes do papa: um é o poder regularmente utilizado (*regulariter*) e o outro é o poder utilizado somente em determinadas circunstâncias (*casualiter*). Ambos os tipos de poderes devem ser exercidos pela suprema autoridade espiritual e no período necessário para que os leigos não permaneçam sem um guia. Cristo não impediu a ação do papa em determinadas circunstâncias, mesmo em uma ação que pertença à autoridade temporal, quando ela é vacante ou impedida de cumprir uma determinada ação (Salanitri, 2014, p. 160).

Desse modo, podemos observar que Ockham não torna absoluto o poder exercido pela autoridade, mas esta deve se adequar às circunstâncias e segundo o uso da reta razão. Portanto, Guilherme de Ockham delineia quando o poder utilizado pelo papa é regular e quando é utilizado em determinadas circunstâncias. É interessante o exemplo que ele expõe no *Breviloquium* (1997), em que afirma que se pode comparar esses dois poderes na ação do senhor e do súdito. No exemplo, Ockham se refere às palavras de Agostinho colocadas do Decreto de Graciano (1955, p. 909-910).

Além disso, o servo ou o súdito não tem regularmente [*regulariter*] o poder de deter fisicamente, ou forçar ou coagir seu senhor contra sua vontade; entretanto, quer pelas palavras de Santo Agostinho a Bonifácio, que são colocadas no decreto, quer pela razão, consta que o servo e o súdito têm casualmente [*causaliter*] esse poder. Agostinho diz de modo indefinido, não distinguindo entre o inferior, o igual e o superior, que, se alguém quiser entrar em uma casa que vai ruir, e não sair dela, um outro deve tirá-lo de lá contra a sua vontade. De modo idêntico, deve ser impedido de entrar numa casa que está prestes a cair. A razão natural ordena, de sua parte, que se o servo vir seu senhor querendo suicidar-se com a própria espada, não deve o servo de modo algum julgar-se fiel se, mesmo com violência, não retirar a espada das mãos do senhor. Desse modo, casualmente [*causaliter*], o servo adquire poder sobre o senhor, e, se não exercer esse poder, com justiça deve ser reputado como infiel (Ockham, 1997, p. 201).

Um outro ponto que podemos sublinhar na questão ética dos escritos políticos é que Ockham interpretava as Escrituras com a evidência da razão e, geralmente, de forma literal. Segundo ele, a interpretação alegórica era frequentemente utilizada para justificar a plenitude do poder papal. Desse modo, escolher e interpretar passos da Sagrada Escritura contra a evidência da razão não é, de modo algum, justificável (Salanitri, 2014, p. 155). Como afirma Ockham (1997, p. 223-224):

> Também não se pode demonstrar que o império provém do papa, tomando-se para tanto as palavras da Sagrada Escritura, expostas de modo alegórico ou místico, tais como: "Eis aqui duas espadas" (Lc 22,38), ou: "Deus fez os dois grandes luzeiros: o maior para presidir o dia, e o menor para presidir a noite" (Gen 1,16), ou quaisquer outras, porque o sentido místico da Escritura – o que não é contrário à verdade – não pode e não deve ser alegado para provar e confirmar questões duvidosas e disputadas, das quais há divergência entre os cristãos, se não estiver assim expresso na Escritura em si ou em seu antecedente, embora possa ser aduzido para a edificação e a exortação.

Segundo Ockham, o sentido místico ou alegórico deve ser aceito somente se é expresso na Sagrada Escritura, e se apoia em outra Escritura e na razão evidente. Poderíamos pensar que o *Venerabilis Inceptor* é contrário a esse tipo de interpretação, mas, na verdade, não se trata disso. Ele quer destacar que não se pode interpretar a Sagrada Escritura conforme os seus próprios interesses, justificando determinadas ações e comportamentos. Ou seja, os textos sagrados devem ser interpretados segundo o que de fato eles dizem, com a evidência da razão (Ockham, 1997, p. 224).

Em diálogo com os filósofos precedentes, notamos que Ockham aceita a visão de Aristóteles, segundo a qual a fonte do direito dos povos é a razão natural. Ao mesmo tempo, ele não rejeita a ideia de Agostinho de que a natureza foi corrompida depois do pecado original. Podemos afirmar, desse modo, que Guilherme de Ockham supera a teoria da inconciliabilidade entre o direito natural e a formação das instituições humanas. No *Dialogus*, Ockham apresenta três modos diferentes de entender o direito natural[92], ligados às três modalidades de lei natural desenvolvidas anteriormente, oferecendo uma harmonia entre as dimensões natural, racional e jurídica (Salanitri, 2014, p. 157).

> Logo, quando Isidoro diz: "A lei natural é comum a todas as nações" etc., ele entende que, conforme a primeira modalidade referida, a lei natural é comum a todas as nações, de maneira que todas as nações estão indispensavelmente obrigadas a observá-la e, por esse motivo, é do instinto da natureza, isto é, da razão natural, a qual nunca falha. Ora, de acordo com a segunda modalidade mencionada, a lei natural também é comum a todas as nações, isto é, todas as nações estão obrigadas a observá-la, a não ser que, por um motivo razoável, ordenem o contrário, e, por isso, é do instinto da natureza, isto é, da razão natural, antes que, mediante uma determinação humana, o contrário seja ordenado. De fato, a razão ordena que tudo seja comum, antes que tudo tivesse sido apropriado, com o

---

92. Para aprofundar o tema, cf. Offler (1977, p. 207-218).

consenso dos homens. Ora, conforme a terceira modalidade citada, a lei natural é comum a todas as nações por suposição, a saber, se todas as nações estabelecessem ou fizessem aquilo que a lei [natural] ordena daquela maneira fosse coligido por meio de um argumento evidente e, por isso, é do instinto da natureza, isto é, da razão natural, suposto que dela se colige tal coisa dessa maneira (Ockham, 2019, p. 246).

O aspecto conciliador e coerente de Guilherme de Ockham, em certo sentido, também se faz presente. Conforme abordado anteriormente, ele muitas vezes adota um caminho do meio (*via media*), mostrando a sua capacidade de dialogar. A ação do papa no poder secular se dá somente por meio de determinadas circunstâncias, respeitando a lei divina e a lei natural (Borges, 2018, p. 78-86).

Portanto, o modelo dialógico utilizado por Ockham é uma dimensão importante que ressalta o tema da razão em sua filosofia política. Considerando e ouvindo as dimensões contrárias, através de debate, de confronto, busca-se a verdade. Podemos observar que Guilherme de Ockham não impõe a sua opinião antecipadamente, mas procura ouvir as opiniões contrárias para, a partir delas, formar a sua própria opinião, em um método de pergunta e resposta (Salanitri, 2014, p. 158).

> Portanto, peço que se proceda por pergunta e resposta. De fato, quero te interrogar e tu me responderás. A minha parte seja indicada com o nome "Discípulo", e a tua, com o nome "Mestre", com a qual assumes a função de recitador. Não exponhas somente uma opinião, mas, se te pareceres oportuno, sobre a mesma questão citas muitas. Porém não me indiques em algum modo aquilo que é teu pensamento. Porquanto, de fato, em discutir afirmações diversas e contrapostas, quero que tu minimamente deixes passar a tua opinião, todavia não manifestes em nenhum modo qual seja ela. Sou levado a pedir-te isso por dois motivos. O primeiro é que estimo tanto o teu ensinamento que iria me impor de aprender com o meu intelecto somente aquela opinião que reconheço com certeza ser a tua. Em relação às coisas sobre as quais quero perguntar, de outro lado, não quero ser condicionado pela tua autori-

dade, mas quero experimentar os efeitos que produzem em mim os argumentos e os textos que aduzir e a minha reflexão pessoal (Ockham, 2020, p. 2).

Desse modo, a liberdade do indivíduo, como destacado anteriormente, não é uma submissão cega à lei cristã. Por outro lado, também não é uma liberdade absoluta, que não leva em conta o bem comum e a justiça (Salanitri, 2014, p. 165). A razão remete ao direito natural:

> Portanto [...] não é possível comprovar que, mediante a lei cristã, os cristãos se tornam livres da servidão que devem ao sumo pontífice, isto é, estão subordinados a ele nas esferas espiritual e temporal, em tudo que não se opõe nem à lei de Deus nem à lei da natureza. Que os textos da Sagrada Escritura não devem ser entendidos no tocante à liberdade e à sujeição pela qual os cristãos estão subordinados ao sumo pontífice também se comprova por meio de um argumento. De fato, se a lei cristã fosse de tal modo lei de liberdade, não seria permitido a ninguém sujeitar-se ao sumo pontífice ou a qualquer outro mortal [naquelas coisas] que não se opõem nem à lei de Deus nem à lei da natureza, porque a ninguém é permitido agir contra a lei cristã (Ockham, 2011, p. 133).

Também a submissão à regra por parte dos religiosos deve ser feita livremente. Ou seja, não se trata de uma opressão, mas de uma submissão voluntária a partir de indivíduos livres, e que o papa não tem direito de revogar, como o fato de não possuírem alguma propriedade[93]. Ockham (2011, p. 135) afirma:

> Responde-se a essa objeção dizendo que, embora o papa possa exercer tal poder sobre aquele que quiser se tornar seu servo e em tudo submeter-se ao poder dele, todavia nem o papa nem um superior religioso tem tal poder sobre quaisquer religiosos, os quais fazem ou fizeram voto de obediência, de pobreza e de

---

93. Esse é o ponto da polêmica que contrapõe os "espirituais" e o papado: para os primeiros, apoiando-se nas teorias do voto, expressas por Pedro de João Olivi, nem o papa pode dispensar do voto de *sine proprio*. Por sua vez, o papado considerava a regra franciscana como lei da Igreja e, portanto, submetida à jurisdição do papa. Cf. Piron (2021, p. 25-47).

castidade, porque eles têm a obrigação de guardar a regra que prometeram observar. É por isso que nem o papa e tampouco um outro têm tal plenitude de poder sobre eles, nem eles são servos do papa ou de outro superior, conforme a palavra "escravo" é frequentemente utilizada nas ciências jurídicas, porquanto nem o papa nem um outro podem ordenar que executem trabalhos servis, abandonando as coisas que concernem à substância de sua regra, nem podem ordenar-lhes que tenham propriedade particular ou contraiam matrimônio, que, embora sejam coisas lícitas em si mesmas, tornam-se ilícitas aos religiosos, por força do voto que espontaneamente fizeram.

Essa questão também está ligada com o que é abordado no *Breviloquium* (1997, p. 218). Ockham afirma: "Depois que uns indivíduos se submeteram espontaneamente ao domínio de alguém, não podem afastar-se desse domínio contra a vontade dele, porque o senhor, sem culpa de sua parte, não deve ser privado de seu direito".

Talvez essa afirmação de Guilherme de Ockham possa ser vista como uma rejeição da soberania popular, mas, na realidade, está indicando que a autoridade, depois de ser admitida, não pode ser dissolvida arbitrariamente, ou seja, conforme a vontade individual dos governados. A dissolução de um governo somente é possível se for sancionada pela razão (Shogimen, 2007, p. 246). Em última análise, sempre se trata de visar ao bem comum. Recordamos que nos graus de virtude, abordados na obra filosófica de Ockham, o sacrifício pelo bem comum é o ato mais virtuoso. Ele afirma:

> O governante, no predito governo real, pode recorrer aos súditos e usar quaisquer bens deles como lhe aprouver, em razão do bem comum, mas não pode usá-los como o desejar em proveito próprio, porque os súditos não são servos dele, mas gozam da liberdade natural, dado que faz parte da liberdade natural que ninguém possa usar as pessoas livres em sua própria utilidade, mas não é contra a liberdade natural que alguém razoavelmente recorra às pessoas livres em proveito do bem comum, posto que qualquer um tem a obrigação de fazer o bem comum preceder ao bem particular (Ockham, 2011, p. 177).

A atribuição branda das funções do papa e dos príncipes – por vezes até negativa – parece indicar que Ockham apresentava uma confiança muito grande na reta razão de cada pessoa humana. Isso se deve, provavelmente, ao fato de considerar que os cristãos, seguindo os mandamentos divinos expressados na Escritura Sagrada, e os não cristãos, servindo ao bem comum, não precisam de uma forte autoridade externa. Portanto, o governo de uma determinada instituição não necessita agir duramente e sempre, pois Deus e a natureza já indicaram as leis que as pessoas devem seguir (Shogimen, 2007, p. 250; Bleakley, 2000, p. 594). A função da autoridade, segundo o pensamento de Ockham (1974b, p. 110), é a de acompanhar e de corrigir eventuais erros das pessoas:

> Na comunidade que lhe está subordinada, [o governante deve] estabelecer quais as profissões e por quem devem ser exercidas, ordenar que todas as ações virtuosas sejam praticadas e muitas outras coisas, mas tudo indica que ele foi principalmente instituído para que corrija e puna os delinquentes. [...] Com efeito, é principalmente para isso que a lei foi dada e o governante foi instituído, pois a lei não existe por causa dos bons, mas dos maus que devem ser corrigidos e punidos.

Portanto, a função da autoridade é regular os atos exteriores, e não os atos interiores. Segundo Ockham (2019, p. 15): "É mais proveitoso à totalidade dos mortais aquele governo por meio do qual as querelas e os litígios, aos quais a natureza dos mortais está propensa, são resolvidos de forma mais equitativa e conveniente".

Desse modo, a autoridade não tem o poder de definir um ato moral, pois, como visto anteriormente, ele depende da intenção, que é um aspecto interior de cada pessoa. Cada ser humano é o seu próprio juiz último. O governo se faz necessário para que a pessoa humana possa viver em plenitude a sua liberdade, conforme os ditames da reta razão (Bleakley, 2000, p. 599).

Sendo assim, também nos escritos políticos observamos a existência da ética ockhamiana, em conformidade com o que ele escreveu em sua obra filosófico-teológica. Também aqui percebemos a presença dos mesmos elementos do agir moral: a vontade, a reta razão e o auxílio das circunstâncias. Vemos, ainda, que não existe uma contradição entre as dimensões da fé e da reta razão, mesmo que Ockham afirme que se trata de âmbitos distintos (Salanitri, 2014, p. 132). A pessoa humana em sua liberdade é convidada a aderir aos princípios divinos evidenciados na reta razão. Da mesma forma, a autoridade, tanto eclesiástica quanto secular, deve estar em consonância com eles, para promover a liberdade das pessoas, em vista do bem delas.

Conclusão

Neste trabalho, procuramos fazer uma leitura transversal do tema do singular na obra de Guilherme de Ockham. Essa leitura não se dá através de uma visão predeterminada, mas a partir dos próprios escritos de Ockham. Nós sustentamos que a singularidade representa um dos pilares de seu pensamento e observamos, também, que ela está presente em todos os seus escritos, delineando, assim, a originalidade do pensamento de Ockham.

A ontologia do singular representa um novo modo de ver a realidade. Diferentemente de uma filosofia que colocava o seu acento na universalidade, Guilherme de Ockham acentua a singularidade. Não foram poucas as críticas em seu tempo. Do mesmo modo, ainda hoje há várias críticas dirigidas a seu pensamento.

A partir de sua raiz franciscana, à qual Ockham sempre permaneceu fiel, com sua atenção aos detalhes, às particularidades, ele desenvolveu a sua argumentação. Acreditamos que isso representou para ele um desafio, pois teve que ir contra o pensamento dominante em seu tempo. Do mesmo modo, Ockham acentuou o tema da contingência (Todisco, 1998, p. 24-71), colocando o seu fundamento em Deus, o Absoluto.

Guilherme de Ockham, desse modo, inverte o modo de fazer filosofia. Em vez de partir do universal, ele inicia do particular. É como se estivesse afirmando: "Façamos filosofia não a partir do que pensamos e imaginamos, mas a partir do que experienciamos!" Observamos, assim, outra característica de seu pensamento franciscano: o valor da experiência. Não se trata de um empirismo, ou seja, que a experiência seja o único critério de verdade, mas sim da atenção de que todo o conhecimento deve partir da experiência e retornar a ela.

Portanto, cada ente – e, desse modo, cada ser humano – deve ser visto e conhecido em sua singularidade e unicidade. Como abordamos em nosso trabalho, Ockham não aboliu o universal. Este é fundamental para que possamos falar sobre os indivíduos, ou seja, na dimensão da linguagem. Porém, quando consideramos os entes, temos que ter em mente a sua singularidade.

Podemos observar também o estilo inovador e crítico do *Venerabilis Inceptor*. Conforme aquilo que escreve em sua obra política, o mais importante para ele não era procurar afirmar o que agradava aos outros, mas sim buscar a verdade. Para isso, vemos que ele tinha um conhecimento amplo da filosofia de seu tempo. Do mesmo modo, Ockham dialogava utilizando argumentos críticos e minuciosos para corroborar as suas teses. Assim, ele não se coloca como o "dono da verdade", mas procura dialogar e contribuir com a filosofia de seu tempo. Observamos diversas citações de Aristóteles, Agostinho, Tomás de Aquino, Duns Escoto e outros autores, demonstrando, assim, sua capacidade de dialogar e estar em sintonia com os outros pensadores.

Concluímos que o tema do singular em Guilherme de Ockham é como um pano de fundo de toda a sua filosofia, e, a nosso ver, não representa nenhum exagero denominar Ockham como "filósofo do singular". A ontologia – base de toda a filosofia, pois representa o modo em que ele vê a realidade –, segundo Ockham, é constituída somente de individualidades.

Ligando o tema da singularidade com a dimensão antropológica e entendendo cada ser humano como parte da realidade, do mundo, observamos que, para Ockham, cada pessoa tem a sua radical individualidade e a sua importância. O ser humano, no contexto medieval, era visto em ligação ao Criador, a Deus. Podemos observar que esse aspecto também está presente na obra de Guilherme de Ockham. Ao mesmo tempo, ele diferencia o homem das outras criaturas, principalmente no acento à dimensão da intelectualidade.

A pluralidade de formas, em conformidade com outros autores franciscanos, a nosso ver, indica também uma atenção de Ockham a cada parte que compõe o ser humano. A alma intelectiva, a alma sensitiva e a forma do corpo, cada qual tem a sua importância, e o ser humano não seria tal como é se uma dessas partes não existisse. Podemos afirmar que há uma ligação entre a ontologia do singular e a antropologia em Ockham. Cada ser humano é um singular, e a singularidade também está presente no interno do composto humano.

Outro aspecto que faz parte intrínseca do ser humano, e que podemos caracterizar como ontológico, é a liberdade da vontade. O homem, através da vontade livre e com o auxílio da razão, é capaz de se autodeterminar, sendo protagonista de sua história. Somente o ser humano e Deus têm essa capacidade. De fato, a exemplo do Criador que é sumamente livre, também a criatura apresenta tal característica essencial, mesmo com alguns limites. Porém nada constringe a liberdade da vontade, nem um fator externo ou interno. Até mesmo na visão beatífica o homem ainda pode escolher se aderir a Deus ou não. É a liberdade da vontade levada até as últimas consequências.

É possível, desse modo, afirmar que, segundo a reflexão de Ockham, por meio da liberdade da vontade, o ser humano pode fazer o que bem entender, sem seguir alguma ética? Não é esse o pensamento de Guilherme de Ockham. Ele afirma que a dimensão ética é fundamental para a realização da pessoa humana. A dimensão objetiva da moralidade é o mandamento de Deus. No entanto, por ela não é tirada a nossa liberdade. É pela liberdade que a norma objetiva é acolhida. Portanto, a ética tem um fundamento teológico, e não filosófico, isto é, somente seguindo aquilo que Deus nos revelou e revela que o nosso agir moral é perfeito.

E no aqui e agora, como se deve agir? Entra em questão a dimensão subjetiva da moralidade, que é constituída pela vontade livre, pela reta razão e pelo auxílio de outras circunstâncias. Concluímos que a reflexão ética de Ockham é bem articulada e integrada. Nessa questão, atribuir a ele a alcunha de voluntarista extremo não é adequado, pois Guilherme de Ockham, em sua reflexão ética, reconhece o valor fundamental da razão.

A ética ockhamiana é também permeada pelo tema da singularidade, pois o indivíduo, através de sua liberdade, decide-se em favor da vontade de Deus ou não. Se a aceita, deve também ir até as últimas consequências. Ao mesmo tempo, cada ato moral é visto em sua singularidade, em sua concretude. Evidencia-se, nessa dimensão, a questão da intenção do ato. O ato não pode ser visto somente por sua exterioridade, mas também por aquilo que realmente o sujeito se propõe a fazer. É isso que vai determinar a qualidade do ato. Destacamos, ainda, que, na questão ética, é presente a forte ligação do ser humano com Deus, característica do pensamento franciscano (González, 1995, p. 127-144).

A partir do desenvolvimento do tema da singularidade na reflexão antropológica, nós nos propomos a abordar esse tema também na obra política de Ockham. Em certo sentido, tínhamos intuído que existia uma ligação entre os escritos filosófico-teológicos e os escritos políticos. Com bela surpresa nos deparamos com uma ampla reflexão já feita sobre a conexão entre esses dois blocos de escritos.

A partir da análise dos textos da obra política de Ockham, vimos que o tema da singularidade também estava ali presente, bem como os subtemas desenvolvidos nos dois primeiros capítulos da nossa pesquisa: os conceitos, a liberdade, a ética. Podemos afirmar que a linha de raciocínio se aproxima muito dos escritos filosófico-teológicos de Guilherme de Ockham, apesar de serem abordagens totalmente diversas. A continuidade entre os escritos filosófico-teológicos e os escritos políticos, a nosso ver, é evidente.

A unidade na pessoa e na *forma mentis* de Ockham, bem como os temas que se encontram nos dois blocos, mostram que existe essa ligação. Ele continuou fazendo filosofia através de sua obra política e não deixou de lado os seus valores cristãos e franciscanos. Ressaltamos, porém, que a obra política não pode ser entendida como uma consequência direta e a colocação na prática de sua obra filosófica, como alguns autores sustentam. Guilherme de Ockham era consciente de que os âmbitos de saber teórico-especulativo e político são diferentes, o que se evidencia também por meio do modo como escreve.

Procuramos, nesse sentido, desenvolver uma leitura dos escritos de Ockham sem uma visão preconcebida ou bipolar (*aut-aut*). Esse tipo de visão, muitas vezes, tende a prejudicar a compreensão e a intenção de um autor. Procuramos rejeitar na nossa pesquisa imposição de visões fora do contexto ou através de uma leitura voluntarista ou nominalista. Tentamos apresentar o autor em seu contexto e a partir dos seus escritos.

Nesse sentido, buscamos também iluminar o conflito entre as visões divergentes sobre a origem do direito subjetivo em Ockham, feitas por Villey e Tierney. Propomos uma visão alternativa, a partir da obra de Guilherme de Ockham, ressaltando o aspecto da continuidade e a sua originalidade em relação aos filósofos precedentes. Sobre a propriedade privada, da mesma forma, Ockham, em diálogo com a filosofia escolástica, indica um caminho diferente, através da ideia de direito à propriedade como organização do ser humano depois do pecado original.

Em sintonia com a sua ontologia, Guilherme de Ockham sustenta que cada grupo ou instituição não é nada mais do que a soma de seus membros. Essa tese pode soar um pouco radical, mas não deve ser entendida como uma rejeição das relações humanas ou uma diminuição da importância das instituições. Alguns autores sustentam que ele foi defensor do individualismo e, de um modo inconveniente, o denominam como o iniciador do individualismo contemporâneo e da crise atual[94]. Nós rejeitamos veementemente essa teoria, porque afirmamos que essa não é a ideia contida nos escritos de Ockham. Portanto, é fundamental ver o pensamento do autor em seu contexto, algo que esses comentadores, a nosso ver, não fazem.

Notamos que existiu também um prejuízo sobre os escritos de Ockham, devido à ligação com o surgimento do protestantismo que alguns autores católicos colocavam, o que para nós carece de fundamento. Outro prejuízo se deve à sua acusação de heresia, o que para nós deve ser interpretado em seu contexto. Conforme foi abordado no nosso trabalho, Guilherme de Ockham viveu em um período turbulento na história da Igreja. Ele procurou ser fiel à Ordem e à Igreja, e nunca se opôs ao papado, somente a João XXII e a Bento XII, os quais, juntamente com o grupo dissidente, não via como papas.

A liberdade humana é um tema fundamental também em seus escritos políticos. A autoridade deve tutelar a liberdade de todos os seus súditos, tanto em nível eclesiástico quanto em nível social. O fundamento da liberdade é o próprio Evangelho, que afirma que a lei cristã é a lei da liberdade. Coincide em Ockham o aspecto teológico e filosófico, ou seja, a liberdade ora é defendida em chave filosófica, ora também é destacada por sua origem evangélica.

A liberdade em Ockham, a nosso ver, não pode ser confundida com libertinagem ou anarquia. Não é excluída a autoridade, mas é colocada no seu âmbito correto, ou seja, como ministério e serviço,

---

94. Cf., por exemplo, Dumont (1985, p. 75-79) e Salvioli (2019, p. 51-84).

e não como abuso ou como peso para as pessoas. A autoridade também deve utilizar os meios adequados para punir aqueles que fazem mal aos outros. Através da liberdade, tutelada pela autoridade, o ser humano pode ser protagonista na sociedade, evidenciando, assim, a sua unicidade e a sua singularidade (Brooks, 2021, p. 150).

A reta razão presente em cada indivíduo, e que está em sintonia com o direito natural, guia o cidadão nas suas ações cotidianas, para que ele possa se determinar e se colocar a serviço do bem comum. A razão, portanto, tem um campo de ação, na filosofia e na política, em que ela age com os seus próprios recursos, sem depender da teologia. Esse aspecto pode ser observado também na lógica e na epistemologia de Ockham. Ele, porém, não transforma a filosofia e a política em algo absoluto, pois deixa um espaço aberto contra toda espécie de necessitarismo, por meio da potência absoluta de Deus.

A pesquisa que fizemos nos deu uma grande contribuição de conhecimento e de vida, abrindo os horizontes para entendermos ainda melhor o pensamento do *Venerabilis Inceptor*. Esperamos também que possa ser de auxílio para outros. Observamos, igualmente, que se evidenciaram algumas pistas de temas para serem desenvolvidos no futuro: o argumento da conservação, a pluralidade de formas no homem, o exercício do poder na visão de Ockham, a questão da pobreza evangélica franciscana e a influência da ideia da liberdade franciscana no período moderno e contemporâneo.

Temos convicção de que Ockham foi um grande pensador que contribuiu em seu tempo e pode contribuir ainda hoje. A sua capacidade de dialogar e a sua visão original sobre muitos temas são de grande importância no pensamento filosófico. Percebemos que, por vezes, a sua filosofia foi mal interpretada, devido a uma sucessão de acontecimentos históricos. Porém, acreditamos que o resgate de suas ideias pode ser importante também em nossos dias, pois essas ideias, em certo sentido, têm um caráter que atravessa o tempo.

Referências

Fontes

GUILHERME DE OCKHAM. *Summa logicae*. Ed. Philotheus Boehner, Gedeon Gál, Stephanus Brown. New York: The Franciscan Institute, 1974a. (Opera Philosophica, vol. 1).

GUILHERME DE OCKHAM. *Expositionis in Libros Artis Logicae Prooemium et Expositio in Librum Porphyrii de Praedicabilibus, Expositio in Librum Praedicamentorum Aristotelis, Expositio in Librum Perihermenias Aristotelis, Tractatus de Praedestinatione et de Praescientia Dei respectu futurorum contingentium*. Ed. Ernestus Moody *et alii*. New York: The Franciscan Institute, 1978. (Opera Philosophica, vol. 2).

GUILHERME DE OCKHAM. *Brevis Summa Libri Physicorum, Summula Philosophiae Naturalis et Quaestiones in Libros Physicorum Aristotelis*. Ed. Stephanus Brown. New York: The Franciscan Institute, 1984a. (Opera Philosophica, vol. 6).

GUILHERME DE OCKHAM. *Tractatus Minor et Elementarium logicae, Tractatus de Praedicamentis, Quaestio de Relatione, Centiloquium, Tractatus de Principiis Theologiae*. Ed. Eligius Buytaert *et alii*. New York: The Franciscan Institute, 1988. (Opera Philosophica, vol. 7).

GUILHERME DE OCKHAM. *Octo quaestiones de potestate papae, An princeps, Consultatio de causa matrimoniali, Opus nonaginta dierum (capitula 1-6)*. Ed. Hilary Seton Offler *et alii*. Manchester: Manchester University Press, 1974b. (Opera Politica, vol. 1).

GUILHERME DE OCKHAM. *Opus nonaginta dierum (capitula 7-124)*. Ed. Hilary Seton Offler *et alii*. Manchester: Manchester University Press, 1963. (Opera Politica, vol. 2).

GUILHERME DE OCKHAM. *Epistola ad Fratres Minores, Tractatus contra Ioannem XXII, Tractatus contra Benedictum XII*. Ed. Hilary Seton Offler *et alii*. Manchester: Manchester University Press, 1956. (Opera Politica, vol. 3).

GUILHERME DE OCKHAM. *Quaestiones variae*. Ed. Girardus Etzkorn, Franciscus Kelley et Josephus Wey. New York: The Franciscan Institute, 1984b. (Opera Theologica, vol. 8).

GUILHERME DE OCKHAM. *Scriptum in Librum Primum Sententiarum, Ordinatio, Prologus et distinctio prima*. Ed. Gedeon Gál. New York: The Franciscan Institute, 1967. (Opera Theologica, vol. 1).

GUILHERME DE OCKHAM. *Scriptum in Librum Primum Sententiarum, Ordinatio, distinctiones II-III*. Ed. Stephanus Brown. New York: The Franciscan Institute, 1970. (Opera Theologica, vol. 2).

GUILHERME DE OCKHAM. *Scriptum in Librum Primum Sententiarum, Ordinatio, distinctiones IV-XVIII*. Ed. Girardus Etzkorn. New York: The Franciscan Institute, 1977. (Opera Theologica, vol. 3).

GUILHERME DE OCKHAM. *Scriptum in Librum Primum Sententiarum, Ordinatio, distinctiones XIX-XLVIII*. Ed. Girardus Etzkorn et Franciscus Kelley. New York: The Franciscan Institute, 1979. (Opera Theologica, vol. 4).

GUILHERME DE OCKHAM. *Quodlibeta septem*. Ed. Joseph Wey. New York: The Franciscan Institute, 1980. (Opera Theologica, vol. 9).

GUILHERME DE OCKHAM. *Quaestiones in Librum Secundum Sententiarum (Reportatio)*. Ed. Gedeon Gál et Rega Wood. New York: The Franciscan Institute, 1981. (Opera Theologica, vol. 5).

GUILHERME DE OCKHAM. *Quaestiones in Librum Tertium Sententiarum (Reportatio)*. Ed. Franciscus Kelley et Girardus Etzkorn. New York: The Franciscan Institute, 1982. (Opera Theologica, vol. 6).

GUILHERME DE OCKHAM. *Quaestiones in Librum Quartum Sententiarum (Reportatio)*. Ed. Rega Wood et Gedeon Gál. New York: The Franciscan Institute, 1984c. (Opera Theologica, vol. 7).

GUILHERME DE OCKHAM. *Expositio in Libros Physicorum Aristotelis, Prologus et Libri I-III*. Ed. Vladimirus Richter et Gerhardus Leibold. New York: The Franciscan Institute, 1985. (Opera Philosophica, vol. 4).

GUILHERME DE OCKHAM. *Dialogus – Part 1, Books 1-5*. Ed. John Kilcullen et John Scott. Oxford: The British Academy; Oxford University Press, 2020. (Opera Politica, vol. 5).

GUILHERME DE OCKHAM. *Dialogus – Part 1, Books 6-7*. Ed. George Knysh. Oxford: The British Academy, 2021. (Opera Politica). Disponível em: https://publications.thebritishacademy.ac.uk/pubs/dialogus/wtc.html#d6. Acesso em: 2 jan. 2024.

GUILHERME DE OCKHAM. *Dialogus – Part 2; Part 3, Tract 1*. Ed. Jan Ballweg, John Kilcullen, Volker Leppin and John Scott. Oxford: The British Academy; Oxford University Press, 2011. (Opera Politica, vol. 8).

GUILHERME DE OCKHAM. *Dialogus – Part 3, Tract 2*. Ed. Semih Heinen and Karl Ubl. Oxford: The British Academy; Oxford University Press, 2019. (Opera Politica, vol. 9).

GUILHERME DE OCKHAM. *Compendium errorum Ioannis papae XXII, Breviloquium de principatu tyrannico, De imperatorum et pontificum potestate e duas obras espúrias, a saber, Allegationes de potestate imperiali e De electione Caroli IV*. Ed. Hilary Seton Offler. Oxford: The British Academy; Oxford University Press, 1997. (Opera Politica, vol. 4).

Traduções

FEDRIGA, R.; LIMONTA, R. *Il trattato sulla predestinazione e prescienza divina riguardo ai futuri contingenti di Guglielmo di Ockham*: introduzione, testo, traduzione e commento. Roma: Città Nuova, 2020.

GUILHERME DE OCKHAM. *Brevilóquio sobre o principado tirânico*. Tradução de Luís Alberto de Boni. Petrópolis: Vozes, 1988.

GUILHERME DE OCKHAM. *Dialogo sul papa eretico*. A cura di Alessandro Salerno. Milano: Bompiani, 2015.

GUILHERME DE OCKHAM. *Lógica dos termos*. Tradução de Fernando Pio de Almeida Fleck. Porto Alegre: EDIPUCRS, 1999.

GUILHERME DE OCKHAM. *Obras políticas*. Tradução de José Antonio de Camargo Rodrigues de Souza. Porto Alegre: EDIPUCRS/USF, 1999.

GUILHERME DE OCKHAM. *Oito questões sobre o poder do papa*. Tradução de José Antonio de Camargo Rodrigues de Souza. Porto Alegre: EDIPUCRS/USF, 2002.

GUILHERME DE OCKHAM. *Quodlibetal questions*: Quodlibets 1-7. Translated by Alfred Freddoso and Francis Kelley. New Haven-London: Yale University Press, 1991. vol. 1 e 2.

GUILHERME DE OCKHAM. *Seleção de textos*. Tradução e notas de Carlos Lopes de Mattos. São Paulo: Abril Cultural, 1973. p. 354-365. (Os Pensadores, vol. 8).

GUILHERME DE OCKHAM. Sobre a conexão das virtudes (questões variadas, questão VII, artigos 1 e 2). *Seara filosófica*, Pelotas, vol. 13, p. 129-142, verão 2016.

GUILHERME DE OCKHAM. *Terceira parte do Diálogo*. Tradução de José Antonio de Camargo Rodrigues de Souza. Famalicão: Húmus, 2012.

GUILHERME DE OCKHAM. *Texte zu Theologie und Ethik*: Lateinisch/ Deutsch. Ausgewählt, übersetzt und herausgegeben von Volker Leppin und Sigrid Müller. Stuttgart: Reclam, 2000.

JOÃO DUNS ESCOTO; GUILHERME DE OCKHAM. *Textos sobre a potência ordenada e absoluta*. Tradução de Carlos Eduardo de Oliveira. São Paulo, 2013. Disponível em: https://docplayer.com.br/118652037-Joao-duns-escoto-guilherme-de-ockham-textos-sobre-a-potencia-ordenada-e-absoluta-sao-paulo-2013.html. Acesso em: 9 ago. 2022.

TODISCO, O. *Guglielmo d'Occam*: filosofo della contingenza. Padova: Edizioni Messaggero, 1998.

Fontes antigas e medievais

AGOSTINHO. *Ad inquisitiones Ianuarii (Epistola LV)*. Ed. Alois Goldbacher. Pragae-Vindobonae-Lipsiae: Tempsky-Freytag, 1895. p. 169-213. (PL 33, 204-223; CSEL, vol. 34.1).

AGOSTINHO. *Contra Faustum*. Recensuit Iosephus Zycha. Pragae-Vindobonae-Lipsiae: Tempsky-Freytag, 1891. p. 249-797. (PL 42, 519-550; CSEL, vol. 25.1).

AGOSTINHO. *De duabus animabus*. Recensuit Iosephus Zycha. Pragae--Vindobonae-Lipsiae: Tempsky-Freytag, 1891. p. 66-68. (PL 42, 93-110; CSEL, vol. 25.1).

AGOSTINHO. *De ordine*. Recensuit Pius Knöll. Vindobonae-Lipsiae: Tempsky-Freytag, 1922. p. 119-187. (PL 32, 977-1020; CSEL, vol. 93).

AGOSTINHO. *De Trinitate*. Ed. William Mountain et Franciscus Glorie. Turnholti: Brepols, 1968. (PL 42, 819-1100; CCSL, vol. 50).

AGOSTINHO. *In Iohannis Evangelium*. Ed. Radbodus Willems. Turnholti: Brepols, 1954. (PL 35, 1379-1976; CCSL, vol. 36).

ANSELMO DE AOSTA. *Epistola de incarnatione verbi*. Ed. Franciscus Salesius Schmitt. Stuttgart-Bad Cannstatt: Frommann, 1968. p. 1-35. (Opera Omnia, vol. 2).

ANSELMO DE AOSTA. *Monologion*. Ed. Franciscus Salesius Schmitt. Stuttgart-Bad Cannstatt: Frommann, 1968. p. 1-87. (Opera Omnia, vol. 1).

ARISTÓTELES. *Analytica posteriora*. Recensio Guillelmi de Moerbeka. Ed. Laurentius Minio-Paluello et Bernardus Dod. Bruges-Paris: Desclée de Brouwer, 1968. (AL, vol. 4.2).

ARISTÓTELES. *Categoriae vel Praedicamenta*. Translatio Guillelmi de Moerbeka. Ed. Laurentius Minio-Paluello. Bruges-Paris: Desclée de Brouwer, 1966. (AL, vol. 1.1-5).

ARISTÓTELES. *De anima*. Translatio Guillelmi de Moerbeka. (AL, vol. 12.2). Disponível em: http://clt.brepolis.net.ezproxy.unicatt.it/ald/pages/Results.aspx?qry=9bb676d1-2323-4387-a815-acdb9acceb19&per=1. Acesso em: 30 set. 2022.

ARISTÓTELES. *De generatione animalium*. Translatio Guillelmi de Moerbeka. Ed. Drossaart Lulolfs. Bruges-Paris: Desclée de Brouwer, 1966. (AL, vol. 17.2.5).

ARISTÓTELES. *De interpretatione vel Periermenias*. Translatio Boethii et Guillelmi de Moerbeka. Ed. Laurentius Minio-Paluello. Bruges-Paris: Desclée de Brouwer, 1965. (AL, vol. 2.1-2).

ARISTÓTELES. *Ethica Nicomachea*. Translatio Grosseteste. Ed. Renatus Antonius Gauthier. Leiden-Bruxelles: Brill-Desclée De Brouwer, 1973. (AL, vol. 26.1-3).

ARISTÓTELES. *Metaphysica*. Translatio Iacobi Venetici. Ed. Gudrun Vuillemin-Diem. Bruxelles-Paris: Desclée De Brouwer, 1970. (AL, vol. 25.1).

ARISTÓTELES. *Metaphysica*. Translatio Anonyma. Ed. Gudrun Vuillemin-Diem. Leiden: Brill, 1976. (AL, vol. 25.2).

ARISTÓTELES. *Physica*. Translatio Vetus. Ed. Fernand Bossier et Jozef Brams. Leiden-New York: Brill, 1990. (AL, vol. 7.1).

ARISTÓTELES. *Physica*. Translatio Vaticana. Ed. Augustus Mansion. Bruges-Paris: Desclée De Brouwer, 1957. (AL, vol. 7.2).

ARISTÓTELES. *Politica*. Translatio prior imperfecta interprete Guillelmo de Moerbeka (?). Bruges-Paris: Desclée de Brouwer, 1961. p. 25-35. (AL, vol. 19.1).

AVERRÓIS. In Aristotelis De Anima. *In*: *Corpus Comentariorum Averrois in Aristotelem*. Ed. F. Stuart Crawford. Cambridge: Medieval Academy of America, 1953. vol. 6.

AVERRÓIS. *Aristotelis Metaphysicam*. Ed. Juntina prima. Venetiis, 1552.

AVERRÓIS. *Aristotelis Physicam*. Ed. Juntina prima. Venetiis, 1550-1553.

AVICENA. *Metaphysica*. Ed. Simone van Riet. Louvain-Leiden: Brill, 1980. (Avicenna Latinus, vol. 5-10).

BOÉCIO. Contra Eutychen et Nestorium. *In: The theological tractates*. Ed. Hugh Fraser Stewart and Edward Kennard Rand. London: Heinemann, 1936. p. 72-127. (PL 64, 1338-1354).

BOÉCIO. *Isagogen Porphyrii Commenta*. Ed. Samuel Brandt. Lipsia: Freytag, 1906.

CHATTON, W. In I Sent. (Gál, Gedeon. Gualteri de Chatton et Guillelmi de Ockham controversia de natura conceptus universalis). *Franciscan Studies*, New York, vol. 37, p. 191-212, 1967.

CHATTON, W. *Reportatio et Lectura super Sententias. Collatio ad Librum Primum et Prologus*. Ed. Joseph Wey. Toronto: Pontifical Institute of Mediaeval Studie, 1989.

CHATTON, W. *Reportatio super Sententias. Liber I*. Ed. Joseph Wey and Girard Etzkorn. Toronto: Pontifical Institute of Mediaeval Studie, 2002.

CHATTON, W. *Reportatio super Sententias. Liber II*. Ed. Joseph Wey and Girard Etzkorn. Toronto: Pontifical Institute of Mediaeval Studie, 2004.

DENIFLE, H.; CHATELAIN, A. (ed.). *Chartularium Universitatis Parisiensis*. Paris: Ex typis Fratrum Delalain, 1889. vol. 1.

EGÍDIO ROMANO. *Theoremata de esse et essentia*: texte precede d'une introduction historique et critique par E. Hocedez. Louvain: Museum Lessianum, 1930.

GENÁDIO DE CONSTANTINOPLA. Liber sive definitio ecclesiasticorum dogmatum. *The Journal of Theological Studies*, Oxford, vol. 25, 1905, p. 78-99 (PL 42, 1213-1222).

GRACIANO. *Decretum Magistri Gratiani*. Ed. Aemilius Friedberg. Graz: Akademische Druck-u. Verlagsanstalt, 1955. (Corpus Iuris Canonici, vol. 1).

HENRIQUE DE GAND. *Quodlibet IV*. Ed. Gordon Wilson et Girard Etzkorn. Leuven: Leuven University Press, 2011. (Opera Omnia, vol. 8).

HENRIQUE DE GAND. Quodlibeta. *In: Quodlibeta Magistri Herici Gothals a Gandavo doctoris solennis, Socii Sorbonici, et archidiaconi Tornacensis, cum duplici tabela*. Vaenundantur ab Iodoco Badio Ascensio. Louvain, 1518 (reimpressão 1961).

HENRIQUE DE GAND. *Summa (quaestiones ordinariae)*: art. LIII-LV. Ed. Gordon Wilson et Girard Etzkorn. Leuven: Leuven University Press, 2014.

HOFFMANN, F. (org.). *Die Schriften des Oxforder Kanzlers Iohannes Lutterell*: Texte zur Theologie des vierzehn Jahrhunderts. Leipzig: St. Benno, 1959. p. 3-102.

HUGO DE SÃO VÍTOR. *Didascalicon de studio legendi*: a critical text. Ed. Charles Henry Buttimer. Washington: Catholic University Press, 1939. (PL 176, 741-838).

ISIDORO DE SEVILHA. *Isidori Etymologiarum Libri XX*. Ed. Wallace Martin Lindsay. Oxonii: E. typographeo Clarendoniano, 1911. (PL 82, 9-728).

JERÔNIMO. *Commentarii in epistulas Pauli apostoli ad Titum et ad Philemonem*. Ed. Federica Bucchi. Turnholti: Brepols, 2003. (PL 26, 555-598; CCSL, vol. 77C).

JOÃO DAMASCENO. *De Fide Orthodoxa*: Versions of Burgundio and Cerbanus. Ed. Eligius Buytaert. New York: The Franciscan Institute, 1955. p. 272-274. (PG 94, 790-1226).

JOÃO DE SALISBURY. *Metalogicon*. Ed. John Barrie Hall and Katherine Keats-Rohan. Turnhout: Brepols, 1991. (PL 199, 823-944; CCCM, vol. 98).

JOÃO DUNS ESCOTO. *Ordinatio, I, distinctio 3*. Studio et cura Commissionis Scotisticae. Civitas Vaticana: Typis Polyglottis Vaticanis, 1954. (Opera Omnia, vol. 3).

JOÃO DUNS ESCOTO. *Ordinatio, I, distinctiones 11-25*. Studio et cura Commissionis Scotisticae. Civitas Vaticana: Typis Polyglottis Vaticanis, 1959. (Opera Omnia, vol. 5).

JOÃO DUNS ESCOTO. *Ordinatio, II, distinctiones 1-3*. Studio et cura Commisionis Scotisticae. Civitas Vaticana: Typis Polyglottis Vaticanis, 1973. (Opera Omnia, vol. 7).

JOÃO DUNS ESCOTO. *Ordinatio, III, distinctiones 1-17*. Studio et cura Commissionis Scotisticae. Civitas Vaticana: Typis Polyglottis Vaticanis, 2006. (Opera Omnia, vol. 9).

JOÃO DUNS ESCOTO. *Ordinatio, IV, distinctiones 14-42*. Studio et cura Commissionis Scotisticae. Civitas Vaticana: Typis Polyglottis Vaticanis, 2011. (Opera Omnia, vol. 13).

JOÃO DUNS ESCOTO. *Quaestiones Quodlibetales, q. 1-13*. Parisiis: Apud Ludovicum Vivès, Bibliopolam Editorem, 1895. (Opera Omnia, vol. 25).

JOÃO DUNS ESCOTO. *Quaestiones Quodlibetales, q. 14-21*. Parisiis: Apud Ludovicum Vivès, Bibliopolam Editorem, 1895. (Opera Omnia, vol. 26).

JOÃO DUNS ESCOTO. *Reportata Parisiensia, II, d. 12-44*. Parisiis: Apud Ludovicum Vivès, Bibliopolam Editorem, 1893. (Opera Omnia, vol. 23).

JOÃO DUNS ESCOTO. *Theoremata*. Parisiis: Apud Ludovicum Vivès, Bibliopolam Editorem, 1891. p. 1-128. (Opera Omnia, vol. 5).

JOÃO LUTTERELL. Libellus contra doctrinam Guillelmi Occam. *In*: Hoffmann, Fritz (org.). *Die Schriften des Oxforder Kanzlers Iohannes Lutterell*: Texte zur Theologie des vierzehn Jahrhunderts. Leipzig: St. Benno-Verlag, 1959, p. 3-102.

JOÃO XXII. *Ad conditorem, n. 486*. Ed. Ioannes Hyacinthus Sbaralea et Conradus Eubel. Romae: Typis Vaticanis, 1898. p. 233-246. (Bullarium Franciscanum, vol. 5).

JOÃO XXII. *Cum inter nonnullos, n. 518*. Ed. Ioannes Hyacinthus Sbaralea et Conradus Eubel. Romae: Typis Vaticanis, 1898. p. 256-259. (Bullarium Franciscanum, vol. 5).

JOÃO XXII. *Cum Michael de Caesena, n. 711*. Ed. Ioannes Hyacinthus Sbaralea et Conradus Eubel. Romae: Typis Vaticanis, 1898. p. 345-346. (Bullarium Franciscanum, vol. 5).

JOÃO XXII. *Dudum ad nostri apostolatus, n. 714*. Ed. Ioannes Hyacinthus Sbaralea et Conradus Eubel. Romae: Typis Vaticanis, 1898. p. 346-349. (Bullarium Franciscanum, vol. 5).

JOÃO XXII. *Quia nonnunquam, n. 464*. Ed. Ioannes Hyacinthus Sbaralea et Conradus Eubel. Romae: Typis Vaticanis, 1898. p. 224-225. (Bullarium Franciscanum, vol. 5).

JOÃO XXII. *Quia quorundam, n. 554*. Ed. Ioannes Hyacinthus Sbaralea et Conradus Eubel. Romae: Typis Vaticanis, 1898. p. 271-280. (Bullarium Franciscanum, vol. 5).

JOÃO XXII. *Quia vir reprobus, n. 820*. Ed. Ioannes Hyacinthus Sbaralea et Conradus Eubel. Romae: Typis Vaticanis, 1898. p. 408-449. (Bullarium Franciscanum, vol. 5).

NICOLAU III. *Exiit, qui seminat, n. 127*. Ed. Ioannes Hyacinthus Sbaralea. Romae: Typis Sacrae Congregationis de Propaganda Fide, 1765. p. 404-417. (Bullarium Franciscanum, vol. 3).

PEDRO ABELARDO. Logica ingredientibus. *In*: GEYER, B. (org.). *Peter Abaelards Philosophische Schriften*: Beiträge, XXI. Münster: Verlag, 1919. p. 1-32.

PEDRO AUREOLI. *Commentariorum in Primum Librum Sententiarum*. Pars prima. Romae: Ex Typographia Vaticana, 1596.

PEDRO DE JOÃO OLIVI. *Quaestiones in Secundum librum Sententiarum*. Ed. Bernardus Jansen. Firenze: Quaracchi, 1922. vol. 1.

PEDRO HISPANO. *Tractatus vel Summulae Logicales*. Ed. Innocentius Bochenski. Torino: Marietti, 1947.

PEDRO LOMBARDO. *Libri IV Sententiarum*. Ed. PP. Collegii S. Bonaventurae. Firenze: Quaracchi, 1916. vol. 3.

PLATÃO. *Meno*. Ed. Ioannes Burnet. Oxonii: E. typographeo Clarendoniano, 1951. p. 70-100. (Platonis Opera, vol. 3).

PLATÃO. *Phaedo*. Ed. Ioannes Burnet. Oxonii: E. typographeo Clarendoniano, 1946. p. 57-118. (Platonis Opera, vol. 1).

PLATÃO. *Respublica*. Ed. Ioannes Burnet. Oxonii: E. typographeo Clarendoniano, 1902. p. 327-621. (Platonis Opera, vol. 4).

PORFÍRIO. *Isagoge*. A cura di Giuseppe Girgenti. Milano: Bompiani, 2004.

PORFÍRIO. *Isagoge*. Ed. Laurentius Minio-Paluello. Bruges-Paris: Desclée de Brouwer, 1966. p. 5-31. (AL, vol. 1.6-7).

PSEUDO-RICARDO DE CAMPSALL. *Logica contra Ockham*. Bolonha: Universidade de Bolonha, ms. 2635.

PSEUDO-RICARDO DE CAMPSALL. Logica contra Ockham. *In*: O'DONNELL, J. R. (org.). *Nine Medieval Thinkers*: a collection of hitherto unedited texts. Toronto: Pontifical Institute of Mediaeval Studies, 1955. p. 183-232.

RICARDO DE CAMPSALL. *Contra ponentes naturam generis... extra intellectum*. Florença: Biblioteca Nacional, conv. B. 1618.

RICARDO DE SÃO VÍTOR. *De Trinitate*. Ed. Gaston Salet. Paris: Les éditions du Cerf, 1959. (PL 196, 687-991; SC, vol. 63).

ROSCELINO DE COMPIÈGNE. Epistola ad Petrum Abaelardum. *In*: REINERS, Joseph (org.). *Der Nominalismus in der Frühscholastik*: Ein Beitrag zur Geschichte der Universalienfrage im Mittelalter. Münster: Aschendorff Buchhandlung, 1910. p. 62-80.

TOMÁS DE AQUINO. *De Ente et Essentia*. Cura et Studio Fratrum Praedicatorum. Romae: Ex Typographia Polyglotta, 1976. (Opera Omnia, vol. 43).

TOMÁS DE AQUINO. *Summa theologiae, I*: a quaestione I ad quaestionem XLIX. Cura et studio Fratrum Ordinis Praedicatorum. Romae: Ex Typographia Polyglotta, 1888. (Opera Omnia, vol. 4).

TOMÁS DE AQUINO. *Summa theologiae, I*: a quaestione L ad quaestionem CXIX. Cura et studio Fratrum Ordinis Praedicatorum. Romae: Ex Typographia Polyglotta, 1889. (Opera Omnia, vol. 5).

TOMÁS DE AQUINO. *Summa theologiae, II*: a quaestione LVII ad quaestionem CXXII. Cura et studio Fratrum Ordinis Praedicatorum. Romae: Ex Typographia Polyglotta, 1897. (Opera Omnia, vol. 9).

Estudos

ADAMS, M. M. The structure of Ockham's moral theory. *Franciscan Studies*, New York, vol. 46, p. 1-35, 1986.

ADAMS, M. M. *William Ockham*. Notre Dame: University of Notre Dame Press, 1987. vol. 1.

ALFÉRI, P. *Guillaume d'Ockham le singulier*. Paris: Editions de Minuit, 1989.

ALLINEY, G. Libertà e contingenza in Pietro di Giovanni Olivi. *In*: BOBILLIER, S.; THORNTON, R. (org.). *Peter of John Olivi*: construction of the human person. Anthropology, Ethics, and Society. Roma: Editiones Collegii S. Bonaventurae ad Claras Aquas, 2021. p. 133-154.

BASTIT, M. *Naissance de la loi moderne*: la pensée de la loi de saint Thomas à Suàrez. Paris: PUF, 1990.

BAUDRY, L. *Guillaume d'Occam*. Sa vie, ses oeuvres, ses idées sociales et politiques. Paris: Vrin, 1949. vol. 1.

BÉRUBÉ, C. *La connaissance de l'individuel au Moyen Age*. Montreál-Paris: Presses de l'Université de Montréal, Presses Universitaires de France, 1964.

BETTONI, E. *Duns Scoto filosofo*. Milano: Vita e Pensiero, 1966.

BETTONI, E. Il problema del fine ultimo nel pensiero di Ockham. *In*: *Studia Mediaevalia et Mariologica*: P. Carolo Balic septuagesimum explenti annum dicata. Roma: Ed. Antonianum, 1971. p. 227-247.

BIANCHI, L. M. Onnipotenza di Dio e ordine del mondo fra XIII e XIV secolo. *Medioevo*: rivista di storia della filosofia medievale, Padova, vol. 10, p. 105-153, jan. 1984.

BIARD, J. *Guglielmo di Ockham e la teologia*. Milano: Jaca Book, 2000.

BLEAKLEY, H. H. Some additional thoughts on Ockham's right reason: an addendum to Coleman. *History of Political Thought*, Exeter, vol. 21, n. 4, p. 565-605, Inverno 2000.

BOEHNER, P. *Medieval logic*: an outline of its development from 1250 to *c.* 1400. Manchester: Manchester University Press, 1952.

BOEHNER, P. Ockham's political ideas. *In*: BOEHNER, P. *Collected Articles to Ockham*. New York: The Franciscan Institute, 1958. p. 442-468.

BOEHNER, P. Ockham's Tractactus de Preaedestinatione et de Praescientia Dei et de Futuris Contingentibus and its main problems. *In*: BOEHNER, P. *Collected Articles on Ockham*. New York: The Franciscan Institute, 1958. p. 420-441.

BOEHNER, P. The life of Ockham. *In*: BOEHNER, P. (org.). *The tractatus de successivis attributed to William Ockham*. New York: The Franciscan Institute, 1944. p. 1-26.

BOEHNER, P. The metaphysics of William Ockham. *In*: BOEHNER, P. *Collected Articles on Ockham*. New York: The Franciscan Institute, 1958. p. 375-398.

BOEHNER, P. The realistic conceptualism of William Ockham. *In*: BOEHNER, P. *Collected Articles on Ockham*. New York: The Franciscan Institute, 1958. p. 156-174.

BORGES, W. *A liberdade religiosa e política*: um estudo a partir do "III Dialogus" de Guilherme de Ockham. Porto Alegre: Editora Fi, 2018.

BRAMPTON, C. K. Personalities at the Process against Ockham at Avignon, 1324-26. *Franciscan Studies*, New York, vol. 26, p. 4-25, 1966.

BRAMPTON, C. K. Traditions relating to the death of William Ockham. *Archivum Franciscanum Historicum*, Quaracchi, vol. 53, p. 442-449, 1960.

BROOKS, D. The Politics of William of Ockham in the Light of his Principles. *Franciscan Studies*, New York, vol. 79, p. 133-164, 2021.

CLARK, D. Ockham on Human and Divine Freedom. *Franciscan Studies*, New York, vol. 38, p. 122-160, 1978.

CLARK, D. Voluntarism and rationalism in the ethics of Ockham. *Franciscan Studies*, New York, vol. 31, p. 72-87, 1971.

COURTENAY, W. *Capacity and Volition*: A History of the distinction of Absolute and Ordained Power. Bergamo: Pierluigi Lubrina Editore, 1990.

COURTENAY, W. *Ockham and Ockhamism*: Studies in the Dissemination and Impact of His Thought. Leiden-Boston: Brill, 2008.

DAMIATA, M. *Guglielmo d'Ockham*: povertà e potere. Il problema della povertà evangelica e francescana nel sec. XIII e XIV. Origine del pensiero politico di G. d'Ockham. Firenze: Edizioni Studi Francescani, 1978. vol. 1.

DAMIATA, M. *Guglielmo d'Ockham*: povertà e potere. Il potere come servizio. Dal principatus dominativus al principatus ministrativus. Firenze: Edizioni Studi Francescani, 1979. vol. 2.

DAMIATA, M. *I problemi di Ockham*. IV – L'uomo. Firenze: Edizioni Studi Francescani, 1999.

DE ANDRÉS, T. *El nominalismo de Guillermo de Ockham como filosofía del lenguaje*. Madrid: Editorial Gredos, 1969.

DE LAGARDE, G. *La naissance de l'esprit laïque au déclin du moyen age*. IV – Guillaume d'Ockham: defense de l'empire. Louvain-Paris: E. Nauwelaerts, 1962.

DE LAGARDE, G. *La naissance de l'esprit laïque au déclin du moyen age*. V – Guillaume d'Ockham: critique des structures ecclésiales. Louvain-Paris: E. Nauwelaerts, 1963.

DE LIBERA, A. *Il problema degli universali*: da Platone fino al Medioevo. Firenze: La Nuova Italia, 1999.

DE MURALT, A. *L'enjeu de la Philosophie Médiévale*: études thomistes, scotistes, occamiennes et grégoriennes, Leiden: Brill, 1991.

DE RIJK, L. Le origini della teoria della proprietà dei termini. *In*: KRETZMANN, N.; PINBORG, J. (org.). *La logica nel Medioevo*. Milano: Jaca Book, 1999. p. 71-84.

DEMPF, A. *Sacrum Imperium*: la filosofia della Storia e dello Stato nel Medioevo e nella Rinascenza politica. Firenze: Casa Editrice le Lettere, 1988.

DEZZA, E. *La teoria modale di Giovanni Duns Scoto*: il caso della relazione tra creatura e creatore e la condizione di beatitudine. Roma: Edizioni Antonianum, 2018.

DUMONT, L. *O individualismo*: uma perspectiva antropológica da ideologia moderna. Rio de Janeiro: Rocco, 1985.

ESTÊVÃO, J. Liberdade e presciência em Ockham. *Veritas*, Porto Alegre, vol. 45, n. 3, p. 369-380, set. 2000.

EUSTERSCHULTE, A. Lex libertatis und ius naturale bei Ockham. *In*: SPEER, A.; GULDENTOPS, G. *Das Gesetz – The Law – La Loi*. Berlin-Boston: De Gruyter, 2014. p. 399-426.

FERNÁNDEZ, C. Las ideas eclesiológico-políticas de Ockham y su nominalismo: reconsiderando una relación problemática. *Bulletin du Centre d'Études Médiévales d'Auxerre*, Auxerre, n. 7, p. 1-13, mar. 2013.

FREPPERT, L. *The basis of morality according to William Ockham*. Chicago: Franciscan Herald Press, 1988.

FREYER, J. *Homo Viator*: l'uomo alla luce della storia della salvezza, un'antropologia teologica in prospettiva francescana. Bologna: EDB, 2008.

GÁL, G. William of Ockham died impenitent in April 1347. *Franciscan Studies*, New York, vol. 42, p. 90-95, 1982.

GÁL, G.; GIERMEK, J. *Introductio*. Org. E. Buytaert. New York: The Franciscan Institute, 1988. p. 5-11. (Opera Philosophica, vol. 7).

GARVENS, A. Die Grundlagen der Ethik Wilhelms von Ockham. *Franziskanische Studien*, Werl, vol. 21, p. 243-273/360-408, 1934.

GHISALBERTI, A. Amore di Dio e non-contradizione: l'essere e il bene in Guglielmo di Ockham. *In*: BIANCHI, L. (org.). *Filosofia e teologia nel Trecento*: studi in ricordo di Eugenio Randi. Louvain-La-Neuve: Fédération Internationale des Instituts d'Études Médiévales, 1994. p. 65-83.

GHISALBERTI, A. *Guglielmo di Ockham*. Milano: Vita e Pensiero, 1996.

GHISALBERTI, A. Guglielmo di Ockham: volontà e libertà. *In*: FERRARI, M. (org.). *Libertà va cercando*: percorsi di filosofia medievale. Milano: Mimesis, 2016. p. 67-78.

GHISALBERTI, A. Il primato dell'individuo nella filosofia di Guglielmo di Ockham. *Cenobio*, Muzzano, vol. 4, p. 313-325, 1991.

GHISALBERTI, A. La fondazione dell'etica in Guglielmo di Ockham. *In*: *Etica e Politica*: Le teorie dei frati mendicanti nel due e trecento. Atti del XXVI Convegno Internazionale della Società Internazionale di Studi Francescani, Assisi, 15-17 ottobre 1998. Spoleto: Fondazione CISAM, 1999. p. 59-89.

GHISALBERTI, A. Sulla legge naturale in Ockham e in Marsilio. *Medioevo*: rivista di storia della filosofia medievale, Padova, vol. 5, p. 303-316, 1979.

GIACON, C. *Guglielmo di Occam*. Saggio storico-critico sulla formazione e sulla decadenza della scolastica – II. Milano: Vita e Pensiero, 1941.

GIANNETTA, M. *Apologia di Roscellino*. Roma: Città Nuova, 2020.

GONZÁLEZ, M. F. El franciscanismo de Guillermo de Ockham: una aproximación biográfico-contextual a su filosofía. *Revista Española de Filosofía Medieval*, Córdoba, vol. 2, p. 127-144, 1995.

GREGORY, T. Per una fenomenologia del cadavere: dai mondi dell'immaginario ai paradisi della metafisica. *In*: GREGORY, T. (org.). *Speculum naturale*: percorsi del pensiero medievale. Roma: Storia e Letteratura, 2007. p. 121-150.

HIRVONEN, V. William Ockham on Human Being. *Studia Theologica – Nordic Journal of Theology*, Routledge, vol. 53, n. 1, p. 40-49, 1999.

HOCHSTETTER, E. Viator mundi, Einige Bemerkungen zur Situation des Menschen bei Wilhelm von Ockham. *Franziskanische Studien*, Werl, vol. 32, p. 1-20, 1950.

HÖHN, R. Wilhelm Ockham in München. *Franziskanische Studien*, Werl, vol. 32, p. 142-155, 1950.

KELLEY, F. Ockham: Avignon, before and after. *In*: HUDON, A.; WILKS, M. (org.). *From Ockham to Wyclif*. Oxford: Basil Blackwell, 1987. p. 1-18.

KILCULLEN, J. The political writings. *In*: SPADE, P. V. (org.). *The Cambridge Companion to Ockham*. Cambridge: Cambridge University Press, 1999. p. 302-325.

KING, P. Ockham's ethical theory. *In*: SPADE, P. V. (org.). *The Cambridge Companion to Ockham*. Cambridge: Cambridge University Press, 1999. p. 235-236.

KLOCKER, H. *William of Ockham and the Divine Freedom*. Milwaukee: Marquette University Press, 1996.

KOCH, J. Neue Aktenstücke zu dem gegen Wilhelm Ockham in Avignon geführten Prozess. *Recherches de Théologie Ancienne et Médiévale*, Louvain, vol. 7, p. 353-380, 1935; vol. 8, p. 79-93, 168-197, 1936.

LAMBERTINI, R. *La povertà pensata*: evoluzione storica della definizione dell'identità minoritica da Bonaventura ad Ockham. Modena: Mucchi, 2000.

LEFEVRE, G. *Les variations de Guillaume de Champeaux et la question des universaux*: étude suivie de documents originaux. Guilelmi Campellensis sententiae vel quaestiones 47. Lille: L'Université, 1898.

LEFF, G. *William of Ockham*: the metamorphosis of scholastic discourse. Manchester: Manchester University Press, 1975.

LEITE JÚNIOR, P. *O problema dos universais*: a perspectiva de Boécio, Abelardo e Ockham. Porto Alegre: EDIPUCRS, 2001.

MANNES, J. *Experiência e pensamento franciscano*: aurora de uma nova civilização. Petrópolis: Vozes, 2021.

MAZZARELLA, P. *Controversie Medievali.* Unità e pluralità delle forme. Napoli: Giannini, 1978.

MCGRADE, A. S. *The political thought of William Ockham*: personal and institutional principles. Cambridge: Cambridge University Press, 1974.

MICHON, C. *Nominalisme*: la théorie de la signification d'Occam. Paris: Librarie Philosophique J. Vrin, 1994.

MIETHKE, J. *Ockhams Weg zur Sozialphilosophie*. Berlin: De Gruyter, 1969.

MIETHKE, J. The concept of liberty in William of Ockham. *In*: *Théologie et droit dans la science politique de l'État moderne*: actes de la table ronde de Rome (12-14 novembre 1987). Roma: École Française de Rome, 1991. p. 89-100.

MOODY, E. *The logic of William of Ockham*. New York: Russel & Russell, 1965.

MORRALL, J. Some notes on a recent interpretation of William of Ockham's political philosophy. *Franciscan Studies*, New York, vol. 9, p. 335-369, 1949.

MÜLLER, P. *La logica di Ockham*. Milano: Vita e Pensiero, 2012.

MUSCO, A. (org.). *I Francescani e la politica*: atti del Convegno Internazionale di studio, Palermo 3-7 dicembre 2002. Palermo: Officina di Studi Medievali, 2007.

OFFLER, H. S. The three modes of natural law in Ockham: a revision of the text. *Franciscan Studies*, New York, vol. 37, p. 207-218, 1977.

OLIVEIRA, C. E. de. *Entre a filosofia e a teologia*: os futuros contingentes e a predestinação divina segundo Guilherme de Ockham. São Paulo: Paulus, 2014.

PARISOLI, L. *Volontarismo e diritto soggettivo*: la nascita medievale di una teoria dei diritti nella scolastica francescana. Roma: Istituto Storico dei Cappuccini, 1999.

PELLEGRINI, A. Scoto e Occam: "persona" come progetto. *In*: PELLEGRINI, A. *Minoritas et libertas*: saggi su san Francesco d'Assisi e il Francescanesimo dei secoli XIII e XIV. Firenze: Edizioni Studi Francescani, 2013. p. 211-241.

PELZER, A. Les 51 articles de Guillaume Occam censurés, en Avignon, en 1326. *Revue d'Histoire Ecclésiastique*, Louvain, vol. 18, p. 240-270, 1922.

PILOT, G. *Comunità politica e comunità religiosa nel pensiero di Guglielmo di Ockham*. Bologna: Pàtron, 1977.

PIRON, S. *Pietro di Giovanni Olivi e i francescani spirituali*. Milano: Edizioni Biblioteca Francescana, 2021.

POPPI, A. *Studi sull'etica della prima scuola francescana*. Padova: Ass. Centro Studi Antoniani, 1996.

SALANITRI, C. *Scienza morale e teoria del diritto naturale in Guglielmo di Ockham*. Novara: Interlinea, 2014.

SALVIOLI, M. *La Chiesa generatrice di legami*: una risposta ecclesiologica ai limiti dell'individualismo liberale. In dialogo con S. Hauerwas, J. Milbank e W.T. Cavanaugh. Milano: Vita e Pensiero, 2019.

SCALISI, G. *L'idea di Chiesa negli spirituali e nei fraticelli*. Roma-Vicenza: L.I.E.F, 1973.

SCHOLZ, R. *Wilhelm von Ockham als Politischer Denker und sein Breviloquium de principatu tyrannico*. Stuttgart: Hiersemann, 1944.

SHOGIMEN, T. *Ockham and the Political Discourse in the Late Middle Ages*. Cambridge: Cambridge University Press, 2007.

SMALLEY, B. *Lo studio della Bibbia nel Medioevo*: terza edizione a cura di G. Potestà. Bologna: EDB, 2008.

SPADE, P. V. Introduction. *In*: WYCLIF, J. *On Universals*: Tractactus de Universalibus. Text edited by Ivan J. Mueller. Oxford: Oxford University Press, 1985.

SPINELLI, M. Aristóteles e a questão do ser. Sua crítica a Parmênides e a estrutura lógico-formal de seu discurso ontológico. *Dissertatio*, Pelotas, vol. 1, n. 1, p. 15-48, inverno 1995.

TIERNEY, B. *L'idea dei diritti naturali* – Diritti naturali, legge naturale e diritto canonico 1150-1625. Traduzione di V. Ottonelli. Bologna: Il Mulino, 2002.

TODISCO, O. *G. Duns Scoto e Guglielmo D'Occam*: dall'ontologia alla filosofia del linguaggio. Cassino: Libreria Universitaria, 1989.

TODISCO, O. *La libertà nel pensiero franciscano*: un itinerario tra filosofia e teologia. Assisi: Edizioni Porziuncola, 2019.

TODISCO, O. *Nella libertà la verità*: lettura francescana della filosofia occidentale, Padova, 2014.

URBAN, L. William of Ockham's theological Ethics. *Franciscan Studies*, New York, vol. 33, p. 310-350, 1973.

VEREECKE, L. *Da Guglielmo d'Ockham a Sant'Alfonso di Liguori*: saggi di storia della teologia morale moderna 1300-1787. Cinisello Balsamo: Edizioni Paoline, 1990.

VIGNAUX, P. Nominalisme. *In*: Dictionaire *de Théologie Catholique*. Paris, 1931. p. 734-755. vol. 11, n. 1.

VILLEY, M. *A formação do pensamento jurídico moderno*. Tradução de C. Berliner. São Paulo: WMF Martins Fontes, 2005.

WOOD, R. Göttliches Gebot und Gutheit Gottes nach Wilhelm von Ockham. *Philosophisches Jahrbuch*, München, vol. 10, p. 38-54, 1994.

WOOD, R. *Ockham on the Virtues*. West Lafayette: Purdue University Press, 1997.

ZAVALLONI, R. *L'uomo e il suo destino nel pensiero francescano*. Assisi: Edizioni Porziuncola, 2014.

Instrumentos

ABBAGNANO, N. *Storia della Filosofia*. Terza edizione. Torino: Utet, 1982. vol. 1.

BAUDRY, L. *Lexique Philosophique de Guillaume d'Ockham*: étude des notions fondamentales. Paris: P. Lethielleux, 1958.

CARLINI, A.; BERTI, E. Ontologia. *In*: FONDAZIONE CENTRO DI STUDI FILOSOFICI DI GALLARATE (org.). *Enciclopedia filosofica*. Milano: Bompiani, 2006. p. 8114-8116. vol. 8.

COPLESTON, F. *Storia della Filosofia*. Brescia: Paideia, 1966. vol. 3.

D'ONOFRIO, G. Roscellino di Compiègne. *In*: *Enciclopedia filosofica Bompiani*. Milano: Bompiani, 2006. p. 9844-9847. vol. 10.

GIACON, C. Il problema dell'essere nel pensiero scolastico medievale. *In*: FONDAZIONE CENTRO DI STUDI FILOSOFICI DI GALLARATE (org.). *Enciclopedia filosofica*. Milano: Bompiani, 2006. p. 3669. vol. 4.

GILSON, É. *La Filosofia nel Medioevo*. Firenze: Vallecchi editore, 1932.

HÜNERMANN, P. (org.). Constitutio Fidei catholicae (902). *In*: DENZINGER, H. (org.). *Enchiridion Symbolorum, definitionum et declarationum de rebus fidei et morum*. Bologna: EDB, 2003. p. 498-502.

LECLER, J. *Storia dei Concili Ecumenici*. VIII – Vienne. Città del Vaticano: Libreria Editrice Vaticana, 1997.

MARRONE, S. A filosofia medieval em seu contexto. *In*: MCGRADE, A. S. (org.). *Filosofia medieval*. Aparecida: Ideias & Letras, 2008. p. 27-70.

MERINO, J. A. *Storia della filosofia francescana*. Milano: Edizioni Biblioteca Francescana, 1993.

SARANYANA, J. I. *Historia de la filosofía medieval*. Pamplona: EUNSA, 1989.

Sites

ABBAGNANO, N. *La personalità di Ockham*. Disponível em: http://www.abbagnanofilosofo.it/abbagnanonicola-guglielmodiockham-01.php. Acesso em: 2 jan. 2024.

BORGES, W. S. As implicações morais do antirrealismo nominalista de Guilherme de Ockham. *Revista Seara Filosófica*, Pelotas, vol. 20, p. 16-35, verão 2020. Disponível em: https://periodicos.ufpel.edu.br/ojs2/index.php/searafilosofica/article/view/19341. Acesso em: 2 jan. 2024.

BORGES, W. S.; STREFLING, S. R. A navalha de Ockham, função lógica e critérios de aplicação. *In*: ENPOS – ENCONTRO DE PÓS-GRADUAÇÃO, 21.; SEMANA INTEGRADA UFPEL, 5., 2019, Pelotas. *Anais ele-*

274

trônicos […]. Pelotas: SIIEPE, 2019. Disponível em: https://cti.ufpel.edu.br/siepe/arquivos/2019/CH_01068.pdf. Acesso em: 2 jan. 2024.

EGUREN, E. P. *A filosofia política de Guilherme de Ockham*: a relação entre Potestade Civil e Potestade Eclesiástica – Estudos sobre o "Dialogus Pars III". Pelotas: Editora UFPel, 2020. Disponível em: http://guaiaca.ufpel.edu.br/bitstream/prefix/6676/1/A_Filosofia_politica_de_Guilherme_de_Ockham.pdf. Acesso em: 2 jan. 2024.

GATTO, A. William of Ockham and the odium Dei. *Mediaevalia*: textos e estudos, Porto, vol. 30, p. 127-138, 2011. Disponível em: https://ojs.letras.up.pt/index.php/mediaevalia/article/view/800/758. Acesso em: 2 jan. 2024.

LARRE, O. El hombre: una singularidad en el universo físico ockhamista. *Revista Española de Filosofía Medieval*, Córdoba, vol. 13, p. 47-58, 2006. Disponível em: https://www.uco.es/ucopress/ojs/index.php/refime/article/view/6271/5884. Acesso em: 2 jan. 2024.

LARRE, O. La justificación de la libertad del hombre frente a la omnipotencia divina en la ética de Guillermo de Ockham. *Revista Española de Filosofía Medieval*, Córdoba, vol. 11, p. 149-163, 2004. Disponível em: https://www.uco.es/ucopress/ojs/index.php/refime/article/view/9228/8725. Acesso em: 2 jan. 2024.

LOTTERMANN, C. *O singular na perspectiva antropológica em Ockham*. 2019. Dissertação (Mestrado em Filosofia) – Pontificia Università Antonianum, Roma, 2019. Disponível em: https://www.academia.edu/42912403/O_singular_na_perspectiva_antropol%C3%B3. Acesso em: 2 jan. 2024.

MARCHETTONI, L. Ockham e l'origine dei diritti soggettivi. *Quaderni fiorentini per la storia del pensiero giuridico moderno*, Firenze, vol. 37, n. 1, p. 21-66, 2008. Disponível em: https://www.academia.edu/9130067/Ockham_e_lorigine_dei_diritti_soggettivi. Acesso em: 2 jan. 2024.

Anexo
Tradução de textos

Quodlibeta septem, I, q. 11-12 (Opera Theologica, IX, p. 66-71)

Questão 11: Se podemos provar de modo evidente que não existe numericamente um intelecto em todos os homens

[1] Parece que não, pois, segundo o Comentador, existe numericamente um intelecto em todos os homens. Portanto, não se pode provar o oposto.

[2] Ao contrário, não é o caso que todo homem tenha o mesmo ato de intelecção. Portanto, não é o mesmo intelecto em todos.

[3] Em primeiro lugar, é preciso expor aqui um termo da questão. Em segundo lugar, respondo à questão.

[Primeiro artigo]

[4] Quanto ao primeiro, digo que o intelecto em nós pode inteligir duplamente: de um modo, que seja a forma do corpo ou a potência pela qual inteligimos; de outro modo, que seja o princípio movente em nós de qualquer movimento.

[Segundo artigo]
[Duas dificuldades]

[5] Sobre o segundo artigo, existem duas dificuldades: uma pressupõe que inteligimos pelo intelecto, tanto pela forma do corpo quanto pela potência intelectiva; e a outra pressupõe que o intelecto está em nós somente como o motor do corpo, e não como a forma dele.

[Resposta à primeira dificuldade]

[6] A respeito da primeira dificuldade, digo que se pode provar de modo evidente que não há numericamente um intelecto em todos, pois é impossível que, ao mesmo tempo, ele saiba e ignore a

mesma coisa, cuide e odeie a mesma coisa, exulte e se aflija com a mesma coisa, consinta e discorde em relação à mesma coisa, entre outras coisas. Mas o intelecto em um homem sabe algo, e o intelecto em outro é ignorante sobre a mesma coisa devido à falta de aptidão. A vontade de um ama uma coisa, e a vontade de outro odeia a mesma coisa etc., segundo elas são experimentadas, evidentemente. Portanto, é impossível que o mesmo intelecto exista naqueles dois [homens].

[7] Se disseres que tal diferença pode ocorrer por causa das diversas conexões existentes entre o intelecto e as imagens, eu objeto: por causa das diversas conexões, os contrários não podem existir no mesmo sujeito primariamente, pois não se tem a imagem senão efetivado aquilo que é recebido no intelecto, mas os contrários mencionados anteriormente existem subjetivamente no intelecto etc.

[8] Se disseres, ainda, que os atos do intelecto, a volição e outros semelhantes não são qualidades subjetivamente inerentes ao intelecto, mas em outra coisa, eu argumento contra: a volição e a não volição (*nolitio*) são contrários que podem existir sucessivamente no mesmo objeto sem outra mudança do que aquela que acontece a essas formas, tanto na parte do corpo quanto na parte do intelecto do sujeito. Isso se evidencia, de fato, quando alguém que odeia outra pessoa pode amá-la sem que aconteça uma nova mudança corporal ou intelectual; somente por causa da liberdade da vontade. Portanto, somente a vontade é o sujeito dessas formas.

[Resposta à segunda dificuldade]

[9] Sobre a segunda dificuldade, digo que é difícil provar aquela parte evidentemente, e talvez não seja possível. Todavia, se poderia argumentar de forma persuasiva que, para cada movimento local e para cada alteração, são suficientes as disposições corporais e aquilo que experenciamos em nós, que se manifesta evidentemente, como a cognição e a volição. Portanto, tal motor é supérfluo. Do mesmo modo, eu poderia facilmente pôr tal intelecto unido a um animal bruto para movê-lo, o que ainda seria tudo somado supérfluo etc.

[10] Sobre o argumento principal, eu nego a opinião do Comentador, que errou nessa parte como em muitas outras.

278

Questão 12: Se a alma intelectiva está toda em todo o corpo e toda em qualquer parte

[1] Parece que não. Se fosse assim, então a alma estaria distante de si como a alma na cabeça está distante da alma no pé.

[2] Ao contrário, a alma é forma indivisível. Portanto, onde quer que esteja, ali está inteiramente. Mas está em cada parte. Logo, está inteiramente em cada parte.

[Resposta à questão]

[3] À questão eu respondo que sim. A razão disso é que a alma está em qualquer parte, e toda em qualquer parte. Portanto, está toda em todo o corpo e toda em qualquer parte.

[4] A primeira parte do antecedente é evidente, porque, do contrário, alguma parte não seria informada pela alma e, por consequência, não seria parte do homem. A segunda parte [do antecedente] é evidente pelo fato de que a alma intelectiva é uma forma indivisível e inextensa. Portanto, onde ela estiver, está inteiramente.

[Quatro problemas]

[5] Porém há alguns problemas aqui: o primeiro é que, então, a alma estaria simultaneamente em movimento e parada, pois estaria parada no pé e em movimento na mão.

[6] O segundo é que então a alma poderia informar duas matérias desconexas, pois, se ela existisse inteiramente em partes distintas conexas, que estão em lugares e posições diferentes, pela mesma razão, poderia existir em partes desconexas.

[7] Igualmente, se um braço informado pela alma intelectiva é cortado fora, ou a alma retorna ao corpo ou está corrompida.

[8] Igualmente, nesse caso não faríamos mais experiência da intelecção na cabeça do que no pé.

[Resposta ao primeiro problema]

[9] Ao primeiro desses problemas, respondo que a alma pode simultaneamente se mover e ficar parada por acidente (*per accidens*), por causa do movimento e da parada de alguma outra coisa, pois não será movida se a outra coisa não for movida.

[Resposta ao segundo problema]

[10] Ao outro problema, respondo que, naturalmente, a alma não pode informar de maneira simultânea duas matérias desconexas, mas pela potência divina o pode fazer.

[11] Se, então, alguém objeta: são dois homens ou é um homem? Se forem dois homens, portanto, são duas almas; se for um homem, portanto, é uma matéria.

[12] Do mesmo modo, aquele intelecto é ciente em uma coisa, mas é ignorante em outra etc., como foi dito em outra questão.

[13] À primeira objeção, respondo que são dois homens, por causa da diferença das matérias. Porém não se segue ulteriormente: são dois homens, portanto, são duas almas. Pois ali "homem" está para o suposto, que é distinguido por causa da diferença da matéria, ainda que a forma seja a mesma.

[14] À segunda objeção, digo que toda a coisa que um sabia o outro também sabia, e toda a coisa que um amava o outro também amava etc.

[Resposta ao terceiro problema]

[15] Ao terceiro problema, respondo que a alma intelectiva que existe no braço não retorna ao corpo nem é corrompida pelo braço corrupto, mas cessa onde ela estava primeiramente. Tal como o corpo de Cristo na Eucaristia cessa de existir sob a hóstia na espécie consagrada corrupta, e um anjo cessa de existir em um lugar quando uma parte do seu lugar adequado está corrompida.

[Resposta ao quarto problema]

[16] Ao outro problema, eu afirmo que não fazemos mais experiência do nosso inteligir na cabeça do que nos pés. Mas experienciamos frequentemente que somos mais ajudados e impedidos na intelecção pela disposição da cabeça do que do pé, do mesmo modo que experienciamos que, de maneira frequente, somos mais ajudados pela disposição dos olhos do que das mãos. Assim, pelo mesmo argumento, é provado que [a mente] conhece a cor nos olhos, o som nos ouvidos, o odor no nariz etc. Portanto, digo que não experimentamos mais os atos de intelecção na cabeça do que no pé. Ao contrário, experimentamos, algumas vezes, que somos mais ajuda-

dos ou impedidos pela disposição dos pés do que da cabeça, como se evidencia depois de uma grande dor nos pés.

[17] Ao argumento principal, digo que "uma coisa é distante da outra" pode ser inteligido de dois modos: por um lado, propriamente, quando uma coisa não está onde a outra está – como nós dizemos que a cabeça é distante do pé, pois onde está o pé não está a cabeça. E, assim, a alma na cabeça não dista da alma no pé. Por outro lado, "estar distante" é tomado de maneira imprópria, quando o lugar de algo dista do outro lugar dele; desse modo, a alma na cabeça dista da alma no pé, pois o lugar da cabeça dista do lugar do pé. E assim a consequência é inválida: a alma na cabeça dista da alma no pé, portanto, a alma é distante de si mesma. Porém há uma falácia.

Quodlibeta septem, II, q. 10-11 (Opera Theologica, IX, p. 156-164)

Questão 10: Se a alma sensitiva e a alma intelectiva são realmente distintas no homem

[1] Parece que não, pois um composto tem apenas um ser. Porém o homem é um composto. Logo, o homem tem apenas um ser. Assim, o homem tem apenas uma forma, pois a forma lhe dá o ser.

[2] Ao contrário, pois a natureza é algo antes no animal do que no homem. Portanto, por uma forma, o homem é animal e, por outra forma, é homem.

[Resposta à questão – Prova 1]

[3] A essa questão respondo que sim. Mas é difícil prová-la, pois não pode ser provada por proposições conhecidas por si. Provo, porém, em primeiro lugar, que elas são realmente distintas assim: é impossível que contrários existam no mesmo sujeito simultaneamente. Todavia, o ato de apetecer algo e o ato de rejeitar a mesma coisa no mesmo sujeito são contrários. Portanto, se forem simultâneos nas coisas da natureza, eles não existem no mesmo sujeito. No entanto, é manifesto que eles existem simultaneamente no homem, pois aquilo mesmo que o homem deseja pelo apetite sensível, ele rejeita pelo apetite intelectivo.

[4] Isso é confirmado por Aristóteles no livro III da obra *Da alma* (*De anima*), o qual afirma que os apetites contrários existem no mesmo [homem], isto é, os atos seriam contrários se naturalmente estivessem aptos a serem recebidos no mesmo sujeito.

[5] Se disseres que esses apetites são chamados contrários porque são naturalmente aptos a se inclinar a efeitos contrários; e desse modo são virtualmente contrários, pois um se inclina tanto à continuidade quanto à fuga, e isso é compatível com o outro; e tais contrários podem bem existir no mesmo sujeito; não sendo, porém, contrários formalmente.

[6] Ao contrário. Por essa razão, posso facilmente dizer que a volição e o não querer (*nolitio*) não são atos formalmente contrários, mas apenas virtualmente, pois naturalmente são inclinados para efeitos contrários. E, desse modo, se perde o melhor método para provar que as coisas dadas são contrárias.

[7] Além disso, a mesma forma substancial não pode, de maneira simultânea e de uma só vez, ter dois apetites em relação aos mesmos objetos; mas no homem com frequência acontece de, simultaneamente, existir um ato de volição de algum objeto e um ato de apetite próprio do apetite sensível. Portanto, esses atos não existem no mesmo sujeito.

[8] Além disso, a mesma forma numericamente não evoca, de maneira simultânea e de uma só vez, naturalmente, um ato apetitivo de algo e outro livre. Mas o homem quer algo e o apetite sensível naturalmente quer aquilo etc.

[Resposta à questão – Prova 2]

[9] Em segundo lugar, argumento assim: as sensações são subjetivas na alma sensitiva, mediata ou imediatamente. E não existem subjetivamente na alma intelectiva. Portanto, são distintas. A premissa maior é evidente, pois nada mais pode ser atribuído ao sujeito sensitivo a não ser a alma ou a potência sensitiva. A premissa menor é provada assim, pois, de modo contrário, toda apreensão da alma sensitiva seria uma intelecção, porque estaria subjetivamente na alma intelectiva. De forma semelhante, então, uma alma separada poderia sentir, a partir do momento em que a

sensação existe subjetivamente na intelectiva, e Deus poderia conservar todo acidente no seu objeto sem o auxílio de qualquer outra coisa. Por consequência, Ele poderia conservar a sensação em uma alma separada, o que é absurdo.

[10] Se disseres que todo o composto é sujeito imediato da sensação ou da potência sensitiva, e não da forma, eu argumento contra: o acidente não é mais simples do que o sujeito primeiro, como é evidenciado em outro lugar. Portanto, a sensação, quando é um acidente simples, não pode ser imediata e primariamente sujeito no composto. Do mesmo modo, como foi exposto aqui, elas não podem ser potências da alma mais do que potências do corpo, a partir do momento em que não estão subjetivamente mais em um do que no outro.

[Resposta à questão – Prova 3]

[11] Em terceiro lugar, assim argumento: a mesma forma numericamente não é extensa e não extensa, material e imaterial. Mas a alma sensitiva no homem é extensa e material, e a alma intelectiva não é, pois é toda no todo etc.

[Objeção 1]

[12] Porém, contra isso, argumento, em primeiro lugar, que Agostinho, em *De ecclesiasticis dogmatibus* (Dos dogmas da Igreja), condena a afirmação da existência de duas almas num homem e diz que esse é o erro de alguns sírios.

[Objeção 2]

[13] Em segundo lugar, porque ou aquela alma sensitiva permaneceu durante o Tríduo com o corpo ou com a alma, e assim Cristo não morreu como os outros homens; ou então foi corrompida, e, assim, Cristo depôs a alma que ele assumira, o que vai contra aquilo que disseram os Santos.

[Objeção 3]

[14] Em terceiro lugar, um dos artigos parisienses diz que, quando a alma racional deixa o corpo, um animal vivo ainda permanece, o que é um erro. Mas, se elas forem distintas, permanece a alma sensitiva depois da separação da alma intelectiva. E a natureza pro-

cede na mesma ordem, gerando e corrompendo. Porém, na geração, a alma sensitiva é introduzida antes da intelectiva, se as duas forem distintas. E isso é o que diz o Filósofo em *De generatione animalium* (Da geração dos animais) etc.

[15] Igualmente, se a alma sensitiva permanece sem a intelectiva, aquele composto não será nem homem, nem animal irracional; e, assim, seria um animal que não é racional nem irracional.

[Resposta à objeção 1]

[16] À primeira dessas objeções, respondo que Agostinho condenou a visão da existência de duas almas intelectivas no homem, as quais uma é de Deus e a outra, do diabo. E isso é o que Agostinho pensa, como é evidente para alguém que lê o livro cuidadosamente.

[Resposta à objeção 2]

[17] À outra objeção, respondo que aquela alma sensitiva de Cristo permaneceu onde Deus queria. Todavia, sempre esteve unida à natureza divina. Mas, se permaneceu com o corpo ou com a alma intelectiva, somente Deus sabe. Contudo, pode-se afirmar tanto uma quanto a outra.

[18] E quando se diz que, nesse caso, Cristo não morreu do mesmo modo que os outros homens, pela mesma razão, pode-se dizer que Cristo não é morto do mesmo modo, pois o corpo de Cristo não se corrompeu, já o corpo dos outros homens é corruptível. Dessa maneira, esse argumento não se sustenta, pois ele morreu do mesmo modo que os outros homens por causa da separação da alma intelectiva.

[Resposta à objeção 3]

[19] Quanto à terceira objeção, digo que a alma sensitiva não permanece depois da separação da alma intelectiva. Nem é o caso de, na geração do homem, a alma sensitiva ser introduzida temporariamente, antes da alma intelectiva. E, sobre o Filósofo, digo que ele pensou que a alma sensitiva está, naturalmente, antes no corpo, e, contudo, não antes temporariamente, pois ambas são introduzidas e expelidas ao mesmo tempo.

[20] Quanto ao último argumento, digo que, se a alma sensitiva permanece no corpo por causa da potência divina, então esse composto é vivo, mas não é nem um animal racional, nem um animal irracional. E tampouco é um animal contido verdadeiramente no gênero animal. E toda a razão é que ele não é um ente completo, existente por si no gênero; mas é, por natureza, parte essencial de algum outro existente por si, em um gênero. E nenhuma entidade tal é por si no gênero da substância ou do animal, nem dele é predicado no primeiro modo por si. Contudo, chamando animal tudo aquilo que tem alma sensitiva, então, de fato, é um animal. Mas, nesse caso, "animal" é predicado em modo equívoco desse e de outros animais.

[21] Ao argumento principal respondo que os homens têm tanto um ser total, quanto diversos seres parciais.

Questão 11: Se a alma sensitiva e a forma do corpo são realmente distintas, tanto nos animais brutos quanto nos homens

[1] Parece que não, pois, se fosse assim, então a alma sensitiva seria adicionada a um ente em ato, ou seja, como matéria informada pela corporeidade, e, por consequência, ela seria um acidente.

[2] Ao contrário, a alma sensitiva e a corporeidade têm operações distintas e de tipos diversos; portanto, são princípios distintos.

[Resposta à questão – Prova 1]

[3] A essa questão respondo que sim, embora seja difícil de prová-la pela razão. Contudo, para prová-la, afirmo, em primeiro lugar, o que segue: quando morre um homem ou um animal bruto, permanecem os mesmos acidentes em número como antes. Portanto, eles têm numericamente o mesmo sujeito. A consequência é evidente, pois um acidente não migra naturalmente de sujeito a sujeito. Mas aquele sujeito não é matéria-prima, pois, desse modo, a matéria-prima receberia imediatamente o acidente absoluto, o que não parece verdadeiro. Desse modo, permanece alguma forma precedente, e não sensitiva. Portanto, é a corporeidade.

[4] A suposição é evidente, pois numericamente os mesmos acidentes permanecem no animal vivo e no morto. Provo, pois, se existem outros acidentes, eles são das mesmas espécies, como os acidentes do animal vivo. Isso é evidente pelo fato de que eles são tão parecidos que o homem não poderia fazer a distinção entre eles. Se então haveria novos acidentes, pergunto pelo que são causados? Não pelo ar ou por algum outro elemento, nem pelo céu, pois, desse modo, cada acidente de cadáver seria igual nas espécies, o que é contrário aos sentidos, já que, por eles serem agentes naturais, naturalmente podem sempre causar acidentes do mesmo tipo em pacientes do mesmo tipo. Porém a matéria em todos os cadáveres é do mesmo tipo etc. [Os acidentes] nem são causados pela forma substancial introduzida novamente no corpo morto, pois essa forma é do mesmo tipo em todos os corpos humanos e em todos os asnos e, assim, de outros. Por consequência, não causaria acidentes de diversos tipos em diferentes corpos – o que claramente é falso, pois vemos que um corpo é branco, outro é negro, e assim sucessivamente.

[5] Se disseres que os acidentes – que são diferentes nas espécies – são causados nos diversos pacientes por causa das diversas disposições nesses pacientes, argumento contra: todas essas disposições são corrompidas quando outro acidente é introduzido. Portanto, não é por causa das diferenças nas disposições que haverá mudança nas espécies entre os acidentes.

[6] Além do mais, esse argumento sempre se sustenta, pois cada causa natural não produz efeitos contrários por causa da diferença de disposição. De fato, mesmo que o sol dissolva o gelo e endureça a lama, isso acontece por ação das diversas causas parciais concorrentes, por exemplo, a terra ou a água. Portanto, aquela forma novamente introduzida não causa os acidentes contrários dos corpos.

[Resposta à questão – Prova 2]

[7] Em segundo lugar, sobre o caso do homem, argumento especialmente que, se a corporeidade no homem não se diferencia da alma sensitiva, então o corpo de Cristo no sepulcro jamais era absolutamente parte essencial da natureza humana em Cristo, e não era o mesmo corpo vivo e morto, nem a natureza divina era unida

àquele corpo no sepulcro, exceto por meio de uma nova assunção, o que se vê como absurdo. De igual modo, os corpos dos santos não seriam os mesmos vivos e mortos, e, por consequência, não poderiam ser venerados como corpos de santos, pois nunca tiveram esses corpos. Portanto, é mais conforme à fé da Igreja colocar uma distinção entre essas formas do que uma unidade.

[Dois problemas]

[8] Porém há dois problemas: primeiro, se as almas vegetativa e sensitiva em um animal são distintas uma da outra; e, segundo, se é a matéria ou a forma da corporeidade o sujeito imediato da forma sensitiva.

[Ao primeiro problema]

[9] Ao primeiro desses problemas, respondo que não é necessário colocar distinção entre a alma sensitiva e a alma vegetativa, pois aquela causa da diversidade de operações não é conclusiva, já que a mesma coisa pode ser princípio de diversas operações.

[Ao segundo problema]

[10] Ao segundo problema, digo que a alma sensitiva ou é recebida imediatamente na forma da corporeidade, ou é recebida imediatamente na matéria, pois não se vê razão conclusiva, já que duas formas extensas não aperfeiçoam imediatamente a mesma matéria.

[11] Ao argumento principal, digo que aquilo que é acrescentado ao ente, atualmente completo e específico, é um acidente. Mas a alma sensitiva não é acrescentada a tal ente etc.

Quodlibeta septem, V, q. 10-15 (Opera Theologica, IX, p. 518-542)

Questão 10: Se "homem" e "humanidade" são termos sinônimos segundo a verdade da fé

[1] Parece que não, pois, quando dois termos são sinônimos, se uma proposição na qual se coloca um termo é verdadeira, a proposição na qual se coloca o outro termo será verdadeira. Mas esta proposição

é verdadeira: "A humanidade pode ser assumida", do mesmo modo que esta: "A humanidade é assumida". E não esta: "O homem é assumido", nem esta: "O homem pode ser assumido" etc.

[2] Ao contrário, eles são sinônimos que significam exatamente a mesma coisa e supõem pela mesma coisa no mesmo modo gramatical e lógico de significação. Mas "homem" e "humanidade" são desse modo etc.

[3] Aqui, em primeiro lugar, se dirá quais nomes são sinônimos. Em segundo lugar, se responderá à questão.

[Primeiro artigo]

[1] Sobre o primeiro artigo, digo que o nome "sinônimo" é entendido em dois modos, a saber: em sentido estrito e em sentido amplo. No sentido estrito, os seguintes nomes são chamados de sinônimos, os quais cada utente usa em um modo simples para a mesma coisa e no mesmo modo de significação, como "Marcos" e "Túlio" são sinônimos. No sentido amplo, os seguintes nomes são chamados de sinônimos, os quais significam simplesmente a mesma coisa em todos os modos e no mesmo modo de significação. Nesse sentido, nada é em algum modo significado para um sem que seja significado no mesmo modo de significação para o outro, ainda que nem todos os utentes acreditem que significam a mesma coisa, mas erroneamente pensam que algo significado para um não é significado para o outro, como se alguém acreditasse que o nome "Deus" significa o todo e o termo "divindade", a parte do todo.

[Segundo artigo]

[2] Sobre o segundo artigo, digo que, de acordo com a verdade da teologia, "homem" e "humanidade" não são nomes sinônimos, nem em sentido estrito, nem em sentido amplo. A razão disso é que esses nomes significam coisas distintas e supõem coisas distintas, e um nome significa alguma coisa que o outro nome não significa nem pode significar. De fato, nesse caso, o nome "homem" verdadeiramente supõe o "Filho de Deus" e significa o "Filho de Deus", em tal ponto o nome "humanidade" não supõe o Filho de Deus nem pode supor, nem mesmo nesse caso significa em algum modo o Filho de Deus mais do que "brancura". Por essa razão, é admitido: "O Filho

de Deus é homem", e negado: "O Filho de Deus é humanidade". E, por consequência, como nem cada coisa que importa para um importa do mesmo modo para o outro, eles não são sinônimos.

[3] O assumido – isto é, que esses nomes não significam a mesma coisa – é evidente pelas definições que exprimem os nomes. A definição de "humanidade" é esta: humanidade é uma natureza composta por um corpo e por uma alma intelectiva. E esse nome não conota que a natureza intelectiva é sustentada por uma pessoa divina nem que não é sustentada, e por isso sempre supõe aquela natureza. Por essa razão, ela nunca pode supor pelo Filho de Deus, dado que o Filho de Deus não pode ser dessa natureza.

[4] O nome "homem" é definido, todavia, como: homem é uma natureza composta por um corpo e uma alma intelectiva, e não sustentada por algum suposto; ou homem é algum suposto que sustenta tal natureza intelectual. Uma ou outra parte dessa descrição é verdadeiramente aplicável a cada homem. De fato, esta proposição é verdadeira: "Sócrates é uma natureza composta por um corpo e por uma alma intelectiva, não sustentada por algum suposto", e esta é verdadeira: "O Filho de Deus é um suposto que sustenta uma natureza intelectual, e isso determina a sua dependência". Por esses argumentos, é evidente que esses nomes não significam exatamente a mesma coisa.

[Conclusão 1]

[5] Pelo predito seguem algumas conclusões: a primeira é que, mesmo que seja admitido que "um homem é uma humanidade", todavia a proposição "cada homem é uma humanidade" é falsa; e a proposição "algum homem não é uma humanidade" é verdadeira.

[6] Isso se prova pelo fato de que nenhum destes nomes – "homem" e "humanidade" – é equivalente a uma expressão que inclua algum sincategorema, então "um homem é uma humanidade" é admitido, pois é uma proposição indefinida que tem uma proposição singular verdadeira, por exemplo esta: "Sócrates é uma humanidade". De fato, nessa proposição o sujeito e o predicado não podem supor coisas distintas, mas a mesma coisa. Contudo, esta proposição é falsa: "Cada homem é uma humanidade", pois con-

têm o seguinte singular falso: "Este homem é uma humanidade", referindo-se ao Filho de Deus. E, assim, estes dois subcontrários existem contemporaneamente: "um homem é uma humanidade" e "um homem não é uma humanidade".

[Conclusão 2]

[7] A segunda conclusão é que, sustentando o que foi afirmado, essas proposições devem admitir que "um termo abstrato é predicado do correspondente concreto e vice-versa", como: "um homem é uma humanidade" e "uma humanidade é um homem". Do mesmo modo, um nome abstrato é afirmado e negado verdadeiramente do correspondente concreto tomado de modo particular e vice-versa; porém, não é admitido de maneira universal, assim estes são admitidos: "algum homem é uma humanidade" e "algum homem não é uma humanidade". Da mesma forma, essa proposição é verdadeira, pois tal nome concreto é numericamente afirmado e negado sucessivamente da mesma coisa, como esta é verdadeira: "Esta humanidade, que é Sócrates, é um homem". E se aquela humanidade é assumida por alguma pessoa divina, então "esta humanidade é um homem" seria falsa. Isso porque este nome "homem" nunca supõe aquela humanidade, exceto quando esta não está unida a uma pessoa divina. E, pois, algumas vezes pode estar unida, outras vezes não, desse modo supõe isso algumas vezes, e algumas vezes não. E, por causa disso, esse nome concreto é predicado algumas vezes de tal nome abstrato, e outras vezes não.

[8] Ao argumento principal, respondo que, segundo a verdade da fé, os nomes em questão não são sinônimos, o que é evidente pelo predito.

[9] Digo, contudo, sobre o primeiro argumento que neste caso é admitido: "uma humanidade pode ser assumida por uma pessoa divina" tomada literalmente (de *virtutis sermonis*), assim também: "um homem pode ser assumido por uma pessoa divina", e isso indiferentemente se o sujeito é tomado por ele pelo que é ou pelo que pode ser. Nesse caso, contudo, é admitido: "uma humanidade é assumida", e é negado: "um homem é assumido por uma pessoa divina", pois essa segunda inclui uma manifesta contradição. Isso é evidente pela expressa definição nominal do nome "homem", aquela que é uma natureza divina não sustentada por nenhum

suposto, e se fosse verdadeiro: "um homem é assumido", aquela natureza seria sustentada pelo suposto divino. E, por isso, segue que aquela natureza seria simultaneamente sustentada e não sustentada, o que é uma manifesta contradição.

[10] E se disseres que nesse caso para ti é verdadeira a proposição: "Um homem pode ser assumido por uma pessoa divina", então, colocando na existência, esta expressão será verdadeira: "Um homem é assumido" ou "Um suposto é assumido".

[11] Se um suposto pode ser assumido, eu respondo que a consequência não é válida, pois, ou aquela proposição não pode ser colocada na existência, se é tomada em senso diviso; ou deve ser colocada na existência de outro modo. Por exemplo, esta proposição é verdadeira: "Uma coisa branca pode ser preta" e, todavia, se for colocada na existência deste modo: "Uma coisa branca é preta", torna-se impossível. Dessa maneira, ou ela não pode ser colocada na existência, ou, se pode, deve ser colocada na existência deste modo: "Sócrates é negro", se "branco" supõe Sócrates. Assim, é em propósito que a expressão "o homem ou um suposto humano pode ser assumido pela pessoa divina" não pode ser colocada na existência deste modo: "Um suposto é assumido", mas sim deste modo: "Sócrates é assumido", ou assim: "Esta natureza humana é assumida", demonstrando aquela natureza pelo qual o suposto supõe. E não pode ser colocado na existência de outro modo.

Questão 11: Se "homem" e "humanidade" são termos sinônimos segundo a intenção do Filósofo

[1] Parece que não, pois esta proposição é verdadeira: "Um homem tem humanidade", e esta é falsa: "Humanidade tem humanidade", porque o homem não tem a si próprio. Portanto, não significam exatamente a mesma coisa e, por consequência, não são sinônimos.

[2] Ao contrário, "humanidade" significa algo composto por um corpo e uma alma intelectiva, e não outra coisa. Todavia, "homem" significa radicalmente a mesma coisa no mesmo modo de significação etc.

[3] Aqui, em primeiro lugar, vou responder à questão. Em segundo lugar, vou apresentar algumas conclusões.

[Primeiro artigo]

[4] Sobre o primeiro artigo, digo que a opinião do Filósofo é que são sinônimos, pois pensava que nenhuma coisa imaginável que é transmitida para o nome "homem" não seja transmitida no mesmo modo para o termo "humanidade" e vice-versa. A razão disso é que, segundo ele, nenhuma coisa está no composto humano, a não ser a matéria, a forma, o acidente ou o próprio composto. Mas, supondo que esta proposição seja falsa: "Uma alma intelectiva é uma humanidade", nenhuma dessas coisas é transmitida mais para um desses termos do que para o outro.

[5] E se disseres que "humanidade" significa apenas a natureza específica, "homem", por sua vez, acrescenta a diferença individual, argumento contra: como "homem" e "humanidade" estão relacionados entre eles, assim estão relacionados "Sócrates" e "socreidade". Mas "Sócrates" e "socreidade" significam radicalmente a mesma coisa; portanto, "homem" e "humanidade" significam no mesmo modo.

[6] O assumido é provado, pois, se um desses nomes significa algo que o outro não significa, pergunto o que seria isso. Não é a natureza específica, pois ela é significada equivalentemente para ambos ou para nenhum. Não é a matéria, nem a forma, nem o composto ou o acidente, segundo eles. Nem mesmo é a diferença individual que imaginam, pois, como Sócrates acrescenta a diferença individual além da natureza específica, segundo eles, assim também a "socreidade", pois, do contrário, Sócrates não se diferenciaria em algum modo de humanidade. E então, segundo eles, como a humanidade está em Platão, assim a socreidade estaria em Platão, o que é falso. Portanto, Sócrates e socreidade não são distintos na realidade (ex parte rei), e, por consequência, esta proposição é verdadeira, segundo eles: "Sócrates é a socreidade". Por isso, se segue que Sócrates é esta humanidade, logo Sócrates é uma humanidade – predicado do inferior ao superior. E se segue que Sócrates é uma humanidade, portanto o homem é uma humanidade. E, por conseguinte, nada é significado pelo nome "homem" que não é significado pelo nome "humanidade".

[7] Por isso, digo que a intenção de Aristóteles e dos Comentadores, conforme é evidente no livro VII da Metafísica, é que o que quer que seja significado por um é significado pelo outro, exatamente no mesmo modo de significação, e, por consequência, são termos sinônimos, ao menos se entendemos "sinônimos" no sentido amplo. E, por isso, exceto que a inclusão de alguns elementos sincategoremáticos impeça, esta proposição tomada de maneira literal (*per virtute sermonis*) é simplesmente garantida: "Um homem é uma humanidade".

[8] Além do mais, se, segundo a intenção do Filósofo, esses nomes supuseram coisas diferentes, é necessário, então, que um deles suponha uma parte, e outro, o todo. Ou duas partes ou duas substâncias totalmente distintas; ou um, a substância e o outro, o acidente. Porém todas essas alternativas são falsas etc. Por isso, o Comentador do livro VII da Metafísica sustenta que "um homem é uma humanidade".

[Segundo artigo: Conclusão 1]

[9] Sobre o segundo artigo, a primeira conclusão, literalmente falando (*de virtute sermonis*), é que esta proposição é simplesmente falsa: "Sócrates é um suposto que suporta uma natureza humana ou uma humanidade".

[10] Essa conclusão é provada, pois eu pergunto: o que supõe este nome "Sócrates"? Não é a natureza humana, pois a coisa não supõe a si mesma. Nem uma parte daquela natureza, pois uma parte não sustenta o todo. Nem uma substância separada daquela natureza, o que é evidente. Nem mesmo um composto de natureza e diferença individual, pois então não existe tal coisa, e assim, se Sócrates sustenta a natureza de Sócrates, ele sustentaria a natureza individual, e cada natureza inclui uma diferença individual, segundo eles; e, por consequência, Sócrates sustentaria um composto de natureza e diferença individuais, e isso não seria outro senão ele mesmo etc.

[11] Nem "Sócrates" nessa proposição supõe um composto de natureza singular e a negação da dependência de um outro suposto. Pois então Sócrates, que é uma outra coisa real e substancial, não é composto por uma afirmação ou por uma negação, e

assim nenhum composto tal pode sustentar uma natureza, porque uma natureza não pode depender de um tal composto. Portanto, literalmente falando (*per virtute sermonis*), esta proposição é simplesmente falsa: "Sócrates é um suposto que sustenta uma natureza humana". Mas esta é admitida: "Sócrates é uma natureza composta por um corpo, e por uma alma intelectiva por nenhum suposto sustentada", e, por isso, podemos afirmar que Sócrates é um homem. Do mesmo modo, esta proposição é admitida: "O Filho de Deus é um suposto que sustenta uma humanidade ou uma natureza humana e delimita a sua dependência".

[Conclusão 2]

[12] A segunda conclusão é que cada proposição composta por um tal nome concreto ou abstrato – como no caso de "homem--humanidade", para o qual é denotado que aquelas coisas pelas quais o sujeito e o predicado supõem coisas distintas –, se for universal, é falsa.

[13] A razão disso é que tal nome concreto e tal nome abstrato não supõem coisas distintas, exceto quando um deles supõe uma pessoa divina que sustenta uma natureza humana. Portanto, uma proposição universal, que denota que aquelas coisas que supõe são universalmente distintas, é falsa, pois sempre supõe a mesma coisa, exceto em um caso.

[14] A partir disso se segue que todas elas são literalmente (*de virtute sermonis*) falsas: "cada homem tem uma humanidade", "cada humanidade está em cada homem", "cada animal tem animalidade". Isso é evidente, pois nada tem a si mesmo ou é algo que existe em si mesmo, e por isso é denotado que aquelas proposições supostas pelo sujeito têm aquilo que o predicado supõe; ou aquilo que o sujeito supõe existe naquilo que o predicado supõe; e isso é falso. Quando o sujeito e o predicado supõem a mesma coisa, é evidente que tais proposições são falsas.

[15] Por isso, segundo Anselmo de Aosta, no capítulo XVI do *Monologion*, não é propriamente dito que a suma natureza tenha justiça, mas é propriamente dito que a suma natureza é justiça. Assim, não é propriamente dito que Sócrates tem uma humani-

dade, mas é propriamente dito que Sócrates é uma humanidade. E, nesse sentido, tais proposições são aceitas e utilizadas pelos Santos: "Deus tem justiça", "Deus tem sabedoria, vontade, intelecto", "em Deus há a sabedoria" e outras desses tipos, que, contudo, segundo Anselmo de Aosta, não são verdadeiras literalmente, como tais expressões são admitidas no uso dos falantes: "O homem tem humanidade", "a humanidade está no homem" e outras desse tipo, que, contudo, não são verdadeiras de maneira literal.

[16] Desse modo, ainda se segue ulteriormente que, de forma literal, as seguintes proposições são falsas: "A humanidade subsiste no seu suposto próprio, "a humanidade depende do próprio suposto" e "o próprio suposto determina a dependência da natureza humana". Porém esta proposição deve ser admitida: "A humanidade é um suposto, exceto que algum sincategorema incluído naquele nome abstrato impeça aquela predicação. Mesmo assim esta proposição é verdadeira: "A humanidade é um suposto" quando a humanidade não estiver unida [a uma pessoa divina]. Mas, quando estiver unida, então imediatamente cessa de ser um suposto, pois, nesse caso, o nome "suposto" conota que a humanidade não está unida. Isso é evidente pela definição que os seus termos exprimem, pelo qual o suposto é uma coisa completa, uma e não mais, e não sustentada por algum suposto. Desse modo, em tais proposições a definição é substituída pelo nome, e imediatamente aparece quais proposições devem ser admitidas e quais devem ser rechaçadas.

[17] A resposta ao argumento principal é evidente a partir do que foi dito.

Questão 12: Se o universal é algo singular

[1] Parece que não, pois cada universal é predicado de muitos. O singular é predicado de uma coisa somente etc.

[2] Ao contrário, cada coisa que existe é singular. O universal existe; portanto, é singular.

[3] Aqui, em primeiro lugar, distingo o termo "singular". Em segundo lugar, responderei à questão.

295

[Primeiro artigo]

[4] Sobre o primeiro artigo, digo que, segundo os filósofos, "singular", "indivíduo", "suposto" são nomes convertíveis. E aqui falo com os lógicos, mesmo que, segundo os teólogos, os supostos estejam somente nas substâncias, enquanto os individuais e os singulares estão nos acidentes.

[5] Todavia, falando logicamente agora, "singular" e "indivíduo" são tomados em três modos: no primeiro modo, é chamado singular aquilo que é numericamente uma coisa, e não várias; no segundo modo, é chamado singular algo fora da alma, que é uma coisa, e não várias, nem é signo de algo; no terceiro modo, é chamado singular um signo próprio de uma coisa, o qual também é denominado de termo discreto.

[6] Essa divisão é evidente no que diz respeito aos dois primeiros membros da proposição. O terceiro membro se prova pelo seguinte: Porfírio diz que "indivíduo" é predicado de apenas uma coisa. Essa não pode ser entendida como uma coisa existente fora da alma, por exemplo, "Sócrates", a qual não é um predicado nem um sujeito, conforme provado em outro Quodlibet, e, por consequência, é entendido de um outro signo próprio que é predicado de uma coisa apenas, não por si mesma, mas pela coisa.

[7] Além do mais, os lógicos dizem que os supostos de um termo comum são dúplices: alguns são supostos por si e alguns são supostos por acidente. Exemplo: os supostos por si do termo comum "branco" são esta coisa branca e aquela coisa branca; os supostos por acidente são Sócrates e Platão. Isso não pode ser entendido de Sócrates que existe fora da alma, o qual não é signo de algo, pois uma coisa fora da alma não pode ser um suposto de um termo comum falado, nem por si, nem por acidente. Portanto, é necessário que "suposto" seja tomado como um termo próprio de uma coisa, o qual é chamado de "suposto", pois dele é predicado um termo comum, não por si, mas por seu significado.

[8] E, desse modo, os termos comuns são tais supostos dúplices: alguns por si, por exemplo, pronomes demonstrativos tomados com o termo comum em questão; tal como os supostos por si do termo comum "branco" são "esta coisa branca" ou "aquela coisa

branca". Supostos por acidentes são nomes próprios – por exemplo, os nomes "Sócrates" e "Platão".

[9] Há uma grande diferença entre esses supostos, pois é impossível que um dos dois contrários possa ser predicado verdadeiramente de um suposto por si do outro contrário, como esta proposição é impossível: "Esta coisa branca é preta". Mas do suposto por acidente pode bem ser predicado, mesmo não sendo suposto do outro contrário. Por exemplo, se Sócrates fosse branco, ainda seria possível a proposição: "Sócrates é negro". Isso porque a mesma coisa pode ser um suposto por acidente de dois contrários, mas não um suposto por si etc.

[Segundo artigo]

[10] Sobre o segundo artigo, digo que o universal é algo singular e individual no primeiro sentido, pois é verdadeiramente uma qualidade mental singular, e não várias qualidades. Porém no segundo sentido não é algo singular, pois em nenhum modo uma coisa fora da alma é algo universal. De modo semelhante, um universal não é um singular no terceiro sentido, pois um universal é um signo material ou voluntário comum de muitas coisas, e não apenas de uma coisa.

[11] A resposta ao argumento principal é evidente pelo que foi dito.

Questão 13: Se todo o universal é uma qualidade mental

[1] Parece que não, pois substância, que é o gênero mais geral, não é uma qualidade mental. Portanto, nem todo o universal é uma qualidade mental. O assumido é evidente, porque é predicado univocamente e *in quid* de uma substância. Portanto, não é uma qualidade.

[2] Ao contrário, o universal existe somente na alma, e não é um objeto, como foi mostrado anteriormente. Portanto, existe subjetivamente [na alma]. Logo, é uma qualidade mental.

[Resposta à questão]

[3] Sobre essa questão, respondo que sim. A razão disso é que, segundo se evidenciará, o universal não é algo fora da alma. E é certo que o universal não é nada [que é alguma coisa]. Portanto, é algo na alma, não apenas de maneira objetiva, como foi mostrado anteriormente. Desse modo, existe subjetivamente e, por consequência, é uma qualidade mental.

[Objeção 1]

[4] Ao contrário, pois, se tal coisa é dada, então todas as categorias seriam acidentes e, por consequência, alguns acidentes seriam superiores à substância.

[Objeção 2]

[5] Além do mais, a mesma coisa não é predicada de diversas categorias, e, por consequência, a qualidade não é comum a todas as categorias.

[Objeção 3]

[6] Além do mais, segue-se que a mesma coisa é superior a si mesma, pois, segundo essa opinião, todos os universais estão no gênero da qualidade como espécies e indivíduos. Por consequência, a categoria da qualidade é comum a si mesma, e assim a mesma coisa é superior a si mesma.

[Objeção 4]

[7] Além do mais, pelo dado, é necessário conceder que a mesma coisa significa a si mesma e supõe por si mesma, pois, na seguinte proposição, "cada universal é um ser", "ser", nesse caso, supõe pessoalmente todos os universais e, por consequência, supõe este universal que é "ser". E, assim, "ser" supõe por si mesmo.

[8] Do mesmo modo, se supõe pessoalmente, supõe somente seu significado e supõe por si mesmo, pois, ao contrário, esta proposição seria falsa: "Cada universal é um ser", porque teria um singular falso. Portanto, a mesma coisa significa a si mesma.

[Objeção 5]

[9] Além do mais, segue-se que a mesma coisa é superior e inferior em relação à mesma coisa, pois este universal "ser" é superior às categorias. E é também inferior, pois é um individual no gênero da qualidade etc.

[Resposta à objeção 1]

[10] Em relação à primeira dessas objeções, sustento que todos os universais são acidentes; todavia, nem todos são signos de acidentes, mas alguns universais são apenas signos de substâncias. E esses acidentes constituem a categoria da substância, outros acidentes

constituem outras categorias. E sustento, ulteriormente, que algum acidente, que é somente um signo das substâncias, é por si superior a qualquer substância. Porém isso não é mais inconveniente do que dizer que alguma palavra falada (vox) é o nome de muitas substâncias ou significa muitas substâncias.

[Resposta à objeção 2]

[11] À outra objeção, respondo que a mesma coisa não é predicada de diversas categorias quando as categorias estão [supondo] pessoal e significativamente. Porém, quando supõem material ou simplesmente, não é inconveniente que a mesma coisa seja predicada de diversas categorias. Por isso, se na seguinte proposição: "Substância é uma qualidade", o sujeito supõe material ou simplesmente, essa [proposição] é verdadeira, e, do mesmo modo, a seguinte: "Quantidade é uma qualidade". Porém, se supõem pessoalmente, então não são verdadeiras. Por isso, como estas duas proposições – "substância é uma palavra" e "quantidade é uma palavra" – são verdadeiras, se os sujeitos supõem material e simplesmente, e não de maneira significativa, assim é a propósito da questão.

[Resposta à objeção 3]

[12] À outra objeção, respondo que a mesma coisa não é superior ou inferior a si mesma, porque, para que alguma coisa seja superior à outra, se requer uma distinção entre as duas e que a superior signifique mais coisas do que a inferior. Por isso, digo que nem todos os universais são por si inferiores ao nome comum "qualidade", ainda que todos os universais sejam qualidades, pois, nesse caso, o universal "qualidade" é uma qualidade e, contudo, não é inferior à qualidade, mas é ela mesma mais universal.

[13] Se disseres: segue-se que ao menos aquela qualidade espiritual da mente é maior e superior do que qualquer categoria, pois é predicado de todas as categorias e nenhuma categoria é predicada de todas as categorias etc.

[14] Eu respondo: a qualidade espiritual da mente não é predicada de todas as categorias, significativa e pessoalmente tomadas, mas apenas tomadas como signos. Por isso, não se segue que aquela

qualidade mental é maior ou superior do que qualquer categoria. De fato, a superioridade e a inferioridade sustentadas naquelas [categorias] se devem ao fato de que uma, tomada significativamente, é predicada de mais coisas do que a outra, tomada significativamente. E esse não é o caso de toda qualidade espiritual, que é um universal. Todavia outras, como o conceito de ente, são predicadas de mais coisas do que qualquer categoria.

[Resposta à objeção 4]

[15] À outra objeção respondo que a seguinte conclusão é admitida: a mesma coisa significa a si mesma, a mesma coisa supõe por si mesma, a mesma coisa é predicada univocamente de si mesma; como na seguinte proposição: "Cada palavra é um ser", em que o sujeito supõe cada palavra, e assim supõe esta palavra "palavra", significa isso e é predicado univocamente disso.

[Resposta à objeção 5]

[16] À outra objeção, respondo que a mesma dificuldade existe aqui como nos termos "expressão" e "nome", pois o termo "expressão" é um que está contido sob o termo "nome", pois o nome "expressão" é um nome e nem cada nome é este nome "expressão". E, todavia, este nome "expressão" é em algum modo superior a todos os nomes e, por consequência, ao nome "nome", pois este nome "nome" é uma expressão, mas nem toda expressão é um nome. E, desse modo, a mesma coisa é em relação a si mesma inferior e superior.

[17] Por isso, digo que, em ambos os casos, o argumento é conclusivo se, em todas as proposições nas quais é predicada a conclusão, os termos estavam supostos uniformemente. Isso, contudo, não se dá na questão em propósito, pois "ser", quando é predicado de categorias, supõe pessoalmente, e não simples ou materialmente. Se, entretanto, for um indivíduo da categoria qualidade, supõe material e simplesmente. Todavia, se tomarmos "ser" como "qualidade" significativamente, então ser é simplesmente superior, pois significa muitos e, desse modo, não é inferior à qualidade nem a algum indivíduo da qualidade. Contudo, se aquele é chamado inferior quando é suposto em um modo, é predicado outro [nome]

que também é predicado de mais coisas, porquanto não é predicado desse [nome] se ele é suposto de um outro modo, sobretudo se é tomado universalmente, se pode admitir que a mesma coisa em relação a si mesma é superior e inferior. Porém, então, "superior" e "inferior" não são opostos, mas separados.

[18] A resposta ao argumento principal é evidente pelo que já foi dito.

Questão 14: Se "ser" é predicado univocamente de todas as coisas

[1] Parece que não, pois, de qualquer forma, primeiramente, existem diversas coisas que em nada concordam – por exemplo, Deus e a criatura. Portanto, deles não se pode predicar de maneira unívoca.

[2] Ao contrário: exceto se fosse predicado univocamente, o primeiro princípio seria um equívoco.

[Resposta à questão: Conclusão 1]

[3] Sobre essa questão, tenho duas conclusões: a primeira é que ao nome "ser" corresponde um conceito comum que é predicável de todas as coisas.

[4] Provo-o pela suposição de que a seja homem; b, animal; e c, Sócrates. Então argumento: como podem se formar três proposições em tais expressões vocais "c é a", "c é b", "c é ser", do mesmo modo podem se formar na mente três proposições similares, das quais duas são dúbias e a terceira é conhecida. Pois é possível que alguém duvide de ambas "c é a", "c é b", e, contudo, conheça "c é um ser e é algo". Isso é evidente quando algo é observado de maneira remota: quando alguém o vê, com frequência duvida se é um homem, ou um animal, ou um asno, e, todavia, conhece evidentemente que é um ser e é algo.

[5] Supondo isso, argumento, então, assim: duas dessas proposições mentais são dúbias e a terceira é conhecida, e as três proposições têm exatamente o mesmo sujeito. Portanto, elas têm diferentes predicados. De fato, de outra maneira, a mesma proposição seria, ao mesmo tempo e de uma só vez, duvidosa e certa a uma e mesma pessoa, o que é impossível. Assim, essas três

proposições têm três predicados distintos. De modo semelhante, é evidente que o predicado da terceira proposição não é menos comum nem convertível com algum dos outros predicados; portanto, é um predicado que é mais comum do que qualquer outro deles. E assim é a propósito: pois aquele conceito é diferente do que o inferior e o comum deles, porque de um pronome que demonstra algum ente, qualquer que seja ele, o conceito pode ser predicado verdadeiramente, assim como a mesma palavra falada pode ser predicada verdadeiramente de qualquer coisa.

[Conclusão 2]

[6] A segunda conclusão é que este nome "ser" é equívoco, porque, apesar de ser predicado univocamente de todos os absolutos subjetivos, e isso se eles são supostos, quer simplesmente, quer pessoalmente, contudo não é predicado de todos os subjetivos tomados significativamente segundo um conceito. Mas a esse nome correspondem diversos conceitos, como se tornará evidente em outra parte.

[7] Porém digo que o conceito de ente é unívoco a Deus e a todas as outras coisas. Isso é evidente, pois todos admitem que nós temos algum tipo de conhecimento incomplexo de Deus. Então eu pergunto: conhecemos Deus em si e sob uma própria noção de deidade, através de uma cognição própria, simples, absoluta e afirmativa? Porém isso não é verdade, pois não conhecemos Deus nem pelo conhecimento intuitivo, nem pelo abstrativo. Pelo intuitivo, é evidente. Pelo abstrativo, prova-se pelo fato de que qualquer conhecimento pressupõe o conhecimento intuitivo. Ou conhecemos Deus não em si como ele é, mas por algum conceito? E então: ou aquele conhecimento será simples, e assim será um conceito comum, o que quero exemplificar; ou será um conceito composto, e assim alguma parte desse conceito composto será comum e simples, pois esse conceito composto não é formado por conceitos próprios, portanto é formado por conceitos comuns. E assim está a propósito, que algum conceito é comum a Deus e a todas as outras coisas.

[8] Ao argumento principal, respondo que, apesar de que muitas coisas são primeiramente diferentes no modo em que os autores expressam, contudo deles se pode predicar correta e univocamente um conceito.

Questão 15: Se a definição nominal e a definição metafísica da mesma coisa se distinguem realmente

[1] Parece que sim, pois as coisas definidas são diversas; portanto, as definições são diversas. O antecedente é evidente, pois o homem natural e o homem metafísico são definidos e são distintos etc.

[2] Ao contrário, sobre a mesma coisa não existem diversas definições que exprimem suas causas intrínsecas. Mas a definição natural e a definição metafísica exprimem causas intrínsecas etc.

[3] Primeiramente, aqui respondo à questão; em segundo lugar, infiro alguns corolários.

[Primeiro artigo]

[4] Sustento, de fato, que a questão interroga sobre a definição que exprime a essência da coisa (*quid rei*) ou a natureza da coisa, e não algo extrínseco da coisa definida. Respondo, então, à questão que as definições natural e metafísica são distintas realmente, pois na definição natural se colocam casos oblíquos que exprimem partes essenciais da coisa. Por exemplo, se defino homem deste modo: "Um homem é uma substância composta por um corpo e por uma alma intelectiva", essa é uma definição natural, e estes termos oblíquos "corpo" e "alma intelectiva" exprimem as partes da coisa.

[5] Ao contrário, na definição metafísica, não se coloca algum termo em um caso oblíquo, mas o gênero se coloca em algum modo direto (no caso nominativo) e, de igual maneira, estão as diferenças que exprimem as partes essenciais da coisa definida. Por exemplo: a definição de homem "animal racional" é metafísica, e, do mesmo modo, esta "substância animada sensível", em que todos os termos se colocam em modo direto (no caso nominativo). E ainda que tais diferenças sejam predicadas diretamente da

definição, contudo, exprimem partes essenciais da coisa definida. Todavia, não supõe as partes, mas somente todo o composto daquelas partes. Assim como o "branco" exprime a brancura, porém não supõe a brancura, mas somente o sujeito dela. Entretanto, as diferenças postas em uma definição natural exprimem as partes essenciais do que é definido e as supõem, e essa é uma outra diferença entre as definições delas. Por exemplo: "racional", apesar de significar a alma intelectiva, também não supõe a alma intelectiva, mas o inteiro homem. Porém o termo "alma intelectiva" significa uma parte essencial do homem e a supõe. E junto a essas duas definições não pode haver outra coisa senão aquela à qual cada parte é mais [comum] e o todo é igual [ao definido].

[Segundo artigo: corolário 1]

[6] Sobre o segundo artigo, o primeiro corolário é que não é algo assim a definição lógica de um homem, porque um lógico não trata de homens. Pois, como não trata de coisas que não são signos, não pode definir o homem, nem pode definir alguma coisa, mas apenas tem que ensinar em que modo as outras ciências que tratam do homem devem defini-lo. E se alguma vez põe a definição de homem como exemplo, essa definição será natural ou metafísica. E apesar de serem realmente distintas por causa da distinção dos termos, contudo, o que é significado por uma definição ou por uma parte dela é significado pela outra definição e por uma parte dela, mesmo que as partes delas diferenciem no modo de significação, pois uma das partes é, em um outro caso, uma parte de uma outra definição.

[Corolário 2]

[7] O segundo corolário é que nenhuma proposição afirmativa meramente não modal e meramente afirmativa do tempo presente, que é composta por uma definição e por aquilo que é definido, é necessária, mas apenas contingente. E assim tanto a proposição "o homem é um animal racional" é contingente quanto esta: "O homem é uma substância composta por um corpo e por uma alma intelectiva". Isso se dá desse modo porque, se nenhum homem existisse, cada uma dessas tais proposições seria falsa, por

304

causa de uma falsa implicação. Mas, todavia, tais proposições condicionais ou possíveis equivalentes delas são simplesmente necessárias, como as seguintes proposições: "Se o homem existe, um animal racional existe", "cada homem pode ser racional", e outras nesse sentido.

[Corolário 3]

[8] O terceiro corolário é que uma definição não é a mesma idêntica coisa que a coisa definida, pois a coisa definida é discurso mental estendido, falado ou escrito, e, por consequência, não é realmente idêntica à coisa extramental nem ao termo definido. Todavia, a definição e a coisa definida significam a mesma coisa, e, desse modo, se entende o ditado comum: "A definição e o definido são realmente idênticos".

[9] Ao argumento principal, respondo que é ridículo dizer que algum homem é um homem natural e algum homem é um homem metafísico, e que se distinguem nesse sentido, pois, se fosse assim, ou se distinguiriam na coisa fora da alma ou na alma. O primeiro não pode se dar, pois, se aqueles homens se distinguissem fora da alma, ou um seria parte do outro, ou seriam totalmente distintos, ou alguma terceira coisa seria uma parte de ambos. O primeiro e o segundo não podem se dar, como é evidentemente manifesto; nem o terceiro, pois não há nada numericamente igual em dois homens distintos. Nem há um outro homem em conceito, pois esse conceito ou será uma definição de homem ou parte da definição, ou algum outro conceito predicável de um homem. Mas qualquer coisa que se diga não será nada a propósito disso.

[10] E caso se diga que é outra coisa o que consideram os metafísicos e os filósofos naturais, e, por isso, o homem considerado pelo metafísico é distinto do homem considerado pelo filósofo natural:

[11] Respondo: a consequência não é válida, mas apenas se segue que são diferentes modos de consideração do mesmo homem, natural e metafísico; pois se Sócrates vê Platão claramente e Roberto obscuramente, se segue, justamente, que a visão que se tem de um e a visão que se tem do outro são diversas; contudo, o Platão que se viu não é diferente, mas totalmente igual.

Scriptum in Librum Primum Sententiarum, d. III, q. 6-7 (Opera Theologica, II, p. 483-523)

Questão 6: Se a primeira notícia do intelecto gerada primariamente é uma notícia intuitiva de algum singular

[1] Para a evidência dos predicados, procurarei suscitar algumas breves questões. Primeiro interrogo se a primeira notícia do intelecto gerada primariamente é uma notícia intuitiva de algum singular.

[2] Parece que não: o singular, pela mesma razão de ser singular, não é inteligível, assim o seu conhecimento intuitivo não é primeiro. O antecedente é evidente pelo Filósofo, pois o intelecto é universal, e o sentido é particular.

[3] Ao contrário: anteriormente, foi dito que todo o singular precede e que cada conhecimento abstrativo da coisa pressupõe o conhecimento intuitivo.

[Opinião de Tomás de Aquino e de Henrique de Gand]

[4] Sobre a questão, é dito "que o singular nas coisas materiais o nosso intelecto não pode conhecer primeira e diretamente". A razão disso é porque o princípio da singularidade nas coisas materiais é a matéria individual; o intelecto, pelo contrário, intelige abstraindo a espécie inteligível e, do mesmo modo, a matéria, porque, todavia, a matéria individual abstraída é universal. Portanto, o intelecto diretamente não é conhecedor exceto do universal. Indiretamente, porém, e como por alguma reflexão, pode conhecer o singular, pois, mesmo depois de abstraídas as espécies inteligíveis, não podem elas inteligir o ato, exceto que convertendo-se em representações, nas quais se compreendem as espécies inteligíveis, conforme se diz no livro III da obra *Da alma*.

[5] Outros colocam a mesma conclusão, pois é manifesto que o intelecto em linha reta não pode inteligir o singular, mas apenas em linha reflexa. Por esse modo que, em primeiro lugar, na representação, do singular se abstrai o universal, e é quase em linha reta, por exemplo de a em b; e daquele universal se estende ulteriormente no intelecto, como de b em c; e então do momento que o intelecto

mudado pelo ato de conhecer se estende quase em linha reta de a até c, de modo que a, b e c sejam uma linha reta. Por consequência, depois que o intelecto é mudado pelo ato de inteligir o universal existente na representação, terminado o seu ato de conhecer naquele universal e no objeto, é estendido quase como em alguma linha reflexa de c em b. E depois, contudo, ulteriormente aquela espécie em primeiro lugar inteligirá a representação, como a razão universal inteligr segundo a razão de sua designação e singularidade, assim como tem na mesma representação, é estendida como uma linha reflexa de b em a, quer seja tudo isso como uma linha reflexa c-b-a, quer pelo fato de que tal linha compõe linhas precedentes, então ela será uma linha circunflexa, completando o ato de inteligir revertido naquilo em que começou. Desse modo, portanto, eles dizem que o singular não é inteligível primária e diretamente.

[6] Essa conclusão se prova em diversos modos. O primeiro é assim: no livro I da Física: "As crianças em primeiro lugar chamam a todos os homens pais" etc., o que não seria verdadeiro, exceto se o universal fosse antes inteligido.

[7] Igualmente, no livro I da Física: "O universal, certamente, segundo a razão, é uma noção; o singular, na verdade, [é] segundo o sentido". E isso confere a causa que diz: "A razão é de fato universal; o sentido, todavia, singular". Portanto, segundo o Filósofo, o intelecto não é senão universal, e isso é inteligido "primária e diretamente".

[8] Igualmente, o Comentador, no mesmo comentário 49: "Compreensível ao intelecto é o universal e compreensível ao sentido, o particular". A mesma coisa se vê dizer no comentário 48.

[9] Do mesmo modo, no livro Da alma, no comentário 1: "A cognição universal sempre deve preceder a cognição própria". Portanto, a cognição universal é anterior a todas as outras.

[10] Da mesma maneira, no comentário 60: "A causa da diferença entre o sentido e o intelecto em chegar à última perfeição é aquela que o motor no sentido é extrínseco, no intelecto é intrínseco, pois o sentido no ato não se move, exceto no modo em que é dito para a compreensão das coisas particulares sensíveis, e essas estão fora da alma". Por essa autoridade, é evidente que a última

perfeição do sentido, que é o ato segundo extraído, é em relação ao particular; e o ato segundo o intelecto, o qual o Comentador chama de última perfeição do intelecto, é em relação ao universal; portanto, aquela é primeiramente inteligida. A mesma coisa se vê dizer no comentário 59.

[11] Igualmente, no livro III da obra *Da alma*, no comentário 5: "O intelecto material se diferencia da matéria antes nesse ponto, pois ela está na potência de cada intenção das formas universais; antes, contudo, a matéria está na potência de cada uma dessas formas sensíveis". E se segue: "A causa pela qual essa natureza é distinguida e conhecida – antes, contudo, a matéria não era distinguida nem conhecida – é que a matéria primeiro recebe formas diversas, evidentemente as individuais e essas; o intelecto, contudo, recebe as formas universais". Portanto, por essa autoridade, é evidente que o intelecto não recebe alguma forma individual como acontece com a matéria, porque daí não seria distinguida nem conhecida.

[12] Do mesmo modo, no comentário 9: "O intelecto compreende a forma por si e compreende o indivíduo mediante o sentido". Portanto, o indivíduo não é o primeiro compreendido pelo intelecto.

[13] Da mesma maneira, no comentário 10, ele diz que: "É necessário para a proposição, a qual é da intenção para a intenção, evidentemente do individual para o universal, seja na proporção da virtude que compreende aquela, seja na virtude que compreende a outra". Portanto, como o intelecto não é o sentido, nem vice-versa, assim a intenção compreendida pelo intelecto não é a intenção compreendida pelo sentido, nem vice-versa.

[14] Igualmente, o Filósofo, no mesmo lugar, e o Comentador se colocam que o indivíduo não é inteligido exceto por uma linha espiral ou reflexa.

[15] Do mesmo modo, no comentário 36: "A quididade do intelecto não é a quididade do indivíduo singular, nem espiritual, nem corporal".

[16] Além do mais, segundo o Filósofo, no livro III da obra *Da alma*: "Todas as coisas que existem em algum modo estão na alma". De fato, as coisas que existem ou são sensíveis, ou inteligí-

veis. Contudo, a ciência é, em algum modo, conhecível, porém o sentido é sensível; mas se o intelecto inteligisse primeiramente os singulares, assim seria tanto sensível quanto inteligível.

[17] Igualmente, o Comentador: "Se as coisas fossem separadas, como colocou Platão, não precisaríamos do intelecto agente. Portanto, se inteligíssemos os singulares, não inteligiríamos pelo intelecto agente".

[18] Do mesmo modo, na ordem da natureza, a cor está antes do que esta cor, mesmo que nas coisas existentes a cor não se possa separar da cor singular; portanto, na ordem da natureza, de modo semelhante desta cor se representa antes a cor do que aquela cor, logo é antes inteligida.

[Contra a opinião de Tomás de Aquino e de Henrique de Gand]

[19] Contra a conclusão principal dessas opiniões é já arguido antes, e principalmente contra o primeiro modo de dizer, com isso se coloca que nada está nas coisas da natureza, exceto o singular.

[20] Além do mais, o raciocínio dele não vale, pois o intelecto não intelige mais abstraindo a espécie inteligível da matéria quanto abstraindo a espécie inteligível da forma externa, porque, desse modo, repugna ao intelecto receber algo assim, que é a forma, como repugna a ele receber algo materialmente.

[21] Além disso, pergunto sobre aquele abstrato, quando o intelecto deve inteligir a terra ou um asno: ou é de algum modo verdadeiramente uma coisa fora da alma, ou apenas um ente na alma. Se é verdadeiramente uma coisa fora da alma, é esta ou aquela; portanto, é de fato singular, e, por consequência, o singular é verdadeiramente inteligido. Se é apenas um ente na alma, ou precede o ato de inteligir, ou não. Se não, então não está antes no intelecto; se sim, e nada precede exceto a espécie inteligível, portanto a espécie inteligível estaria antes no intelecto, o que é negado.

[22] Se é dito que aquele abstrato é algo representado pela espécie inteligível precedente ao ato de inteligir, contra: desse modo, pode-se dizer que pela espécie sensível se teria o universal. Provo, porque, se pela espécie inteligível é representado algum universal, ou isso acontece porque aquela espécie é a representação absolu-

tamente dos mesmos singulares semelhantes entre si, ou porque é algo diferente da parte da coisa, da qual aquela espécie é a primeira representação. Se é dito no primeiro modo, então a mesma espécie sensível é a representação de todos os singulares, e, por consequência, de tal modo, poderia representar o universal como também a espécie inteligível. O segundo não pode se dar, pois, conforme ele [Tomás de Aquino], nada está da parte da coisa, exceto o singular.

[23] Se é dito que a espécie inteligível é absolutamente semelhante à representação de um singular e não de outros, não como espécie inteligível, contra: cada vez que algumas coisas são semelhantes, qualquer um que é assimilado a um deles igualmente é assimilado ao outro. Porém algumas coisas brancas podem ser ou são semelhantes; portanto, a espécie inteligível igualmente é assimilada a um e ao outro, e assim será a representação tanto de um quanto do outro.

[24] Além do mais, porque [Tomás de Aquino] diz que aquilo que é abstraído pela matéria individual é universal, pergunto qual abstração se intelige: ou evidentemente inteligindo [e] não inteligindo outro, ou inteligindo um comum a muitos. Se é no primeiro modo, então é manifestadamente falso, pois essa brancura singularíssima é abstraída da matéria individual, porque essa brancura não é inteligida da matéria intelectual. Da mesma maneira, o sentido abstrai da matéria, pois percebe e abstrai do universal. Se no segundo modo, e o abstrato nesse sentido é universal e por si comum àquela das quais é abstraída, segue-se que nada é inteligido exceto o uno comum a todas as matérias, e assim o universal, por algumas formas ou por algum composto, não é inteligido, ou ao menos não primeiramente, mas apenas por alguma reflexão.

[25] Além disso, porque [Tomás de Aquino] diz que o intelecto conhece absolutamente o singular por alguma reflexão, contra: ou se tem um ato distinto do ato pelo qual intelige o mesmo universal, ou não. Se não, contra: o ato pelo qual intelige o universal precede o ato pelo qual intelige o singular, para ti, portanto, é de outro modo. Se sim, pergunto: pelo que é causado? Ou absolutamente pela imaginação; ou por algo na parte sensitiva; ou pela espécie inteligível; ou pelo ato pelo qual é inteligido o universal.

Se no primeiro modo ou no segundo ou no terceiro e, postas nas causas suficientes, podem colocar os efeitos, portanto, delimitando a intenção universal, pode colocar a cognição do singular, e assim não repugnaria ao intelecto que o conhecimento do singular existisse antes. Se é dito o segundo, e nada causa exceto quando é, desse modo sempre a causa e o efeito em algum instante seriam simultâneos; portanto, simultâneas seriam estas duas intelecções, o que em outro lugar ele nega.

[26] Contra o segundo modo é colocado: primeiro, pois então se segue que também o singular é percebido por linha reflexa, porque primeiramente é protendida alguma linha reta dos sensíveis às espécies sensíveis, como de a em b, e depois o sentido é mudado para o conhecimento do singular, e é refletido como uma linha de b em a, e assim tais reflexões de nada valem, exceto que a mesma coisa seria conhecida duplamente.

[27] Além do mais, isso repugna ao próprio dito, porque, quando diz que do singular na imaginação é abstraído o universal, e, em seguida, ele é mudado no intelecto pelo ato de inteligir e depois é refletido, inteligindo aquele universal, indago: ou quando é abstraído o universal do singular na imaginação é algo mudado pela parte do sentido ou do intelecto, ou nada. Se nada, portanto não é abstraído mais do que no modo anterior, e assim nada está naquela tal linha reta, pois a linha jamais estaria sem a distinção da parte e dos pontos, segundo ele. Ou se existisse alguma mudança: e não da parte do sentido, porque então o universal estaria no sentido e na parte sensitiva; de modo semelhante, pergunto: Para qual forma será tal mudança na parte sensitiva? E é evidente indutivamente que nada se pode dar. Portanto, é alguma mudança da parte do intelecto, e não do ato de inteligir, pois colocas que essa mudança se segue; não por consequência do hábito, portanto de algo prévio a ambos, e aquilo é chamado de espécie. Logo, verdadeiramente tens que colocar a espécie inteligível antes do ato, o que negas.

[28] Além disso, porque dizes que depois que o intelecto mudado está no ato de inteligir pelo universal existente na imaginação, o ato de inteligir terminado naquele universal como no objeto, é

protendido como alguma linha reflexa de c em b. Por isso, se segue que o universal jamais é inteligido, exceto por reflexão, pois jamais é inteligido o universal, exceto quando assim o ato de inteligir é terminado naquilo como no objeto; mas, para ti, quando assim é terminado o ato de inteligir no universal como no objeto, existe alguma linha reflexa; portanto, jamais é inteligido o universal, exceto por uma linha, o que negas.

[Resposta do autor à questão]

[29] Por isso digo outra coisa à questão. Em primeiro lugar, que o singular é inteligível. Em segundo lugar, que o primeiro conhecimento do singular é intuitivo. Em terceiro lugar, que o singular é inteligível primeiramente.

[30] O primeiro é evidente, pois, se o singular não pudesse ser inteligível, ou isso seria em razão de uma perfeição do intelecto, ou em razão de uma imperfeição. Não é em razão de uma imperfeição, pois o sentido é mais imperfeito do que o intelecto e, todavia, apreende o singular. Nem em razão de uma perfeição, pois, se fosse assim, seria: ou porque o intelecto não pode inteligir outra coisa assim imperfeita como é o singular material, ou porque não pode mudar para algo material, ou porque não pode receber nada materialmente. A primeira razão não impede, pois o universal das coisas materiais não é mais perfeito do que o próprio singular e, contudo, é inteligível. Nem a segunda impede, pois ao mesmo [intelecto] se pode pôr seja a mudança ao conhecimento do singular, seja a mudança ao conhecimento do universal. De fato, se é mutável precisamente por causa do intelecto agente para o conhecimento do universal, assim também se pode facilmente pôr em modo preciso que o intelecto agente é imutável no conhecimento do singular.

[31] E como [o intelecto] pode determinar para a espécie inteligível ou para a imaginação na intelecção determinada desse universal e não outro, assim pode determinar para a espécie inteligível ou para a imaginação inteligindo um determinado universal e não outro, como ainda depois da intelecção do universal se determina na intelecção esse singular, e não aquele; quando, todavia, a mesma cognição do mesmo universal igualmente diz respeito a

todos os singulares, assim antes da intelecção do universal poderia determinar à intelecção esse singular, e não outro. Nem o terceiro impede, de uma parte porque não repugna mais a um singular que a um universal recebido imaterialmente; de outra parte, o conhecimento do singular segue depois para o conhecimento do universal recebido imaterialmente, portanto não repugna a si ser recebido no primeiro imaterialmente.

[32] Isso é confirmado deste modo: o universal é recebido imaterialmente, pois a espécie ou o conhecimento pelo qual ela é recebida é imaterial, porque nada está realmente no intelecto, a não ser uma espécie inteligível ou um ato do intelecto ou ainda um hábito, segundo eles e os falantes comuns. Portanto, nada é recebido a não ser que alguma dessas coisas – que é alguma coisa dele [do intelecto] – seja recebida, como se diz que o objeto é recebido no intelecto, pois o ato de inteligir, que está em relação a esse objeto, é recebido no intelecto, e, por consequência, ele não é recebido imaterialmente no intelecto, nem uma daquelas [coisas] é imaterial. Mas essa cognição singular também poderia ser imaterial como a cognição universal. Portanto, por causa disso, não repugna a si [ao singular] ser recebido ou conhecido por primeiro no intelecto.

[33] Isso é confirmado, em segundo lugar, da seguinte maneira: não repugna mais ao singular material receber imaterialmente do que ao universal receber singularmente. Porém o universal recebido singularmente no intelecto, que é sua intenção, e de modo semelhante, a espécie inteligível pelo qual é recebido, é simplesmente singular etc. Além do mais, a alma separada pode compreender o singular; portanto, pela mesma razão, é unida.

[34] A segunda questão é provada do seguinte modo: o conhecimento singular pode ser intuitivo, pois, de modo contrário, nenhuma verdade contingente poderia ser evidentemente conhecida pelo intelecto. Mas o conhecimento intuitivo de uma coisa não é posterior ao conhecimento abstrativo. Portanto, o conhecimento intuitivo de uma coisa singular é simplesmente anterior.

[35] Em terceiro lugar, respondo que o conhecimento singular sensível é simplesmente anterior ao momento presente (*pro statu isto*). Assim que esse mesmo singular que é percebido primeiramente pelo sentido, pela mesma razão é primeiramente inteligido intuitivamente pelo intelecto, a menos que exista algum impedimento, pois, por causa das potências ordinárias é que tudo o que pode – pela mesma razão – na potência inferior pode também na potência superior. É evidente que a mesma coisa sob a mesma razão é percebida pelo sentido particular e é imaginada pelo sentido interior. De modo semelhante, a mesma coisa sob a mesma razão é conhecida pelo intelecto e apetecida pela potência apetitiva. Assim, a mesma coisa sob o mesmo aspecto é conhecida pelo intelecto e desejada pela vontade. Portanto, essa mesma coisa que é primeiramente percebida pelo sentido será inteligida pelo intelecto, e sob o mesmo aspecto.

[36] E se é dito que a virtude superior pode no modo em que pode a virtude inferior, mas de uma maneira mais eminente, pois essa conhece o sentido de forma material e concreta – pois é conhecimento singular direto –, e o intelecto o conhece imaterialmente e no abstrato, pois é o conhecimento universal.

[37] Pelo contrário: quando a coisa conhecida por uma potência superior é simplesmente mais imperfeita do que a coisa conhecida por uma potência inferior, então a potência superior não conhece de um modo mais eminente essa coisa do que é conhecida pela potência inferior. Mas o universal é simplesmente mais imperfeito e posterior ao mesmo singular. Portanto, o intelecto não conhece o objeto em um modo mais eminente do que o sentido.

[38] Além do mais, o sentido não conhece somente a coisa branca que é uma coisa concreta, mas a brancura, pois, segundo o filósofo, no livro II da obra *Da alma*, a cor é por si mesma visível. Portanto, se conhecer algo no abstrato é conhecer o universal, o sentido conhece o universal.

[39] Além disso, conhecer essa brancura que significa um nome abstrato não é conhecer mais o universal do que conhecer esse branco que significa um nome concreto. E é assim, porque é ab-

surdo e é um estúpido modo de dizer que conhecer algo concreto é conhecer o singular, e conhecer algo abstrato é conhecer o universal, pois o concreto e o abstrato são condições e propriedades dos sons vocais ou dos signos, ou podem ser conceitos, dos quais o conhecimento não se refere a muitos sentidos particulares, nem é de maneira muito acidental, nem se refere a todos, e, contudo, todos podem conhecer os singulares. E, por isso, não é inteligível o seguinte modo de falar: "Conhecer algo em modo que signifique um nome concreto e conhecer a mesma coisa em modo que signifique um nome abstrato", exceto que, conhecendo no modo de suceder que signifique ambos os nomes, isso revela exclusivamente o intelecto.

[40] Além do mais, isso é provado, em primeiro lugar, que não repugna ao singular ser inteligido materialmente, pois não é impossível que o conhecimento do mesmo singular seja imaterial. E isso é confirmado desta maneira: como a matéria individual repugna ao intelecto, assim a matéria universal, que é comum às matérias individuais das coisas geradas e corrompidas, repugna ao intelecto. Portanto repugna ao intelecto conhecer materialmente em qualquer desses modos. Em consequência, assim como a razão singular material não pode primeiramente ser conhecida pelo intelecto, o universal material, que é comum ao singular material, não poderá primeiramente ser conhecido pelo intelecto.

[Resposta aos argumentos das opiniões de outros]

[41] Ao primeiro argumento das opiniões de outros, respondo, primeiramente, que aquele argumento é contra toda opinião que prove que o universal se percebe antes do que o singular, pois como os meninos, em primeiro lugar, recorrem a todos os homens pais e depois determinam cada um, assim vemos por experiência que o cordeiro vê a ovelha perseguir todas as ovelhas mães, e depois discerne uma ovelha da outra, e persegue aquela determinada. Portanto, o intelecto do menino, por causa disso, conheceria o universal antes do singular, e, pela mesma razão, o cordeiro conheceria o universal antes do singular.

[42] Além do mais, os meninos – em geral – assim recorrem primeiramente a todos os homens pais e a todas as mulheres mães, depois, porém, determinam cada um deles, e isso antes que tenham o uso da razão, e por consequência antes que tenham conhecimento intelectual. Portanto, somente fazem isso pelo conhecimento sensitivo, desse modo o conhecimento sensitivo primeiro seria o universal. Da mesma maneira, é experienciado por leigos e estúpidos e outros que carecem do uso da razão, pois do mesmo modo procedem em tal cognição como os meninos e, todavia, não conhecem o universal, pois não têm conhecimento intelectivo. Igualmente, isso é evidente em ter o conhecimento intelectual tanto do universal quanto do singular, pois frequentemente alguém conhece o homem em comum e depois, conhecendo este homem – ou por reflexão ou de outro modo, não me ocupo [disso] –, chama muitos homens com o mesmo nome; em seguida, contudo, determina um do outro e, todavia, conhece o singular. Portanto, a causa dessa diversidade não é porque antes intelige o universal e depois o singular, mas será alguma outra.

[43] Por isso, respondo que primeiro se intelige o singular, assim como primeiro se percebe o singular, todavia alguma cognição singular – tanto sensitiva quanto intelectiva, parcial ou totalmente – é suficiente para discernir um e compreender o outro. E de vez em quando não é suficiente para discernir, exceto eventualmente a poucos, e às vezes uma pode discernir poucos e outra, muitos. Por exemplo, o cordeiro imediatamente pelo conhecimento sensitivo discerne a ovelha do lobo e o boi do asno; contudo, não discerne essa ovelha das outras. Do mesmo modo, de vez em quando imediatamente discerne a ovelha branca da negra, e, todavia, não discerne uma ovelha branca de outra ovelha branca, e, por último, discerne a mãe de todas as outras. Tudo isso é claro para nós através do efeito, pois vemos que o cordeiro segue em primeiro lugar toda ovelha, e não um boi nem um asno. Depois segue tal tipo de ovelha ou de tal cor, e só depois segue uma ovelha determinada.

[44] Isso, contudo, não diz respeito nem é mudado pela cognição sensitiva dela, quando a cognição sensitiva é o princípio do movimento progressivo em tais. E a razão disso é que a potência

apreensiva criada não pode discernir uma da outra, exceto por causa de algumas dissimilitudes das apreensões, ou é dissimilitude em qualidades ou na configuração ou na posição, ou entre algumas entre as quais é tal dissimilitude. E porque não conhece imediata e distintivamente todas elas, não pode discernir imediatamente uma da outra.

[45] Do mesmo modo, mesmo que de vez em quando tenha conhecimento distinto de um singular, contudo, de um outro singular a que deve discernir o primeiro singular não tem conhecimento distinto, e por isso poderão existir muitas similitudes de várias maneiras entre elas, porque o conhecimento distinto de um, ainda quando do conhecimento confuso do outro, não é suficiente para o discernimento de um singular do outro e, todavia, sempre o singular é conhecido. Como, porém, o conhecimento descritivo se difere do conhecimento apreensivo, ou mesmo simplesmente, se diz o mesmo em outra parte.

[46] Se alguém diz que isso vai contra o procedimento do Filósofo no livro I da Física, que diz por que para nós [certas proposições] são evidentes e certas mais confusas.

[47] Em segundo lugar, diz por que, a partir dos universais, ocorre chegar ao singular.

[48] Igualmente, assim é, como foi visto, a razão disso. Foi visto de fato argumentar desta forma: como o todo se tem pelo sentido, então o universal é, por assim dizer, aquele todo que se tem pelo intelecto, mas o todo é noção segundo o sentido; portanto, o universal é segundo o intelecto.

[49] Do mesmo modo, o Comentador, no comentário 4, diz que "nos é oportuno proceder das coisas universais às particulares". Do mesmo modo, contemporaneamente: "É necessário que o universal inteligível seja universalmente uma noção particular, pois está abaixo dele".

[50] Sobre isso, respondo que é equivocado em relação ao coletivo e do mesmo modo é equivocado em relação ao conhecimento mais universal. Pelo qual digo que o comum é duplo. Alguém é comum por predicação essencial, pois conhecido de muitos no qual é predicado – e por si no primeiro modo – como o outro, e

desse modo o animal é comum ao homem e o corpo, ao animal. Outra coisa é comum não por predicação em algo e por si no primeiro modo, mas por predicação denominativa e por si no segundo modo, e, nesse modo, o movimento de lugar é algo como a cor ou algo colorido, pois em muitos se encontra o movimento de lugar como a cor, porque cada coisa colorida pode ser movida localmente, e cada móvel localmente é colorido.

[51] Assim também pode-se dizer que luminoso é comum como o colorido, pois se encontra em várias coisas. Do mesmo modo, isso é equivocado sobre o conhecimento mais universal, pois uma coisa é o conhecimento complexo e outra coisa é o incomplexo. Portanto, algum incomplexo é percebido antes e outro pode ser inteligido duplamente: ou porque esse pode ser conhecido sem a potência próxima ao conhecimento do outro, ou porque é necessário que seja conhecido antes do conhecimento do outro. Dessa maneira, pois, se segue: "Um outro é conhecido, portanto esse é conhecido", e não vice-versa.

[52] Por isso, respondendo aos argumentos, digo que a intenção do Filósofo e dos Comentadores, contemporaneamente, é de colocar ordem nos livros da Física a outros livros naturais, pois sabem que aquela complexidade das quais se trata no livro da Física são os universais, quer no primeiro modo quer no segundo modo, e tais universais são antes percebidos como conhecimento complexo e são algo próprio, e assim falando do primeiro modo mais distinto, e por isso – quando em vários – e pela comunidade dos homens são facilmente conhecidos. É por isso que, ao transmitir o conhecimento de algum procedimento, é aquela ordem que a comunidade dos ouvintes mais facilmente e melhor pode aprender.

[53] Desse modo, começando na ciência natural, é a ordem da doutrina dos universais tanto o primeiro modo quanto o segundo, porquanto finalmente algumas pessoas, por fim muitas, em algum modo, são mais fáceis [de conhecer] e mais distintas quanto mais universais são. Por exemplo, qualquer um que pode aprender algo sensível pode ter algum conhecimento do movimento, pois a cognição de qualquer coisa sensível é suficiente para o conhecimento do movimento.

[54] Da mesma forma, a cognição da brancura e da negritude é suficiente para o conhecimento da cor, e igualmente das outras duas espécies intermédias é suficiente para o conhecimento da cor, e universalmente quaisquer duas espécies são suficientes para o conhecimento da cor. E, assim, qualquer um que apreenda algum dos dois tipos de cor está em potência próxima de ter o conhecimento da cor, e, contudo, muitos homens podem ter o conhecimento da cor, sem a potência próxima ao conhecimento desses tipos determinados ou de outros. Como é evidente em outros, pois todos os homens têm o conhecimento dos animais e das propriedades comuns dos animais e, contudo, de muitos animais não têm potência próxima, mesmo os conhecendo. Como os homens permanecendo em uma determinada região não podem ter nenhum conhecimento científico de animais que precisamente se encontram em outra região, assim a comunidade de homens pode ter conhecimento das propriedades animais dos animais e, contudo, com nenhuma ou com máxima dificuldade, podem ter conhecimento próprio de muitos animais de espécies.

[55] E, todavia, um homem ou vários, de tal modo, facilmente podem saber as propriedades de alguma espécie animal, os quais os indivíduos e os atos deles todo o dia veem, bem como podem ter conhecimento do animal e de suas propriedades comuns. É evidente, de fato, que o homem, desse modo, pode ter o conhecimento de alguns animais, quanto de muitas propriedades suas como de muitos animais comuns, e por isso essa ciência é dos universais, ou por um modo ou pelo outro, quanto a muitos é mais facilmente comum que a ciência especial.

[56] E, contudo, de ambas as partes o conhecimento inicia no conhecimento do singular, mas o conhecimento do universal em diversos homens inicia com o conhecimento de diversos singulares de diversas espécies, como eles aprendem na Grécia, que começa com o conhecimento do singular que ali se encontra, e talvez muitos deles não se encontrem na Itália, e vice-versa, é do estudante na Itália, ou na França ou na Inglaterra, e assim de outras regiões. Mas o conhecimento do homem ou do asno acontece quando ini-

cia o conhecimento do singular da espécie humana ou do asno, e muitos podem chegar ao conhecimento das propriedades especiais dos leões ou dos ursos, e assim de outros.

[57] Por isso, na ordem da doutrina, para a comunidade dos homens, se inicia antes o conhecimento do animal e de suas propriedades do que o conhecimento do leão ou do urso, e assim de outros. E, contudo, em qualquer homem o conhecimento de qualquer universal pressupõe o conhecimento de algum singular ou de alguns singulares, mas em diversos homens, às vezes, não precedem do conhecimento dos mesmos singulares, mas de diferentes, porquanto o universal seja o princípio do saber do homem. E essa é a intenção do Comentador no comentário 1 do livro da Física, em que ele diz assim: "O indivíduo composto se bem que não seja o princípio na doutrina demonstrativa, contudo, é o princípio de aquisição universal, porque é um princípio de doutrina demonstrativa", pois um complexo de singulares não é um princípio de demonstração, e, todavia, sem ele não se pode ter demonstração, e assim sempre pressupõe o conhecimento do singular, mesmo sendo conhecimento de diversas coisas em diferentes.

[58] Respondo, portanto, à primeira autoridade que segundo é evidente pelo Comentador, por união (*per confusa*) se intelige o composto e por isso quer seja um composto próprio por partes essenciais realmente distintas e que fazem um, quer seja um composto naquele modo pelo qual se define um composto por partes das definições, quer seja naquele modo pelo qual o universal é composto por seus conteúdos. Os três modos são colocados pelo Comentador, no comentário 5, apesar de que o primeiro modo de composição é particularmente uma composição, e os dois outros são modos de composição, metaforicamente falando.

[59] E de tais indefinições digo que são noções e certamente maiores, falando no primeiro modo de notoriedade, seja de conhecimento complexo, seja de incomplexo. Contudo, não é oportuno que sejam noções no segundo modo, pois é possível que a primeira apreensão, mesmo sensitiva, seja distinta e em relação a partes diferentes, e não tanto em relação ao todo indefinido.

[60] À segunda autoridade respondo de modo semelhante, pois ocorre pelos universais chegar aos singulares, porque os universais se conhecem facilmente, pelo modo exposto. E a tal ponto duplamente, pois facilmente se conhecem as mesmas propriedades universais dos universais em relação às mesmas propriedades universais de conteúdos daqueles universais. Do mesmo modo, facilmente se conhecem as propriedades universais dos universais em relação às propriedades próprias de conteúdos, e aqui expostas. E frequentemente o conhecimento das propriedades universais dos universais é útil ao conhecimento das propriedades de conteúdos daqueles universais.

[61] À terceira autoridade respondo que, como o todo segundo o sentido é noção (*notius*), pois ao menos é suficiente para o conhecimento do todo, de modo que o todo é discernido por outro todo, igual ao discernir uma parte de outra, como às vezes é suficiente a menor proximidade, do mesmo modo de quaisquer outros. Assim é dos universais, os quais muitos que são suficientemente divididos para o conhecimento dos universais não são suficientes, quer com nada, quer com algo, ao conhecimento menos universal.

[62] Pelo exposto, respondo a todas as autoridades dos Comentadores, pois se intelige que o universal por semelhança (*a communitate*) é conhecido facilmente.

[63] Ao segundo, concedo que o universal é uma noção de acordo com a razão, pois só a razão pode apreender o universal e em nenhum modo o sentido, mas o singular é a noção segundo o sentido, pois o singular é conhecido antes pelo sentido do que pelo intelecto. E por isso é inteligido dos singulares sensíveis, pois diversamente do singular é precisamente o inteligível, do qual é exposto na segunda questão do Prólogo.

[64] Pelo mesma [razão] ao outro [argumento], admito que o universal é compreensível pelo intelecto e o singular, pelo sentido, e com isso está que não apenas o universal é compreensível pelo intelecto, mas sobretudo o singular. Por causa disso, advertindo que o Filósofo e o Comentador frequentemente dizem que o sentido é particular e o intelecto, universal, e indicam a diferença que

existe entre o sentido e o intelecto. Ora, é assim pois, desse modo, se consegue demonstrar que o intelecto difere do sentido, se o sentido é precisamente o que apreende o singular e o intelecto é o que apreende o singular e o universal, como se o sentido fosse precisamente o que apreende o singular, e o intelecto, o universal. E, por isso, à questão deles é suficiente [afirmar] que o intelecto é o que apreende o universal, e não o sentido.

[65] Ao outro, respondo que a cognição universal deve preceder a própria, pelo motivo que já foi dito.

[66] Ao outro, respondo que o Comentador intelige de última perfeição o intelecto que é conhecimento complexo, e é verdade, pois ele não se dá imediatamente pelo motor extrínseco, mas sim imediatamente pelo motor intrínseco, que para causar aquele conhecimento concorre precisa e imediatamente o conhecimento incomplexo dos termos, quer a formação das proposições, quer o hábito do inteligível adquirido pelos atos precedentes, pois todas elas são intrínsecas; ou também pode concorrer o conhecimento de algum complexo, o que será igualmente dentro do intelecto. Pelo qual o Comentador diz também: "A causa de existir essas disposições em nós na ciência sensível é a mesma causa de existir só nas próprias sensibilidades. E do mesmo modo é inteligido que a disposição existente em nós na ciência universal está em nós, pois é em virtude da razão". Pela parte da autoridade, é evidente que intelige da ciência, pois é conhecimento complexo; ou, se intelige tanto da perfeição complexa quanto da incomplexa, é evidente que não intelige universalmente de cada conhecimento incomplexo, mas apenas dele o quanto pode ter na ausência dos inteligíveis, cada vez que, evidentemente, é consentida à vontade. Sobre o qual diz nessa questão: "Os movimentos das virtudes racionais estão dentro da alma e estão para nós sempre em ato. O homem pode neles inteligir quando desejar". E assim é evidente que [o homem] não intelige pelo conhecimento intuitivo do singular, pois não pode tê-lo quando desejar, mas requer a existência da coisa a qual deve conhecer.

[67] E se disseres que o homem intelige apenas que as intenções universais podem mover o intelecto, e por consequência só essas

por primeiro se inteligem, pois assim se diz: "O intelecto se move até a última perfeição às coisas universais, e essas estão na alma", respondo que, para os universais, inteligi o hábito dos universais, que movem até a última perfeição, evidentemente para o conhecimento científico que é somente universal; ou para os universais inteligem os conhecimentos incomplexos dos universais, os quais conhecimentos incomplexos movem o intelecto para a ciência das proposições universais. Essa intenção não é enganosa, mas é suficientemente provada pelo Filósofo e seus Comentadores em diversos lugares, pois é suficientemente visto pelas intenções deles que nenhum real está na alma, exceto o hábito, o ato ou a paixão. Ou seja, segundo alguns, colocadas as espécies, não se pode dizer que estas são mais universais do que os atos ou os hábitos.

[68] Portanto, como diz o Comentador, se o universal está na alma e move, e não move nada exceto o ente real, é necessário que aquele universal que aqui se nomina seja um ato ou um hábito ou uma paixão ou uma espécie, se colocadas as espécies, e justamente bem se pode dizer que o hábito é universal como as espécies. E assim inteligi o Comentador, no comentário 59, no qual diz que "o móvel ciente da primeira perfeição na segunda é algo ligado com a alma nas ligações da existência".

[69] É evidente que aquilo que move a alma ao ato segundo é algo real existente na alma, e como é evidente no mesmo comentário, também inteligi pelo ato segundo, que é conhecimento científico, para o qual move o mesmo hábito e, contudo, depois ele diz que aqueles que movem são universais. Portanto, não é inconveniente dizer isso para os universais aos quais inteligi o hábito intelectual, e assim também para os universais podem inteligir alguns atos, os quais podem ser chamados de universais, pois dizem respeito a objetos universais.

[70] Ao outro, digo que o Comentador, por "formas individuais e próprias", inteligi as formas das mesmas razões com as formas existentes nos mesmos sensíveis; e a mesma matéria que recebe tais formas não é distinguida nem conhecida, e não pode receber as formas universais, nem subjetiva nem propriamente, e também nem imprópria nem objetivamente. Se é dito, segundo o Comentador,

no comentário 6, que a virtude racional distingue as intenções universais não individuais, digo que isso precisamente é inteligido, pois não distingue intenções individuais absolutamente, mas distingue sejam universais que individuais.

[71] Ao outro, digo que a intenção do Comentador, igualmente, não é expor como o intelecto intelige o singular e o universal em modos diversos, mas como o intelecto, em diferentes modos, intelige o indivíduo e a forma da substância individual. Sobre o qual diz igualmente: "Esse indivíduo é algo, e a intenção pela qual esse indivíduo é, é um ente, evidente que a quididade e a forma dele são outra [coisa]". E se segue que "isso acontece em todos os compostos por matéria e forma, 'mas não em todos', à exceção de coisas abstratas e coisas universalmente simples e não compostas". Todavia assim é, porque nas coisas simples se encontram o singular e o universal – seja o mais comum, seja o menos comum –, como é evidente na matemática, da qual intelige o Comentador, também em outros acidentes e substâncias simples. Portanto, é evidente que a sua intenção é evidenciar como em diferentes modos o intelecto intelige o indivíduo composto por matéria e forma, e a própria forma, a qual é parte sua. Essa é singular como o próprio indivíduo.

[72] Por isso, digo que a intenção do Filósofo e do Comentador é falar sobre dois objetos apreensíveis pela mesma potência, os quais um regularmente pode apreender em modo imperfeito por aquela potência, e o outro não pode, mesmo o objeto suficientemente aproximado, o quanto é de sua parte. Nem algum outro concorre, exceto aqueles que são suficientes para a primeira apreensão de outro objeto, ou para a apreensão do outro, pois não é parte sua nem vice-versa.

[73] Exemplo do primeiro [caso] é que o sentido comum pode estar em diferentes objetos de diferentes sentidos particulares, e, contudo, às vezes pode estar em um objeto de um sentido, porém não em outro, por causa de um defeito do outro sentido. E por isso é evidente que o sentido comum necessariamente se transporte naquele objeto pelas diferentes potências, e assim diz: diversas potências, ou que é transportado nele por diversas disposições.

[74] E em tal ponto se pode inteligir de dois modos: quer aquela disposição diversa seja um ato de conhecimento diferente, de modo que tenha diversos atos de conhecimento deles em relação a diversas coisas causadas; quer aquela diversa disposição seja alguma outra coisa diante do objeto conhecido e da potência que conhece. Por exemplo, o sentido comum, mesmo conhecendo um objeto, não é suficiente para conhecer um outro objeto, quão grande o outro objeto seja em si suficiente e aproximado cada aproximação requerida da parte do objeto, mas além disso se requer o ato de conhecimento do sentido particular, que não é objeto nem potência conhecedora que possa conhecer a diferença (*alietatem*) desses objetos.

[75] E, então, quando o Comentador diz que conhece uma outra virtude e por uma disposição diversa, porém não diz a circunstância de alguma informação daquela potência ou de alguma existência nela, assim preferivelmente expressa a circunstância da causa extrínseca. E, desse modo, o Comentador diz que a disposição é diversa pela qual inteligem, "do mesmo modo que o sentido comum compreende a diversidade entre os sensíveis por uma disposição diversa, é evidente também pelos sentidos particulares", isto é, pelo ato de conhecer dos mesmos sentidos particulares, que são verdadeiras causas eficientes do mesmo ato do sentido comum, por esta proposição: cada absoluto destinado a ser alguma outra coisa tem a razão da causa em relação a ela em um outro gênero da causa, ou é causa da causa. E sobre essa diversa disposição inteligem o Comentador e o Filósofo, e não da primeira, exceto quando pressupõe a segunda.

[76] O exemplo do segundo [caso] é dos universais e dos singulares sensíveis, porque, como frequentemente é dito, nem o universal é por essência singular, nem vice-versa, e, contudo, o universal não pode inteligir exceto os pressupostos da cognição singular sensitiva; portanto, inteligem o universal e o singular e a diferença entre eles por outra virtude ou por uma disposição diferente, e aquela disposição diversa é o sentido e o ato de conhecimento do sentido, pelo qual inteligem o singular sensível, e por si mesmo inteligem

o universal. E do mesmo modo é do indivíduo e da forma que é parte substancial dela, pois a forma substancial em nenhum modo pode conhecer exceto os pressupostos do conhecimento singular, porque, todavia, o indivíduo não é parte da forma.

[77] Por esse motivo, é necessário que o intelecto compreenda isso, quer por virtudes diferentes, quer por uma disposição diferente, e esta será o ato de sentido pelo qual, assim como por uma causa relacionada a ela e também para o objeto, o intelecto inteligo o próprio indivíduo, e, em seguida, por si próprio, nenhum outro ato de conhecimento em relação à mesma forma concorrente conhece a própria forma. E isso o Comentador diz expressamente, como é indicado: "Como foi declarado que os entes sensíveis são divididos em dois modos, a saber neste singular e na sua forma, é necessário que a virtude experiencial e compreensiva a compreenda, ou por duas virtudes, ou por uma, mas em duas disposições diversas. Contudo, com duas virtudes será quando compreenderá ambos por si, a saber, a forma singularmente e o indivíduo singularmente; por uma virtude ou disposição diversa verdadeiramente será quando compreenderá a diversidade que há entre essas duas intenções". E se segue: "Compreende de fato", supre o intelecto, "a forma por si, e compreende o indivíduo mediante o sentido". Portanto, por aquela disposição diversa inteligo o mesmo ato do sentido pelo qual, como pela causa eficiente, inteligo o mesmo indivíduo, e isso é a intelecção da primeira apreensão do próprio indivíduo sensível.

[78] Se é dito que essa autoridade está da parte contrária, em primeiro lugar, porque "o sensível é dividido em dois modos, evidentemente no singular e na sua forma"; contudo, nada é dividido em si próprio, portanto, pelo singular e pela sua forma, não inteligo o inteiro indivíduo e sua parte, mas inteligo o universal e o singular.

[79] Além do mais, diz que "quando compreende ambos desses por si, então compreende as duas virtudes deles", porém é certo que compreende a forma pelo intelecto. Portanto, quando compreende o singular por si mesmo, compreende este precisamente pelo sentido, e por consequência não compreende o singular antes do universal ou antes da forma. Mas isso é visto como o processo que, em primeiro lugar, a alma compreende o singular pelo senti-

do e, em seguida, o universal pelo intelecto, e, depois, compreende pelo intelecto a diferença entre o singular e a sua forma ou o universal. Sobre o que diz o Comentador: "É necessário que a alma compreenda essas duas intenções por uma virtude diversa e que a diferença delas seja compreendida por uma única virtude".

[80] Ao primeiro desses [argumentos], digo que esses sensíveis não são propriamente divididos em tal existência dúplice, mas se intelige que os entes sensíveis são alguns singulares. E não são apenas singulares, mas também têm a forma substancial e os acidentes sensíveis por si, pelos quais intelige a mesma matéria; ou melhor, pela matéria e pelo indivíduo, entendem o Comentador e também o Filósofo, os mesmos acidentes sensíveis. E então é inteligido que os entes sensíveis, os quais são na verdade indivíduos e singulares no gênero da substância, têm os acidentes por si sensíveis por causa dos mesmos sujeitos que se dizem perceber, ao menos por acidente, e têm as formas substanciais, e aquelas formas substanciais não podem conhecer exceto os pressupostos do conhecimento sensível, enquanto é sensível, e, contudo, nenhum dos dois é parte do outro, nem é essencial ao outro. E, portanto, é necessário que a alma compreenda essas duas intenções ou por duas virtudes ou por uma disposição diversa, pelo modo exposto. E que essa seja a intenção deles se vê suficientemente evidente, pois, exceto falando dos sensíveis por si, nada vale a propósito deles falar do sentido. Do mesmo modo, a mesma matéria substancial não é mais sensível do que a forma substancial; portanto, não é conhecida pelo sentido, nem diz respeito ao conhecimento da forma, mas preferivelmente vice-versa. Da mesma maneira, sobre isso fala o Filósofo, o qual diz que: "O sensível julga o calor e o frio", a saber a alma, "das quais razão, de fato, é a carne"; portanto, intelige por si os sensíveis.

[81] Se é dito que o Filósofo estabelece que aquela forma que o intelecto julga atualmente está nisso (*hoc in hoc*), portanto, por aqueles dois objetos, dos quais outra coisa deve apreender pelo intelecto, intelige a forma e aquilo no qual está a forma, mas a forma não está nos acidentes, e sim na matéria substancial. Respondo que é dito da forma substancial que verdadeiramente está na

matéria substancial, mas diante daquela matéria estão os acidentes por si sensíveis ao sentido dos quais a cognição é pressuposta à cognição das mesmas formas substanciais, e entre elas antes de tudo o intelecto julga a diferença. E se é dito que todos os acidentes sensíveis estão na matéria como no sujeito primeiro, então, por causa disso, pela matéria intelige os mesmos acidentes da mesma matéria, os quais são sensíveis por si.

[82] Ao segundo [argumento], digo que o Comentador entende sobre os primeiros cognoscíveis deles o sensível e suas formas, pois, quando a alma em primeiro lugar compreende o sensível singular, compreende aquilo pelo sentido, e depois compreende a forma pelo intelecto. Mas quando compreende a diferença, então necessariamente julga por uma virtude, pois somente uma virtude é julgadora daquela diferença, a saber, o intelecto, e não o sentido. E, portanto, não é tal o processo, pois primeiro o singular é percebido e, depois, é inteligida a forma, e, em terceiro lugar, é julgada a diferença entre elas, já que cada virtude conhecedora da diferença entre elas pressupõe, desse modo, o conhecimento tanto de um quanto do outro, e assim é conhecedora tanto de um quanto do outro. Portanto, se o intelecto não pôde julgar a diferença entre o singular sensível e a forma, exceto o pressuposto do conhecimento da forma, é oportuno que do mesmo modo pressuponha o conhecimento do mesmo singular.

[83] Igualmente, é pela razão que o intelecto pode julgar a diferença entre o singular e o universal ou a forma – pois tem o conhecimento da forma –, pela mesma razão o sentido pode julgar aquela diferença, pois tem o conhecimento do outro extremo, o que é manifestadamente falso. É, portanto, este o processo: o sentido, assim, em primeiro lugar, percebe o singular sensível; em segundo lugar, o intelecto intelige aquele mesmo singular sensível; em terceiro lugar, o intelecto intelige a forma ou o universal; e, por fim, julga a diferença entre elas, pois os conhece antes. O sentido, contudo, não julga aquela diferença, pois não os conhece antes, mas apenas a diferença.

[84] Ao outro [argumento] principal, respondo que a proporção está quanto à outra, pois, como o sentido não é o intelecto, nem vice-versa, assim a intenção do universal não é a intenção do particular, nem vice-versa; em muitas outras coisas é dissemelhante.

[85] Quanto ao outro [argumento], digo que melhor é a intenção do Filósofo e do Comentador, pois o universal seria inteligido e, do mesmo modo, a forma, em linha espiral ou reflexa, como o singular. Sobre o Filósofo, é evidente, pois diz assim: "O sensitivo de fato julga o calor e o frio", supre a alma, "dos quais a razão em certo modo é a carne". Isso se intelige da cognição do sensível fora da alma, em cuja matéria está a forma. Sobre o conhecimento dessa forma ou universal: "Outro, contudo, ou de fato o abstrato, ou como o circunflexo, tem a si mesmo quando será extenso, ele discerne a existência da carne". Portanto, quer, pois, quando julga ou discerne a existência da carne, em tal ponto o faz quase em linha circunflexa.

[86] Do mesmo modo, sobre o Comentador isso é evidente, o qual diz: "É necessário que a forma seja experienciada por outra virtude", supre pelo sentido, "e isso será por essa virtude ou disposição semelhante da linha reta, evidentemente quando inteligirá a forma primeira existente naquela coisa singular. Ou segundo alguma disposição semelhante de linha espiral, evidentemente quando será reversa, procurando também inteligir a quididade daquela forma, em seguida, a quididade daquela quididade", "e isso será quando encontrar a quididade na quididade, e não cessará qualquer coisa que chegue à simples quididade naquela coisa".

[87] Portanto, é claramente manifestado que o intelecto quer inteligir em tal linha espiral quando intelige aquele objeto que não é objeto do sentido. Sobre o qual imediatamente diante disso a autoridade diz: "É declarado que a compreensão da virtude imaginativa e sensível é a mesma. Em seguida diz", supre Aristóteles, "e é experienciado por outro" etc. E, por isso, é evidente que nos escritos seguintes se fale do objeto do intelecto, que não é o objeto do sentido, e nele atribuem inteligir algumas vezes em linha espiral.

[88] Logo, essa é a intenção deles, pois o intelecto primeiro intelige o singular, a saber aquele mesmo que primeiro é percebido pelo

sentido, como diz o Comentador no comentário 39, que "a intenção no intelecto está com a coisa como o sentido compreende com a sensação". E assim é inteligido o dito comum do Comentador e do Filósofo, pois, "como os sensíveis estão para o sentido, assim a imaginação está para o intelecto", chama imaginação, como se evidenciará no segundo, os mesmos singulares sensíveis imaginados, e como os sensíveis são primeiramente apreendidos pelos sentidos assim as mesmas imaginações, isto é, os mesmos sensíveis imaginados são primeiramente apreendidos pelo intelecto. Porém, tendo essa apreensão da coisa singular, o intelecto, como em linha reta, abstrai e intelige um conceito comum quididativo, não que seja da quididade da coisa, mas que indique a quididade, e isso é como em linha reta, pois não é algo dúplice no intelecto.

[89] Em seguida, investigando, indaga se aquele singular sensível, ou naquilo que está aquele singular como o acidente no objeto, tem alguma forma substancial, e conclui que sim, como em linha reflexa, pois então aquele mesmo que primeiramente foi conhecido é conhecido no segundo modo nesse conhecimento complexo, e assim como que o intelecto retornaria àquele mesmo que por primeiro inteligiu. Depois, ainda, o intelecto indaga se aquela forma é simples ou composta, e, se for composta, ainda indaga sobre sua forma, e assim cada coisa que chegue à forma simples e à quididade simples, pois o Comentador, nesse comentário e no comentário precedente, por quididade, intelige a forma substancial ou essencial, que é parte da coisa, e isso também intelige no livro VII da Metafísica, em diversos comentários.

[90] Por exemplo, o intelecto intelige em primeiro lugar esta brancura primeiramente percebida, e de modo semelhante este calor, e assim de outros acidentes do homem. Depois abstrai muitos conceitos, como o conceito de ente, o conceito de qualidade, e tem muitos conceitos conotativos, como: depender e estar em outro, subsistir em outro, e assim de muitos outros. E começa a indagar se o homem é composto por matéria e forma, e conclui que sim, pois está no homem alguma forma ou quididade que forma a matéria e, desse modo, intelige aquilo como anteriormente.

[91] Em seguida, indaga se aquela forma que compõe a matéria é simples e única, ou tem uma quididade, isto é, uma forma, e se pode encontrar que naquela forma ou na quididade está a quididade e a forma; por exemplo, se a matéria-prima ainda no resíduo é uma alma que informa a corporeidade, se são duas formas tais, ainda indaga se aquela alma mantém duas, das quais uma esteja na outra; por exemplo, se ainda está a alma intelectiva na sensitiva ou em alguma outra. E indaga procedendo assim continuamente de cada coisa que chegue à quididade e à forma simples que absolutamente está na matéria, estendendo o nome da matéria à forma substancial sustentante da outra forma substancial, e não é receptiva de alguma outra forma, nem é composta por várias.

[92] E isso é o que diz o Comentador, pois, "primeiramente, intelige a quididade da carne", isso é inteligido depois da primeira apreensão que também está em relação, da qual relação é o sentido, "e intelige a quididade da carne" não em si, mas no conceito comum do próprio composto ou conotativo. "Em seguida, procura inteligir a quididade daquelas quididades, e isso estará ainda que encontre a quididade na quididade e não cessará por aquilo que encontra pela forma simples." E assim digo que por quididade intelige a forma que verdadeiramente é parte da coisa que é inteligida não em si, nesse estado (*pro statu isto*), mas em algo concreto.

[93] Quanto ao outro [argumento], afirmo que a alma pode dizer "a totalidade" em algum modo pelo intelecto, mas não absolutamente, pois é em algum modo "sensível", não somente pelo intelecto, mas também pelo sentido. Do mesmo modo, digo que frequentemente o Filósofo toma o intelecto no lugar de ciência, a qual é absolutamente universal, e, também frequentemente, expressa a mesma coisa do nome ciência.

[94] Quanto ao outro [argumento], digo que duplamente da causa se põe o intelecto agente; é posto de fato, quer seja causa efetiva da intelecção de qualquer coisa, pois, como recordo, o intelecto agente em nenhum modo é distinguido pelo intelecto possível, mas o mesmo intelecto tem diversas denominações. É posto também o intelecto agente não apenas se causa a intelecção, mas também se

causa impropriamente em algum modo os universais com o mesmo abstrato, naquele modo que podem causar; porém, isso não está na realidade, exceto causando a intelecção de tais abstratos, segundo uma opinião. Digo [desse] modo e respondo que, se as quididades fossem separadas, como retém Platão, não teríamos a necessidade do intelecto agente por causa dessa segunda causa; teríamos a necessidade por causa da primeira causa.

[95] Ao último [argumento], digo que a cor não é anterior na ordem da natureza do que esta cor, de modo que a cor supõe aquele comum, pois aquilo não está nas coisas da natureza.

[Resposta ao argumento principal]

[96] Sobre o argumento principal, é evidente que o intelecto é universal, mas não absolutamente.

Questão 7: Se o singular pode ser conhecido distintamente antes da cognição do ente ou de qualquer universal

[1] Em segundo lugar, pergunto se o singular pode ser conhecido distintamente antes da cognição do ente ou de qualquer universal.

[2] Parece que não, pois nada definível pode ser conhecido distintamente sem a razão definitiva dela; portanto, pela mesma razão, nem algum conteúdo (*contentum*).

[3] Ao contrário, nem o ente, nem algum universal é por essência singular; portanto, não é requerido para o conhecimento distinto dele.

[Resposta do autor]

[4] Respondo à questão, como anteriormente, que o conhecimento distinto do singular não requer necessariamente o conhecimento distinto de qualquer universal, por causa das razões antes expostas.

[Instâncias contra a resposta do autor]

[5] Contra isso se pode arguir: primeiro que, se sim, isso não estaria desse modo, a não ser que qualquer um pudesse ser distintamente conhecido sem aquilo que não é a própria essência; mas cada tal distintamente conhecido é compreendido, se nada da coisa oculta o que é requerido para o conhecimento distinto de cada um; portanto, Deus poderia ser compreendido pelo intelecto criado.

[6] Além do mais, é impossível inteligir o homem não inteligindo o animal; portanto, pela mesma razão, não inteligindo o ente. Logo, a coisa não pode ser conhecida distintamente, a não ser pela cognição do universal substancial.

[Resposta do autor às instâncias]

[7] Ao primeiro desses [argumentos], digo que "compreensão" é tomada em vários modos: um modo segundo cada cognição, e assim é o mesmo que apreensão, e, dessa forma, interpreta o Comentador no livro III da obra *Da alma*, em diversos locais. Em outro modo, é interpretado segundo a apreensão de qualquer essencial da mesma coisa conhecida, e assim é como o conhecimento distinto da coisa, quando nada oculta, mas cada coisa é evidentemente intrínseca à coisa.

[8] No terceiro modo, é interpretado como um claríssimo conhecimento ou perfeitíssimo que pode ser da mesma coisa. No quarto modo, é interpretado como conhecimento da coisa sob todos os predicados da coisa. No quinto modo, é interpretado como conhecimento distinto da coisa, e tanta perfeição no ato é conhecida quanto está no mesmo objeto conhecido. No primeiro e no segundo modos, Deus e a criatura são compreendidos pelo intelecto; no terceiro e no quarto modos, nem Deus nem a criatura podem ser compreendidos pelo intelecto criado, ainda que o intelecto possa inteligir a infinitude e a totalidade; então, de fato, poderia tanto Deus quanto a criatura serem compreendidos no quarto modo pela criatura; mas nem Deus nem a criatura podem ser compreendidos pela criatura no terceiro modo. No quinto modo, a criatura pode ser compreendida pela criatura, mas não Deus.

[9] Ao segundo [argumento], respondo que isto pode ser distinguido: "impossível é inteligir o homem não inteligindo o animal", se ambos os termos estão para a coisa e pessoalmente assim é verdadeira; de fato, desse modo, isto é verdadeiro: "impossível para o olho do corpo ver a brancura não vendo o ente", pois esta consequência é formal: "vê-se a brancura, portanto se vê o ente", se o ente, por consequência, estiver pessoalmente. Porém, tomando ambos os termos simplesmente ou de outro modo, não é verda-

deiro que se pode inteligir o homem não inteligindo o animal, como se vê a cor e, contudo, este [termo] comum "ente" não se vê, e, todavia, necessariamente, caso se veja a cor, algum ente é visto.

[Reposta ao argumento principal]

[10] Ao argumento principal, digo que a coisa pode distintamente ser conhecida sem a razão definitiva dela, como é evidente anteriormente.

Scriptum in Librum Primum Sententiarum, d. XXIII, q. única (Opera Theologica, IV, p. 58-75)

Questão única: Se o nome "pessoa" é um nome de primeira ou de segunda intenção

[1] Sobre a vigésima terceira distinção, pergunto se o nome "pessoa" é um nome de primeira ou de segunda intenção.

[2] Que é um nome de segunda intenção se vê, porque a sua definição se adapta à intenção segunda, pois o indivíduo se adapta à sua definição, e o indivíduo é um nome de segunda intenção etc.

[3] Além disso, se não fosse um nome de segunda intenção, como se diz de muitos, necessariamente seria um termo universal. Em consequência, seria falso.

[4] Além do mais, se fosse um nome de primeira intenção, então seria um sinônimo com a natureza intelectual completa e, por consequência, um não se definiria pelo que resta. Em consequência, seria falso.

[5] Ao contrário: aquilo pelo qual se responde à questão feita pelo que (*per quid*) da coisa não é um nome de segunda intenção. Mas o nome "pessoa" está de tal modo, segundo o beato Agostinho, que, caso se interrogue sobre as pessoas divinas "que são três", responde-se que são três pessoas. Por esse motivo, pessoa é um nome de primeira intenção.

[Opinião de Henrique de Gand]

[6] À questão se responde que pessoa é um nome de segunda intenção, pois diz respeito principalmente à segunda intenção: "Pois

como o indivíduo em cada substância, assim o suposto está na natureza substancial e a pessoa na natureza intelectual; mas o indivíduo e o suposto expressam apenas coisas de segunda intenção; portanto, pessoa apenas exprime coisas de segunda intenção".

[Contra a opinião de Henrique de Gand]

[7] Contra essa opinião, argumento: cada vez que algum nome não significa algo por um modo possível e o seu significado compete à coisa não por uma operação do intelecto, aquilo é um nome de primeira intenção. Porém tal é este nome "pessoa", e delimitada cada operação do intelecto, o Pai é uma pessoa, pois não é uma pessoa por uma operação do intelecto. Portanto, pessoa é um nome de primeira intenção.

[8] Se é dito que, segundo esse raciocínio, a espécie seria um nome de primeira intenção, pois delimitada cada operação do intelecto, se Sócrates e Platão estivessem nas coisas da natureza, ainda seriam da mesma espécie, pois seriam duas pessoas. Portanto, "espécie" é um nome de primeira intenção como "pessoa".

[9] Isso não é válido, pois Sócrates e Platão não são ditos serem da mesma espécie, exceto que deles possa ser abstraído algum conceito comum. E por isso, se assim é, então é admitido que "espécie" significará por um modo possível, ou este conjunto "mesma espécie". Mas assim não é da pessoa. De fato, não é dito Pai "pessoa", porque pode ser formada sobre ele tal intenção ou tal coisa, mas que é tal, e não outro.

[10] Além do mais, indivíduo, suposto, singular e assim por diante são nomes de primeira intenção. Do mesmo modo, "pessoa" é um nome de primeira intenção. A consequência é evidente por esse raciocínio. O antecedente provo deste nome "singular", pois singular é o mesmo que numericamente um – ou melhor, numericamente um e singular se notam ser sinônimos. Mas numericamente um é um nome de primeira intenção, porque "um" é um nome de primeira intenção. Portanto, o singular é um nome de primeira intenção e, pela mesma razão, o indivíduo, o suposto e assim por diante são nomes de primeira intenção.

[11] Por esse motivo, respondo à questão que "pessoa" é um nome de primeira intenção. Sobre isso, primeiro veja-se o que é a pessoa e em que modo se distingue do suposto. Em segundo lugar, o que é a intenção segunda e a intenção primeira.

[Artigo 1: O que é a pessoa?]

[12] Sobre o primeiro [artigo], digo que o suposto não tem "o quê da coisa" (*quid rei*), mas apenas "o quê do nome" (*quid nominis*). Nem tem uma definição que exprime o quê da coisa (*quid rei*), mas apenas a definição que exprime o quê do nome (*quid nominis*). Por outro lado, a definição que exprime o quê do nome (*quid nominis*) pode ser esta: "O suposto é um ente completo, não constituindo algum ente uno, não é nato a aderir a outro, nem a sustentar algum outro". Para a primeira parte, é excluída qualquer entidade parcial, seja atualmente anexada ou não, pois nada que pode ser parte é um ente completo, mas apenas um ente parcial. E assim está excluída a alma separada e qualquer forma substancial e, por fim, a matéria. Para a segunda parte, é excluída a essência divina, pois, porquanto seja um ente completo, todavia, constitui um ente, evidentemente o Pai, o Filho e o Espírito Santo. E, por causa disso, é excluída qualquer relação e algo constituído por essência e respiração ativa. Para a terceira parte é excluído qualquer acidente, pois qualquer acidente – seja anexado ou não – é anexado nato. Para a quarta parte, é excluída a natureza assunta pelo Verbo, pois ela é pelo Verbo sustentada.

[13] Todavia a definição que exprime o nome "pessoa" pode ser esta: "Pessoa é um suposto intelectual". E assim ela é diferenciada como superior e inferior. E se pode afirmar que essa definição é igual à definição de Boécio e de Ricardo, pois Boécio assim descreve: "A pessoa é uma substância individual de natureza racional", e ele quer, por "substância racional", entender o suposto substancial, e, por "natureza racional", [o suposto] intelectual. E, por esse motivo, ele não entende por "substância individual" apenas a substância existente na categoria, mas cada substância completa não nata a constituir algum ente uno; por "natureza racional" ele entende a natureza intelectual.

336

[14] Por outro lado, a definição de Ricardo é esta: "Pessoa é uma natureza intelectual de incomunicável existência", e ele entende por "incomunicável existência" tudo aquilo que não é comunicado a outro, nem como parte, nem como constituído, nem como acidente, nem como sustentado. E, assim, por "incomunicável existência" ele entende o suposto, e por isso acrescento que é "uma natureza intelectual", quer dizer que a pessoa é um suposto intelectual.

[O argumento de Duns Escoto]

[15] Por isso é evidente que a opinião de alguns outros não é conveniente, quando dizem que a pessoa, além da natureza ou da entidade positiva, não diz nada exceto a dúplice negação da dúplice comunicabilidade. Pois dizem: "Comunicável é dito em modo dúplice: em um modo é dito comunicável de várias coisas, que é o mesmo de qualquer delas, assim qualquer um é o mesmo, como do universal se diz comunicar aos seus inferiores; de outro modo é comunicado algo por forma, pois algo é, mas não é o mesmo, como a alma que é comunicada ao corpo. E em ambos os modos a divindade é comunicável, e em nenhum dos dois modos a pessoa é comunicável, e assim é dúplice a incomunicabilidade que se refere à razão da pessoa, por causa da alma separada; embora tenha a primeira incomunicabilidade, contudo, não é pessoa, pois não tem a segunda".

[Contra a opinião de Duns Escoto]

[16] Por essa opinião, segue-se que a matéria seria um suposto, [e] não uma pessoa, pois a ela compete essa dupla incomunicabilidade, já que não é comunicável nem como universal, nem como forma da matéria. Do mesmo modo, segue-se que a natureza assunta seria uma pessoa que em nenhum dos dois modos é comunicável, pois não pode ser forma de algo, nem é um universal comum de muitos. [17] Do mesmo modo, o primeiro anterior é mostrado, pois nada – exceto a essência divina – é comunicável por identidade, porque em todos os outros, por causa do mesmo [motivo] que algo é comunicado ao outro, que não é o mesmo nem vice-versa, e assim não é comunicado a si próprio, de modo que seria o mesmo.

[18] Do mesmo modo, segue-se que a paternidade seria um suposto ou uma pessoa formalmente, pois nem é comunicável como universal, nem como forma, pois, conforme isso [está] em outro lugar, a relação não é ato nem forma da essência.

[19] Se é dito, como diz isso em outro lugar, que a negação dúplice da dependência é formal na razão da pessoa ou do suposto, a saber, a negação da dependência atual e a negação da dependência atitudinal. E, por esse motivo, essas negações não competem a esses dos quais é arguido, e, por esse motivo, não são pessoas. De fato, da alma separada não pode competir a negação da dependência atitudinal, nem da natureza assunta compete a negação da dependência atual.

[20] Isso não é suficiente, pois concede o propósito que a negação da dúplice incomunicabilidade do predito não basta à razão da pessoa. Do mesmo modo, por isso se segue que a essência divina não depende nem nasceu para depender. E, do mesmo modo, se pode arguir de qualquer relação na divindade. Por esse motivo, digo, como anteriormente, que a pessoa é um suposto intelectual, e que o suposto é um ente completo etc.

[Artigo 2: O que é a primeira intenção e o que é a segunda?]

[21] Sobre o segundo [ponto], digo que a primeira intenção é chamada de coisa realmente existente. A intenção segunda, porém, é chamada de algo na alma aplicável à coisa, predicável dos nomes das coisas quando elas não têm suposição pessoal, mas simples. Como são: "espécie", "gênero", os quais são verificados a partir dos termos "homem", "animal", "asno", "pedra" e assim por diante, não quando supõem pessoalmente e por seu significado, mas quando supõem simplesmente e por qualquer significado por tal termo verdadeiramente removido. Se, porém, tais coisas estejam de maneira real e subjetiva na alma ou apenas subjetivamente, não interessa a propósito.

[22] Nem aqui espera determinar ao lógico, o qual, todavia, principalmente a distinção entre os nomes de primeira intenção e de segunda intenção tem que considerar. Pois o lógico, precisamente, tem que dizer que na seguinte proposição: "O homem é uma espécie", o sujeito supõe um [termo] comum, e não algo de seu significado. Se, porém, aquele comum for algo real ou não for real, nada [diz a respeito] dele, mas ao metafísico.

[23] E isso é evidente, pois um nome de segunda intenção é aquele que é imposto a significar tais [coisas] por causa de nomes das coisas predicáveis, quando supõem simplesmente, e não por seus significados. Por isso, é ulteriormente evidente que o nome que não por razão de instituição por tais supõe, mas por alguns outros, não é nome de segunda intenção, mas de primeira. E por isso tais nomes "suposto", "indivíduo", "singular", "pessoa", mesmo que – quanto é por razão de instituição – sempre supõem pelas coisas, nem podem supor por outros – quanto é por razão de instituição –, é evidente quanto a razão da característica, porque a característica de toda a proposição é distinguida pelo terceiro modo de equivocação – segue-se que tais nomes são nomes de primeira intenção, e não de segunda.

[24] O assumido é evidente, pois, em tais proposições, cada suposto é uma coisa, cada singular é uma substância ou um acidente, cada pessoa é uma natureza intelectual, e nelas verdadeiramente é feita a suposição pelas coisas. Pois esta [proposição] – "cada pessoa é uma natureza intelectual" – não é verificada exceto pelas coisas, e não por qualquer que seja outro. Mas esta [proposição] – "cada espécie é predicada numericamente de muitos diferentes" – não é verificada por alguma coisa tal, todavia precisamente por algo comum predicável do termo significante "coisa" quando supõe não pela coisa, mas por si.

[25] Pelo predito, é evidente para o raciocínio da primeira opinião que o assumido é falso, pois o indivíduo e o suposto exprimem apenas uma coisa de segunda intenção. Ou melhor, esses são os nomes de primeira intenção que, quando supõem pessoalmente, supõem apenas pela coisa e são verificados pelos nomes das coisas quando esses nomes supõem pelos seus significados, e não por si mesmos nem por outros de seus significados. Por isso, esta [proposição] não é verdadeira: "O homem é um singular", exceto para a coisa, e não para alguma intenção segunda.

[Instâncias contra a solução do autor]

[26] Mas, contra o predito, se pode objetar: primeiro, porque se segue que a pessoa não seria una por si, pois incluiria uma negação; mas a negação não faz por si um uno com o positivo.

[27] Além do mais, nenhum nome de primeira intenção é comum a todos os entes, exceto um "ente" ou um sinônimo de ente ou a paixão do ente; mas uno ou singular não é algo nesse sentido; portanto, não é um nome de primeira intenção e, por consequência, não é um suposto nem uma pessoa.

[28] Além do mais, como a espécie está para o gênero, assim também está o singular para a espécie; portanto, como a intenção da espécie é inferior à intenção do gênero, assim também o indivíduo ou o singular será uma intenção inferior à intenção da espécie.

[29] Além disso, aquele nome no qual definição se coloca a intenção segunda é um nome de segunda intenção; mas, na definição de indivíduo, se coloca a intenção segunda, que se define assim: "O indivíduo é o que de somente um é predicado", e "predicar" é uma intenção segunda etc.

[30] Ademais, conforme dito anteriormente, "predicar" verdadeiramente corresponde à coisa que é verdadeiramente predicada da coisa; portanto, não segue [a proposição]: "Tal nome é verificado da coisa, portanto não é um nome de segunda intenção".

[31] Além do mais, branco, preto e assim por diante são termos acidentais e de acidentes, e, contudo, supõem os mesmos objetos. Portanto, pela mesma razão, porquanto "suposto", "pessoa" e assim por diante supõem as coisas, eles podem ser nomes de segunda intenção.

[Resposta do autor às instâncias]

[32] Ao primeiro desses [argumentos], digo que a pessoa é una por si, como branco por si é homem, não obstante a definição que exprime que o nome da mesma pessoa não significa precisamente algo por si uno. Pois, além da natureza intelectual, se coloca ali a negação, a qual não significa algo que faz por si um "uno" com a natureza intelectual e, por isso, não é uma definição que exprime a definição da coisa (*quid rei*), mas somente a definição do nome (*quid nominis*). E, por isso, se segue que a definição que exprime a definição do nome (*quid nominis*) da pessoa não exprime algo por si uno em qualquer que seja o gênero.

[33] Ao segundo [argumento], digo que "uno", "singular" e assim por diante são paixões do ente, pois são predicáveis do ente apenas no segundo modo dito por si. Mas suposto ou o que pode ser um suposto é uma paixão da substância, pois cada substância é um suposto, ou pode ser um, e assim como o que a substância precisamente supõe por eles, que são por si no gênero da substância. Mas a pessoa é a paixão dela, pois é suposto e natureza intelectual. Assim, se esta [proposição] "alguma coisa é uma pessoa" for, em algum modo, dita por si, será por si no segundo modo, e não no primeiro. Porque nunca algo negativo – nem algo no qual a definição expressa do quê do nome (*quid nominis*) se coloca algo negativo – é predicado por si no primeiro modo de algo precisamente importante da coisa sem tal negativo, mas ou será predicado por acidente, ou no segundo modo de dizer por si. Porém é advertido que não se quer dizer que aquilo que é um suposto ou uma pessoa é predicado desse modo no segundo modo de dizer por si, mas que esses termos, que são palavras ou conceitos, se predicam por si no segundo modo.

[34] Ao terceiro [argumento], digo que não é completamente semelhante que, como se tem o singular para o gênero, assim se tem o singular para a espécie, porque aquilo que é singular é verdadeiramente uma coisa fora da alma, porquanto uma opinião do conceito possa ser uma coisa subjetivamente existente no intelecto. Contudo, quanto a isso, é semelhante ao que em qualquer lugar é predicado aquilo que é espécie quando está pelas coisas, dele é predicado aquilo que é singular, e não vice-versa, como é daquilo que é espécie em relação àquilo que é gênero.

[35] Se é dito: se um dos opostos for um nome de segunda intenção, o que resta será um nome de segunda intenção; porém, o universal e o singular são opostos, e o universal é um nome de segunda intenção; portanto, também o singular.

[36] Digo que o assumido de quaisquer opostos não é verdadeiro, porquanto seria verdadeiro de opostos contrários aos quais um pode transmitir algo para o que resta, se tais podem existir, dos quais um pode ser de segunda intenção.

[37] Ao quarto [argumento], digo que, na definição que exprime o quê do nome (*quid nominis*) do mesmo indivíduo, não se coloca alguma segunda intenção. Por isso, esta descrição "o indivíduo é o que é predicado de apenas um" não exprime a definição do nome. Mas a sua definição exprime que o nome deve ser este "o indivíduo é um ente completo", e não outro, ou algo nesse sentido.

[38] Além do mais, dado que fosse a definição dela que exprime a definição do nome (*quid nominis*), é possível dizer que não se segue [a proposição]: "A intenção segunda se coloca na definição dela; portanto, é um nome de segunda intenção". Como não se segue [a proposição]: "O nome de alguma primeira intenção se coloca na definição da espécie; portanto, a espécie é um nome de primeira intenção". Pelo qual essa é a diferença entre os nomes de primeira intenção e de segunda, pois os nomes de primeira intenção são aqueles que, quando supõem pessoalmente, estão precisamente pelas coisas, não enquanto predicáveis de outros. Os nomes de segunda intenção estão por alguns predicáveis de coisas. Como quando digo "todo homem corre", "homem" está precisamente por coisas, não enquanto aquelas coisas são de quaisquer predicáveis. Mas quando digo que "toda a espécie é predicada de muitos diferentes em número", o sujeito está por alguns enquanto são predicáveis de outros.

[39] Ao quinto [argumento], digo que "predicar" pode-se dizer da intenção segunda porquanto compete da verdadeira coisa, pois não compete apenas à coisa, mas também à intenção segunda. E porque não pode competir à coisa, exceto por uma operação do intelecto – ou pode-se dizer que é um comum por predicação, não por si no primeiro modo, da coisa e das intenções na alma –, e assim de modo equivalente é um nome tanto de primeira intenção quanto de segunda.

[40] Ao último [argumento], digo que "branco", "preto" e assim por diante são ditos de termos acidentais que, porquanto supõem por sujeitos, contudo, principalmente importam aos acidentes. Não é assim, porém, com estes termos "singular", "suposto", "pessoa" e assim por diante.

[41] Mas aqui é visto ser contra o predito, pois antes é dito que os termos por razão de instituição sempre supõem por seus significados, portanto principalmente supõem por aqueles que principalmente significam. Logo, quando tais termos principalmente significam as mesmas formas, principalmente supõem pelas mesmas formas.

[42] Digo que não é de grande atenção o que se diz do significado principal de tais termos, pois qualquer coisa que se diga, [se diz] deles. Contudo digo que sempre as razões da instituição supõem os mesmos sujeitos, porque são os significados destes, por quão fortes as mesmas formas sejam significadas. E o que é dito antes deve ser entendido quando o termo não tem dois significados, um principal e outro como conotado ou como dado que se intelige.

[Ao argumento principal]

[43] Sobre o primeiro argumento principal, é evidente que "indivíduo" não é um nome de segunda intenção, mas de primeira.

[44] Sobre o segundo [argumento] se evidenciará, na vigésima quinta distinção, em que modo algum universal é predicado de Deus e em algum outro [modo] não, pois tal universal que pluralmente é predicado de muitos, que podem ser uma coisa, não é inconveniente predicar das pessoas divinas.

[45] Ao terceiro [argumento], digo que não se segue, porquanto seja um nome de primeira intenção, um sinônimo com natureza intelectual completa, pois, na definição que exprime o quê do nome (*quid nominis*) dela, se coloca algo negativo ou algo definido por tal negativo, e por isso não se coloca na definição de natureza intelectual.

Conecte-se conosco:

f facebook.com/editoravozes

⌾ @editoravozes

𝕏 @editora_vozes

▶ youtube.com/editoravozes

🕾 +55 24 2233-9033

www.vozes.com.br

Conheça nossas lojas:

www.livrariavozes.com.br

Belo Horizonte – Brasília – Campinas – Cuiabá – Curitiba
Fortaleza – Juiz de Fora – Petrópolis – Recife – São Paulo

EDITORA VOZES LTDA.
Rua Frei Luís, 100 – Centro – Cep 25689-900 – Petrópolis, RJ
Tel.: (24) 2233-9000 – E-mail: vendas@vozes.com.br